LUDWIG THIEBEN

DAS RÄTSEL DES JUDENTUMS

PERSEUS VERLAG BASEL

Umschlagbild:
Ausschnitt aus Relief am Titusbogen in Rom,
Trophäen aus dem Tempel des eroberten Jerusalem
Mit freundlicher Genehmigung von
Werner Neumeister, München

2. erweiterte Auflage Basel 1991
1. Auflage Düsseldorf 1931

Desktop Publishing: Marcel Jenni, Basel
Druck: Freiburger Graphische Betriebe 1991
ISBN 3-907564-07-3

INHALT

ZUR NEUAUSGABE DIESES BUCHES

Vor sechzig Jahren ist das Buch, das der Leser in Händen hält, erstmals erschienen. Heute, da dieses wichtige Werk endlich neu herausgegeben wird, scheint es, als wären seither nicht sechs Jahrzehnte, sondern lange Jahrhunderte vergangen. In der Zwischenzeit haben Europa und die Welt mit dem Nationalsozialismus, dem Zweiten Weltkrieg sowie der jüngst erfolgten Demontage des Staatssozialismus alles verändernde Ereignisse erlebt. Die großen Umwälzungen der vergangenen sechzig Jahre lassen viele Fragen, mit denen man sich zu Beginn des Jahrhunderts beschäftigte, als irrelevant erscheinen. In der Tat – wir stehen heute zweifellos zahlreichen ganz neuen Problemen gegenüber. Und dennoch: die Lektüre des Buches von Ludwig Thieben kann den Eindruck erwecken, als sei es erst gestern geschrieben worden.

Zwar ist das Werk im Jahre 1931, also noch *vor* der Machtergreifung der Nationalsozialisten erschienen, doch die Ideen, die es darstellt, und die Fragen, die es aufwirft, sind heute keinswegs von geringerer Aktualität als in der Zeit vor dem Holocaust. Denn die Probleme, die mit der Existenz des Judentums in die Welt gestellt sind, haben sich in den vergangenen sechzig Jahren im Kern nicht verändert. Im Gegenteil, die historischen Entwicklungen haben diese Probleme nur verschärft: Die tragischen Geschehnisse des Holocaust und die Begründung des Staates Israel haben den ohnehin schon vorhandenen ambivalenten Gefühlen der Menschheit gegenüber dem Judentum zusätzliches Gewicht verliehen.

Aus dem modernen, auf die Rassenzugehörigkeit zielenden Antisemitismus[1], der in Mitteleuropa von den 80er Jahren des 19. Jahrhunderts an als politischer Faktor hervorzutreten begann, entwickelte sich allmählich die nationalsozialistische Bewegung, die sich die satanische Idee der Vernichtung der Juden als „Endlösung" zu eigen machte. Im selben Zeitraum entstand, ebenfalls in Mitteleuropa, die zionistische Bewegung, die in der Begründung des Staates Israel die einzige Lösung für die Juden erblickte, denn sie sollte diesem leidgeprüften Volk die Möglichkeit verschaffen, im eigenen Land zu leben und endlich ein Volk wie alle anderen zu werden.

Wer heute, im letzten Jahrzehnt des 20. Jahrhunderts, in die dreißiger und vierziger Jahre zurückblickt, sieht etwas, was einem gigantischen Alptraum, der in Mitteleuropa stattfand, vergleichbar ist. In denselben Gegenden, wo zur Zeit Goethes, die große jüdische Emanzipationsbewegung inauguriert wurde, wo die Juden aktiv an den idealistischen und liberalistischen Bewegungen des 19. Jahrhunderts teilnahmen, wo im Anfang des 20. Jahrhunderts auf dem noch fruchtbaren Boden des Goetheanismus die anthroposophische Bewegung Wurzel schlagen konnte – in denselben geographisch-kulturellen Regionen tauchte eine Bewegung auf, die das völlige Gegenstück zu alldem darstellte, die eine absolute Verneinung und Vernichtung alles Guten und Edlen in der mitteleuropäischen Kultur anstrebte und der es gelungen ist, die mitteleuropäische Kultur in wenigen Jahren radikal zu untergraben und die jüdische Existenz in Mitteleuropa vollkommen auszulöschen.

Was diese Ereignisse für die europäische Kultur als ganze wie für die bei deren Ausgestaltung maßgeblich mitwirkenden Juden im einzelnen bedeuteten, kann nicht nur an Werken wie Jakob Wassermanns „Mein Weg als Deutscher und als Jude" ermessen werden, sondern in besonderer Art auch durch die Vertiefung in die Schicksalswege all jener jüdisch-stämmigen Individualitäten, deren Lebensgang eine zeitgemäße Synthese des geistigen Lebens Mitteleuropas darstellt. Diese Synthese ist dadurch gekennzeichnet, dass sie über unproduktiv gewordene Traditionen hinaus wichtigste ältere Kulturimpulse *in metamorphosierter Form* enthält, wie das vom Geiste der modernen Zeit gefordert ist.[2] Solche Persönlichkeiten jüdischer Abstammung fanden sich zu Beginn des 20. Jahrhunderts in großer Zahl in der anthroposophischen Bewegung ein. Es waren Menschen, die ihre individuelle Lebensaufgabe innerhalb der von Rudolf Steiner inaugurierten geisteswissenschaftlichen Strömung fanden, indem sie ihre Schicksale als Juden mit ihr in Einklang zu bringen suchten. Sie wurden dadurch zu Wegbereitern einer tiefreichenden Verbindung des jüdischen Volksschicksals mit dem Geiste des 20. Jahrhunderts. Denn nach der Erkenntnis der Geisteswissenschaft ist dieser „Geist der Zeit" kein anderer als derjenige, der in vorchristlicher Zeit als *Volks*geist der Hebräer gewirkt hat und den die Angehörigen dieses Volkes *Michael* nannten. Es war Michael, der Moses in die Wüste führte und der ihn das hebräische Volk von dort aus in das verheißene Land bringen ließ.[3] Auch in späterer Zeit blieb Michael der Lenker der Entwicklung dieses Volkes. Noch der Prophet Daniel spricht zur Zeit der babylonischen Gefangenschaft von ihm (Buch Daniel, 10,13–21; 12,1).

Die goetheanistische Kultur, die sich im 19. Jahrhundert in Mitteleuropa entwickelte, stand ihrerseits wiederum in sehr realem Zusammenhang mit der Michael-Wesenheit: sie war der irdische Abglanz gewaltiger Vorgänge, die sich innerhalb der übersinnlichen Welt abspielten, um die Seelen für die kommende Inkarnation auf das neue spirituelle Zeitalter vorzubereiten. Von einer Art von übersinnlichem „Unterricht" in einer von der Michael-Wesenheit geleiteten übersinnlichen „Schule" muß die Geisteswissenschaft sprechen. In mächtigen übersinnlichen Imaginationen bereitete Michael seine Schüler für das neue michaelische Zeitalter vor. Diese Bilder fanden durch Goethe ihren Weg in die mitteleuropäische Kultur hinein.[4] Auf diese Weise wurde die Welt innerhalb der europäischen Kultur schon im Beginne des 19. Jahrhunderts auf das kommende michaelische Zeitalter hingewiesen, das im Jahre 1879 begann.

Es ist nur naturgemäß, daß unter den Menschen, die den Weg in diesen michaelischen Kulturstrom fanden, auch sehr zahlreiche Juden waren. Zu diesen gehörte – neben Carl Unger, Adolf Arenson, W. J. Stein, um nur einige bekanntere Namen zu nennen – auch Ludwig Thieben.

Als Sohn einer Wiener Familie ist Thieben im Herzen Mitteleuropas aufgewachsen. Im ersten Weltkrieg geriet er in der Uniform der österreichisch-ungarischen Armee in russische Kriegsgefangenschaft. In Sibirien lernte er als Gefangener die Anthroposophie kennen und schloß sich, als er vier Jahre später nach Wien zurückkehrte, sofort dem Schülerkreis um Rudolf Steiner an. Bald darauf trat er als Vortragender in der anthroposophischen Zweigarbeit auf. Mehrere Jahre hat er Anthroposophie unterrichtet und vorgetragen. Dabei war er sich der Bedeutung des jüdischen Schicksals im 20. Jahrhunderts völlig bewußt. Die Anfänge der NS-Partei in Deutschland und Österreich, ihren Kampf gegen die goetheanistische Kultur und die Anthroposophie erlebte er als Jude in intensivster Weise mit. Obwohl er nicht physisch durch Krieg oder Konzentrationslager umkam, haben die seelischen Erschütterungen zu seinem frühzeitigen Tode geführt.[5]

Im gleichen Jahr, als das „Rätsel der Judentums" geschrieben wurde (1930), deuteten bereits viele Anzeichen auf die sich nähernde Katastrophe, die aus dem finsteren Abgrund des Nationalismus und Rassismus aufzusteigen drohte. Die Arbeit, die Thieben uns vorlegt, ist in unverkennbarer Weise unter dem Eindruck der heraufziehenden Ereignisse entstanden, deren Bedrohlichkeit von seiner Seele erlebt wurde. Mit großer Klarheit und dem Blick für das Wesentliche bringt Thieben, auf dem Hintergrund eines großen, geisteswissenschaftlich orientierten Geschichtspanoramas, tiefste Fragen, die mit dem Schicksal des jüdischen Volkes in unserer Zeit verbunden sind, zur Sprache. Der Leser wird in fernste Vergangenheiten zu den Urquellen des Judentums geführt, um, ausgerüstet mit einem gründlichen Verständnis für dieses einzigartige Volkstum, erneut die aktuellsten Fragen des 20. Jahrhunderts ins Auge zu fassen. Der Antisemitismus, das jüdisch-arabische Schicksal sowie das Verhältnis des Judentums zur Christuswesenheit stehen im Zentrum von Thiebens Untersuchung.

*

Im letzten Jahrzehnt des 20. Jahrhunderts tritt wieder sehr intensiv zutage, wie sehr das Schicksal des Judentums mit der Entwicklung der modernen Menschheit verbunden ist. Wie eine Reise in die eigene Vergangenheit erlebt die Welt gegenwärtig die Geschehnisse in Israel, den jüdisch-arabischen Konflikt, die Jerusalem-Frage – als Probleme, deren Lösung für die *ganze* Menschheit entscheidend ist. Der Antisemitismus, der in Osteuropa sein entsetzliches Haupt neuerdings erhebt, drängt die Reste der jüdischen Bevölkerung Europas dazu, in Israel oder den USA Schutz zu suchen – in jenen Ländern also, in denen sich heute dasselbe Volkstum konzentriert, dessen Söhne bis zum ersten Drittel des 20. Jahrhunderts hauptsächlich in Mitteleuropa[6] gelebt hatten.

Die Umwälzungen der letzten Jahre haben es unumgänglich gemacht, die Frage nach der politisch-kulturellen Eigenexistenz und Bedeutung des mitteleuropäischen Raumes neu zu stellen. Daß nun am Ende des Jahrhunderts die Judenfrage wie die Mitteleuropafrage gleichzeitig einer Kulmination entgegengehen, dürfte wohl kaum zufällig sein.

Möge die (von Druckfehlern bereinigte und mit Anmerkungen versehene) Neuausgabe dieses Buches einen Beitrag leisten zum Verständnis eines der tiefsten Menschheitsträtsels – eines Rätsels, das Ludwig Thieben mit dem Licht der Geisteswissenschaft zu erhellen suchte, aus dem Geist der *neuen* michaelischen Mysterien heraus.

Witten, am 21. April 1991

Amnon Reuveni

1 Im Jahre 1879 wurde der Ausdruck „Antisemitismus" durch W. Marr erstmals in Umlauf gebracht. Der Antisemitismus opponierte zunächst nicht gegen die Angehörigen der semitischen Rasse insgesamt, sondern beschränkte sich auf die Juden und war zu Beginn vor allem gegen deren religiöse und soziale Gebräuche gerichtet. Erst später trat im Gegensatz zur pseudowissenschaftlichen „Adelung" der arischen Rasse ein Antisemitismus – eigentlich Antijudaismus – *rassistischer* Prägung in Erscheinung. Vgl. *Meyers Enzyklopädisches Lexikon*, Mannheim 1971.

2 Siehe dazu den Aufsatz von Armin Husemann in „Mitteilungen aus der anthroposophischen Arbeit in Deutschland", Johanni 1987.

3 Siehe dazu: *Die Sagen der Juden*, Frankfurt am Main, 1962, S. 457f., sowie R. Steiner in GA (= Rudolf Steiner Gesamtausgabe, Dornach) 265, S. 407, Vortrag vom 15. April 1908.

4 GA 237, Vortrag vom 8. 7. 1924.

5 Vgl. den Nachruf auf Thieben auf S. 233 dieses Buches.

6 Mit Mitteleuropa ist hier dasjenige Gebiet gemeint, das ungefähr zwischen dem 10. und 25. Längengrad im Norden und dem 5. und 20. im Süden liegt.

DEM ANDENKEN
MEINER LIEBEN MUTTER

VORWORT

Als ich mich vor einigen Monaten zu einer Reihe von Vorträgen über das Thema „Judentum und Christentum“ anschickte, wurden allerorts warnende Stimmen laut, die mir das Bedenkliche eines solchen Unternehmens vorhielten; und in der Tat konnte ich den in dieser Hinsicht vorgebrachten Gründen weder Gewicht noch Berechtigung absprechen. Wer im geisteswissenschaftlichen Sinne sprechen will, muß die strengste Objektivität anstreben und stets darauf bedacht sein, Sympathie- und Antipathieempfindungen bei der Bildung seiner Urteile soweit als möglich auszuschalten. Die Strenge dieser Forderung stand ebenso klar vor meinem inneren Auge wie die Schwierigkeit ihrer Erfüllung, weil ich ja wußte, daß kaum ein zweites Kulturproblem die Leidenschaften in dem Maße wachruft wie die Rätselfrage nach dem Wesen des Judentums. Nur durch Mitteilung einiger persönlicher Entwicklungstatsachen konnte ich damals die freundlichen Warner einigermaßen beschwichtigen.

Das Streben nach objektiver Erkenntnis hat zwei Voraussetzungen seelischer Natur. Wer einen Gegenstand erkennen will, darf keine unmittelbare Einheit mit ihm bilden, sondern muß eine gewisse Distanz zu gewinnen trachten, wie der Maler, der, um das Geschaffene beurteilen zu können, einen Schritt vor seinem Bild zurücktritt; der Betrachtende muß das Objekt seiner Betrachtung „vor sich“ haben. Die zweite, nicht minder wichtige Forderung ist gerade umgekehrt die, daß der Erkennende mit seinem Objekt zu einer vollkommenen Einheit verschmelzen soll.

Der wahrhaft Erkennende muß die scheinbare Paradoxie verwirklichen, zu gleicher Zeit und im gleichen Maß innerhalb und außerhalb seines Objekts zu leben. Wollte er bloß Distanz wahren, seine Erkenntnis bliebe tot, nüchtern, abstrakt und wäre bei aller scheinbaren „Sachlichkeit“ doch im höheren Sinn unsachlich, weil sich der Geist jeglicher Erscheinung nie dem kühlen Außenbetrachter erschließt. Wer aber bloß mit seinem Gegenstand verschmelzen wollte, verlöre jene besonnene Ruhe, die allein die stete Bewußtseinskontrolle des Erkenntnisprozesses verbürgt. Das letzte Ziel des wissenschaftlichen Strebens ist die Erlangung einer objektiven und zugleich lebendigen Erkenntnis.

Durch mein persönliches Schicksal war mir nun die schwere Erfüllung dieser Doppelforderung ein wenig erleichtert. Meine Abstammung verbindet mich zwar mit dem Judentum, doch hat mir mein seelischer Entwicklungsgang in sachlicher und zeitlicher Hinsicht jenes „Zurücktreten vor dem Objekt“ ermöglicht, das eine der geschilderten Grundbedingungen für das Zustandekommen objektiver Erkenntnisinhalte ist. In zeitlicher und sachlicher Hinsicht sage ich, weil ungefähr in derselben Lebensphase, da mein persönliches Ringen um das Rätsel des Judentums zu einem gewissen, vorläufigen Abschluß gekommen war, zum ersten Mal Anthroposophie in mein Leben trat. Einige der grundlegenden Bücher Rudolf Steiners hatten den Weg in jenes Kriegsgefangenenlager Zentralsibiriens gefunden, in dem ich bedeutsame Jahre meines Lebens verbrachte. So führte mich mein Schicksal zu einer Welt- und Lebensanschauung, die nichts mit der Zugehörigkeit eines Menschen zu irgendeiner nationalen, religiösen oder politischen Sondergruppe zu tun hat.

Was ich persönlich in meiner inneren Auseinandersetzung mit dem Judentum erfahren habe, was mir aus der überpersönlichen Quelle der anthroposophischen Geisteswissenschaft zugeflossen ist, hat sich dabei zu einem Ganzen gerundet, das vielleicht auch manch anderem dabei helfen kann und mag, das seelenbewegende Rätsel des Judentums zu lösen.

Wien, im Frühjahr 1930

Ludwig Thieben

1. WAS IST DAS JUDENTUM?

Fragen, auf die klipp und klar eine eindeutig-formelhafte Antwort gegeben werden kann, gehören der Oberfläche des Lebens an, während nur solche Probleme in die Tiefe weisen, deren Fülle nie durch *eine* Lösung auszuschöpfen ist. Wendet man diesen Maßstab auf das Rätsel des Judentums an, so wird man schon in der verwirrenden Vielfalt der theoretischen und praktischen Lösungsversuche ein sprechendes Symptom dafür sehen können, daß das Rätsel des Judentums aus jenen tief verborgenen Schichten des Lebens aufsteigt, die sich dem einseitigen Verstandesdenken verschließen. Angesichts der zahllosen Widersprüche zwischen den bisher gegebenen Antworten wird die Sehnsucht nach einem geistigen Zentrum rege, in dessen Licht die Gegensätze versöhnt und aufgehoben werden. Unbefriedigend sind für den unbefangenen Beurteiler alle bisherigen Lösungsversuche, doch deuten sie in ihrer Gesamtheit auf jenen geheimen Mittelpunkt, der im Laufe dieser Betrachtungen immer klarer hervortreten soll.

Was ist das Judentum?

Eine Religion oder, genauer gesagt, eine Konfession unter anderen Konfessionen, behaupten die Anhänger der jüdisch-liberalen Richtung, und diese Auffassung wurde besonders prägnant ausgesprochen, als sie vor nun schon längerer Zeit gegen den aufstrebenden Zionismus Stellung nahm. Die jüdisch-liberalen Kreise Englands hatten sich in dem sogenannten Conjoint Committee in London ein organisatorisches Zentrum geschaffen, und als der Zionismus im Jahre 1917 knapp vor einem Wendepunkt seiner Entwicklung stand, knapp vor der offiziellen Anerkennung Palästinas als nationale Heimstätte für das jüdische Volk durch die berühmte Balfour-Deklaration[1], wandte sich das Conjoint Committee mit aller Schärfe gegen die „Zionistische Theorie", wonach alle Juden als Glieder einer einheitlichen, aber heimatlosen Nation anzusehen seien. Eine markante Stelle dieses Aufrufes spricht den Gegensatz zwischen dem liberalen und zionistischen Standpunkt mit aller nur wünschenswerten Deutlichkeit aus:

„Das Conjoint Committee würde wahrlich gegen ein örtlich begrenztes jüdisches Volkstum nicht das Geringste einzuwenden haben. Aber die vorliegende Forderung geht über einen derartig begrenzten Rahmen hinaus. Sie bildet einen wesentlichen Bestandteil einer weitergehenden zionistischen Theorie, welche alle jüdischen Gemeinden der Welt als Glieder einer heimatlosen Nationalität ansieht, die einer vollständigen sozialen und politischen Identifizierung mit den Völkern, in dessen Mitte sie lebt, nicht fähig ist, und es wird der Schluß gezogen, daß für diese heimatlose Nationalität ein politisches Zentrum und ein stets zugängliches Heimatland in Palästina eine Notwendigkeit sei. Gegen diese Theorie erhebt das Conjoint Committee scharfen und ernsten Protest.

Die emanzipierten Juden Englands, die sich vor allem als eine Religionsgenossenschaft betrachten, haben stets ihre Forderung nach bürgerlicher Gleichberechtigung mit ihren Mitbürgern anderen Glaubens auf diese Voraussetzung und auf die Folgerung gegründet, daß sie keinerlei gesonderte nationale Bestrebungen in einem politischen Sinne verfolgen. Sie halten das Judentum für eine religiöse Gemeinschaft, mit der ihre politische Stellung nichts zu schaffen hat, und behaupten, daß sie sich als Bürger des Staates, in dem sie leben, den nationalen Geist und die Interessen jener Staaten voll und ganz zu eigen gemacht haben. Daraus folgt, daß die Errichtung einer jüdischen Nationalität in Palästina auf Grund der Theorie von der jüdischen Heimatlosigkeit in der ganzen Welt die Wirkung auslösen muß, daß die Juden in ihren Geburtsländern zu Fremden gestempelt und ihre schwer erkämpften Stellungen als Bürger und Landsleute in diesen Staaten untergraben werden. Übrigens müßte eine jüdische Staatsnation in ihren logischen Konsequenzen bei der gegenwärtigen Weltlage einen Anachronismus darstellen.

Da die jüdische Religion das einzige sichere Kennzeichen eines Juden ist, müßte eine jüdische Nationalität auf der Religion fußen und von ihr begrenzt sein."

Die Unzulänglichkeit dieser liberalen Theorie kann durch den Hinweis auf eine offen zutage liegende Tatsache aufgedeckt werden: diese Tatsache ist der Antisemitismus. Man wird dabei nicht in erster Linie an den Rassenantisemitismus zu denken haben, dessen wissenschaftliche oder pseudowissenschaftliche Begründung von den Liberalen mit derselben Entschiedenheit abgelehnt wird, mit der sie den Zionismus bekämpfen, welcher übrigens, seiner Theorie nach, dem Rassenantisemitismus nahe verwandt ist. Aber jenseits aller wissenschaftlichen oder halbwissenschaftlichen Meinungsdifferenzen liegt der antisemitische Instinkt, der auf viel tiefere Seelenregionen hindeutet, als es diejenigen sind, in denen Parteiprogramme und Parteiprinzipien zu Hause sind. Merkwürdigerweise sind es oft gerade Juden, die gegen das Judentum ingrimmige Antipathie empfinden und dieser jüdische Instinktantisemitismus stellt durch seine bloße Existenz eine eindeutige Widerlegung jener liberalisierenden Anschauung dar, die Heinrich Graf Coudenhove-Kalergi in seinem Buch über „Das Wesen des Antisemitismus" entwickelt. Nach seiner Meinung hat der Antisemitismus immer eine religiöse Wurzel; religiöser Fanatismus sei das Urphänomen des Judenhasses. Da nun diese Theorie zu offenkundig der Tatsache widerspricht, daß heute die enragiertesten Antisemiten in areligiösen, ja nicht selten geradezu antichristlich gesinnten Kreisen zu finden sind, versucht Richard Coudenhove-Kalergi, der das Vorwort für das neu erschienene Buch seines Vaters geschrieben hat, die Grundthese des Werkes durch einen psychoanalytischen Unterbau zu stützen. Nachdem er die Meinung abgelehnt hat, der antisemitische Instinkt sei den Ariern als Rassenqualität angeboren, fährt er fort: „Das Kind sieht ein Kruzifix und fragt (...) nach dessen Bedeutung. Es erhält zur Antwort, daß der Mann auf dem Kreuze der liebe Heiland (den es als ‚Christkind' liebt und verehrt) sei, der von den Juden zu Tode gemartert wird. Im Kinde erwacht natürlicherweise ein tiefes Mitleid mit dem Heiland, verbunden mit einem ebenso tiefen Abscheu gegen dessen Feinde und Mörder: ‚die Juden'. Wenn es in der Folge von Juden hört oder Juden sieht, assoziiert es dieselben spontan mit den Christusmördern und empfindet gegen sie eine wohlbegründete Antipathie. Mit dieser Antipathie wächst das Kind auf und begegnet den Juden, mit denen es in Berührung kommt, voreingenommen, mißtrauisch und feindselig; natürlich stößt dieses Benehmen auf Gegenseitigkeit und liefert so dem Antisemitismus immer neue Nahrung.

Der Antisemit wird zum Jüngling, verliert seinen Kinderglauben und vergißt die ersten judenfeindlichen Einflüsse seiner Kindheit. Dagegen behält er seine Antipathie gegen die Juden, die ihm nun, da ihm ihre Entstehungsgeschichte entfallen ist, als angeborener Instinkt, als Ausdruck eines intuitiven Wissens erscheint. Für diesen wurzellos gewordenen Gefühlsantisemitismus sucht er nach neuen, theoretischen Rechtfertigungen und greift nach rassetheoretischen Abhandlungen, nicht, um sein Vorurteil zu überprüfen, sondern um es zu bestätigen. Der pseudowissenschaftliche Rasse-Antisemitismus wirkt auf ihn wie eine Offenbarung, der er kritiklos folgt, weil er seinen Instinkten entgegenkommt, seiner Eitelkeit schmeichelt und seine Vorurteile wissenschaftlich rechtfertigt. So entwickelt er sich unter der Suggestion gleichgesinnter Freunde zum fanatischen Rasse-Antisemiten, den kein Gegenargument beirrt, weil sein Instinkt und sein Rasseglaube sich gegenseitig stützen.

Bei *irreligiöser* Kindererziehung suggerieren von klein auf antisemitische Verwandte, Kinderfrauen oder Erzieher durch spöttische oder gehässige Bemerkungen über die Juden ihre eigenen Vorurteile den Kindern ohne das Medium der Religion. Hier wird der religiöse Antisemitismus dem Kinde nicht direkt, sondern aus zweiter oder dritter Hand eingeimpft: denn, wenn wir die Spuren des Antisemitismus jener Erzieher zurückverfolgen, stoßen wir früher oder später auf jene oben geschilderte religiöse Quelle.

Direkt oder indirekt ist also, fast immer, der religiöse Antisemitismus Vater des Instinkt-Antisemitismus – wie dieser Vater des Rassen-Antisemitismus ist. *Das religiöse Vorurteil ist hier primär – die Antipathie sekundär – das Rasse-Vorurteil tertiär.*“[2]

Wer die Empfindungen nacherleben kann, mit der auch solche Arier, die durchaus liberal denken und die sich vielleicht nie mit Politik oder Rasseproblemen beschäftigt haben, dem spezifisch jüdischen Wesen gegenüberstehen, wer jenes Fremdheits- und Abwehrgefühl nachzuempfinden in der Lage ist, das im Nichtjuden bei Begegnung mit dem scharfen jüdischen Intellekt, mit der Neigung des Juden zu Wortwitzen oder bei ähnlichen, manchmal weit weniger harmlosen Anlässen aufsteigt, der weiß, wie weit sich die Theorie von Coudenhove Vater und Sohn von der seelischen Wirklichkeit entfernt. Der antisemitische Instinkt ist den Ariern gewiß nicht als Rassenqualität angeboren, aber ebensowenig kann er psychoanalytisch auf vergessene Kindheitseindrücke religiöser Natur zurückgeführt werden. Weder in der konfessionellen noch in der nationalen Sphäre allein liegen die Wurzeln des Instinktantisemitismus. Das Glaubensbekenntnis spielt in unserer religiös oder doch zumindest konfessionell indifferent gewordenen Welt eine so geringe Rolle, daß aus ihm in keiner Weise die gegenwärtige Macht und Bedeutung des Antisemitismus erklärt werden kann. In früheren Jahrhunderten trat die Judenfeindschaft freilich im religiösen Gewande auf, und Heinrich Coudenhove-Kalergi hat in dieser Hinsicht ein reiches und hochinteressantes Material zusammengetragen. Doch hat eben die geschichtliche Entwicklung, die das konfessionelle Element mehr und mehr aus dem öffentlichen Leben verdrängte und zur relativen Bedeutungslosigkeit herabsinken ließ, den vollgültigen Beweis dafür erbracht, daß es sich immer nur um das Kleid, nie um das Wesen selbst handelte. Man mißverstehe uns nicht: wohl hängt das Problem des Judentums mit solchen geistigen Tatsachen zusammen, die wenigstens bisher nur in religiöser Art erfaßt und erlebt wurden, aber mit geistigen *Tatsachen*, nicht bloß mit dem *Bekenntnis zu diesen Tatsachen*, der Konfession im eigentlichen Sinne des Wortes. Hätte Coudenhove recht, wäre der Antisemitismus letzten Endes bloß der Haß gegen Menschen, die sich zu einem anderen Glauben bekennen, er hätte schon längst das Schicksal der Religionskriege geteilt und wäre aus unserem Leben verschwunden. *Ist aber der Antisemitismus, dieser ständige Begleiter des Judentums durch die Jahrtausende hindurch, kein konfessionelles Phänomen, dann ist auch die Unzulänglichkeit der liberalen These erwiesen, daß das Judentum nur als eine Religionsgenossenschaft unter anderen anzusehen sei.*

An dieser Stelle möge eine wichtige Zwischenbemerkung ihren Platz finden. Der Antisemitismus wird ohne Zweifel vielfach aus trüben und trübsten Quellen gespeist, aber es hieße doch eine Weltbewegung verkennen, wollte man sie banalerweise bloß auf die nächstliegenden Ursachen zurückführen, wie es sowohl die Judenfreunde als auch die Judenfeinde tun, indem die einen den wirtschaftlichen und geistigen Konkurrenzneid oder ähnliche Motive als den eigentlichen Ursprung des Antisemitismus ansprechen, die anderen, indem sie alle wirklichen oder vermeintlichen schlimmen Eigenschaften der Juden aufzählen, aus welchen sie für sich das Recht zum theoretischen und praktischen Judenhaß ableiten. Alle diese von hüben und drüben gebrauchten Argumente treffen nicht den Kern des Problems. Es handelt sich nicht darum, die guten und schlechten Qualitäten der Juden gegeneinander auszuspielen – ein Spiel ohne Ende –, weil man stets die nämlichen positiven oder negativen Qualitäten, die als besonders charakteristisch für den Juden angeführt werden, auch bei Nichtjuden findet. Wer sich in diesen Fragenkomplex unbefangen versenkt, wer den Versuch macht, das Wesen des Judentums *innerlich* zu erfassen, wird bald gewahr, daß hierbei überhaupt nicht seelische Qualitäten oder Charaktereigenschaften im gewöhnlichen Sinne das Entscheidende sind. Nicht im Seelischen liegen die spezifischen Differenzen, die den Juden als Juden kennzeichnen, sondern in einer tieferen Schicht des menschlichen Wesens, einer Schicht, die unmittelbar mit den Lebensfunktionen des Organismus und mit der Art seiner Vitalität zusammenhängt.

Eine geistgemäße Psychologie unterscheidet zwei Regionen des Seelenlebens, deren eine dadurch charakterisiert ist, daß sich in ihr die mehr vorübergehenden, vorüberhuschenden inneren Erlebnisse abspielen, die Affekte und Leidenschaften, durch die der Mensch auf die wechselnden Eindrücke der Außenwelt seelisch antwortet, während die Natur der zweiten Sphäre über *alle* Seelenerlebnisse eines Menschen eine *einheitliche* und dauernde Grundfärbung breitet. Diese zweite Region hängt im Sinne geisteswissenschaftlicher Menschenkunde unmittelbar mit dem Wirken der organisierenden und bildenden Lebenskräfte zusammen, und in ihr sind auch die nationalen und rassenmäßigen Qualitäten verankert. Das charakterologische Rätsel des Judentums liegt weder im Geistigen, noch im Seelischen, sondern in der Sphäre der ätherischen Bildekräfte der menschlichen Leibesorganisation. Ist also das Judentum eine Nation im Sinne der zionistischen Auffassung?

Wenn wir auch zunächst ganz davon absehen, daß die

äußere Wissenschaft mit ihren Mitteln noch keine wirklich befriedigende Begriffsbestimmung für das Wesen der Nationalität zu geben vermochte; können wir in dem gleichen Sinn das Judentum eine Nation nennen, in dem wir vom Deutschtum, Franzosentum, Tschechentum usw. sprechen? Ist das Judentum eine nationale Minderheit, wie es deren insbesondere in Mitteleuropa so viele gibt?

Ein eingehendes Studium der zionistischen Bewegung führt uns in dieser Beziehung zu einer wichtigen Entdekkung. Der Zionismus als solcher vertritt bekanntlich kein weltanschaulich gefärbtes Programm, so daß sich unter dem sechszackigen Stern ebensowohl orthodox Gläubige wie Atheisten, Kapitalisten und Kommunisten versammeln, wobei es naturgemäß nicht immer ohne Reibereien abgeht. Allein diese Farblosigkeit in bezug auf Weltanschauung und Religion ist doch nur ein äußerer Schein, den die objektive Sprache der Geschichte zerstört. Unter der rein politischen Gestalt, die dem Zionismus erst durch Theodor Herzl am Ende des vorigen Jahrhunderts[3] gegeben wurde, blieb dennoch eine Unterströmung deutlich sichtbar, die um so klarer hervortritt, je weiter wir die Geschichte der zionistischen Bestrebungen durch die Jahrhunderte hindurch zurückverfolgen. Diese Unterströmung, aus der die zionistische Bewegung ständig mit spiritueller Kraft gespeist und genährt wurde, trägt nun deutlich die Signatur der Kabbala, jener merkwürdigen und heute weniger denn je verstandenen Geheimlehre des Judentums, deren Ursprünge sich im unbestimmten Dunkel der Vergangenheit verlieren. Es ist hier nicht der Ort, um eingehender die tiefsinnigen Anschauungen der Kabbala über Weltentstehung und Weltentwicklung zu besprechen, ebensowenig wie hier die komplizierte kabbalistische Lehre von den geistigen Sphären und Wesenheiten dargestellt werden kann. Nur ihre Lehre von der Erlösung Israels und der Welt am Ende der Tage soll hier kurz angedeutet werden. Mit der Anschauung, daß der Mensch in einem frühen Stadium der Welt- und Erdentwicklung von seinem göttlichen Ursprung abgefallen ist und seinem geistigen Urbild, dem Urmenschen oder Adam Kadmon bis in die äußere Form und innere Organisation seines Leibes untreu wurde, verbindet sich in der Kabbala die Zukunftshoffnung auf eine Wiederbringung aller Dinge zu Gott durch den vergeistigten Menschen. Der erlöste Mensch wird zum Erlöser der Welt. Und für den Kabbalisten, der als Jude doppelt und dreifach erlösungsbedürftig ist, weil er nicht nur, wie alle andern Menschen auch, die himmlische Heimat verloren hat, sondern weil er überdies auch schon im irdischen Sinn heimatlos, fern von Jerusalem, sein martervolles Leben verbringen muß, verbindet sich in eigenartiger Weise das Schicksal seines Volkes mit dem Schicksal der ganzen Erde. Die Zerstreuung des eigenen Volkes – das nationale „Galuth" – wird zum historisch-realen Symbol für die Diaspora der ganzen Menschheit, die Erlösung des eigenen Volkes zur Erlösung der Welt: „Nur in fernen Andeutungen wird von der ‚Ankunft des Messias' gesprochen. Die himmlische Region, aus der er kommen soll, wird das ‚Vogelnest', als die Stätte seines irdischen Auftretens Galiläa genannt. Hie und da wird an die talmudische Vorstellung eines zweifachen Messias angeknüpft und von gewaltigen, die Existenz Israels bedrohenden Kriegen gesprochen, welche der Errichtung des letzten Friedensreiches vorhergehen. Die Vollendung des Heileswerkes vollzieht sich in dreifacher Abstufung: als Sammlung Israels, als Aufbau des Tempels und als Belebung der Toten. Und wie in den Visionen der Propheten und den apokalyptischen Büchern gipfelt der Erlösungsgedanke der Menschheit in kosmischen, symbolisch-übersinnlichen Vorstellungen, indem in jenen letzten Kämpfen ein Stern sieben andere verschlingt und nach den Worten des zweiten Jesaias ‚das Licht des Mondes dem der Sonne gleich werden wird'. Und in jenen Tagen, da die Läuterung nicht nur des einzelnen, sondern der Menschheit sich vollendet, werden die tiefsten Geheimnisse zur spielenden Kinderweisheit."[4]

Zion bedeutet für den echten Kabbalisten nicht bloß ein Stück physischen Landes, sondern die in geistigen Bildern geschaute *spirituelle* Wirklichkeit eines neuen Himmels und einer neuen Erde, ganz im Sinne der christlichen Offenbarung des Johannes. Um die Bedeutung der Zionsidee war am Ende des vorigen Jahrhunderts zwischen dem damaligen Oberrabbiner von Wien, Dr. Güdemann, und Theodor Herzl ein heftiger Streit entbrannt. Güdemann protestierte gegen die zionistische Deutung jener Gebetsstelle, in der an Gott die Bitte um Rückkehr nach Zion gerichtet wird: „Zion galt und gilt den Juden als Symbol ihrer eigenen, aber auch die ganze Menschheit umfassenden Zukunft. In diesem nichts weniger als nationalen Sinne ist auch die Bitte um Rückkehr nach Zion in unseren Gebeten zu verstehen, in welchen sie demnach einen rechtmäßigen Platz behauptet." Dagegen Herzl: „So! Also wenn man um die Rückkehr nach Zion betet, so ist darunter das Gegenteil zu verstehen? Die Worte des Gebetes haben also nicht den Sinn, den die Gemeinde, treu am Worte hängend, mit ihnen verbindet? Und in dem Augenblick, wo die Beschaffenheit der Weltverhältnisse, der nach der Emanzipation eingetretene, also endgültige Antisemitismus, das wiedererwachende Nationaljudentum, die Lage im Orient und die technischen Errungenschaften zusammenwirken, um die Rückkehr nach Zion zu einer nahen Möglichkeit zu machen – in diesem Augenblick sagt ein Oberrabbiner: Macht euch nichts daraus – es war nur ein ‚Symbol'!"

Dieser Streit zwischen einem „aufgeklärten" Geistlichen und einem Vertreter des modernen Relativismus, als welcher sich Herzl, abgesehen von seiner speziellen Idee des „Judenstaates" in seinen Schriften überall erweist, ist für die geistige Situation der Gegenwart bezeichnend. Dem Vertreter der abstrakten Religiosität gilt die Zionsidee nur mehr als das vague Symbol der „Menschheitszukunft", von der er sich gewiß nicht die mindeste Vorstellung machen kann; der Nationalist hingegen nimmt den Zionsgedanken greifbar wirklich und zieht ihn herunter in eine ihm wesensfremde Sphäre. Weder Materialismus noch religiöses Phrasentum vermögen dem wahren Zionsgedanken gerecht zu werden, mit dem ursprünglich wohl die „Menschheitszukunft", aber erlebt in geistig geschauten Bildern, gemeint war. *Dieses* Jerusalem als Heimat, nach der sich alle Menschenherzen sehnen, liegt natürlich nicht auf einem geographisch zu bestimmenden Ort der physischen Erde, sondern in den geistigen Sphären der Welt.

Ohne den durch die Kabbala innerhalb des Judentums fortdauernd lebendig erhaltenen messianistischen Impuls hätte der Zionismus nie jene relativ große Bedeutung erlangen können, die ihm heute beizumessen ist, und wer die Geschichte verfolgt, wird überall den Zusammenhang zwischen der aufflammenden Sehnsucht der Juden nach

Zion und den kabbalistischen Strömungen finden. Selbst der heutige, scheinbar bloß politische Zionismus wird noch immer aus dieser geheimen Quelle mit spiritueller Schwungkraft genährt, da es nun einmal glücklicherweise in der Natur des Menschen liegt, daß nur geistige Ideen und Ideale dauernd den für eine große Bewegung unentbehrlichen Enthusiasmus entfachen können. Als am Ende des vorigen Jahrhunderts das rein utilitäre Projekt auftauchte, an einer anderen Stelle als in Palästina eine Heimstätte für die Juden zu schaffen, etwa in Argentinien oder in Ostafrika, mußte dieser Plan selbstverständlich scheitern, weil hinter ihm keine impulsierende Idee geistigen Ursprungs stand.

Der Zionismus ist in dieser Hinsicht durchaus mit einer anderen Weltbewegung zu vergleichen, die übrigens beinahe zur gleichen Zeit wie er die Sphäre der praktischen Verwirklichung erreichte. Jener Brief von A. J. Balfour an Lord Rothschild, in dem die englische Regierung in aller Form erklärte, daß sie „mit Wohlwollen die Errichtung einer nationalen Heimstätte für das jüdische Volk in Palästina" betrachte[5] und daß sie „die größten Anstrengungen" machen werde, um die Erreichung dieses Zieles zu erleichtern, trägt das Datum des 2. November 1917. Der 7. November 1917 wird von den russischen Bolschewiken als der Geburtstag der Sowjetunion gefeiert. Nun hat René Fülöp Miller in seinem bekannten Werk „Geist und Gesicht des Bolschewismus" die große Bedeutung der religiösen Sekten für die Entwicklung des russischen Kommunismus dargelegt. Durch lange Zeiten hindurch wurde dem russischen Volk seine messianische Weltsendung eingeprägt, und diese Idee, daß die Welterlösung von Rußland ausgehen werde, hat sich mit den Tiefen des russischen Wesens aufs innigste verbunden. Was in den Höhen des Geistes von den Schwärmern ekstatisch erlebt und gepredigt wurde, stürzte nun in die Niederungen des extremsten Materialismus ab und verwandelte sich in die Idee der kommunistischen Weltrevolution. Der Bolschewismus ist eine apokalyptische Strömung, die in die Sphäre des Irdischen, ja des Untermenschlichen heruntergezerrt worden ist. In ähnlicher, wenngleich natürlich nicht in so extremer Weise wurde durch den Zionismus die uralte Idee des spirituellen Zion materialisiert und ihrem ursprünglichen Geistgehalt entfremdet. *Der Zionismus ist ein ins weltlich-politische Fahrwasser geratener Messianismus, eine säkularisierte Erlösungsbewegung.*

Man sieht, wie wenig die oft primitiven Theorien der Nationalisten der komplizierten Wirklichkeit gerecht werden. Zu dem gleichen Resultat gelangen wir auch, wenn wir wiederum den Blick auf den Antisemitismus richten und seine Wesensart unbefangen auf uns wirken lassen. Die Antipathieempfindungen der Nichtjuden gegen die Juden haben nämlich eine ganz andere Qualität, eine ganz andere Klangfarbe als alle anderen Gehässigkeitsempfindungen, wie sie sonst feindliche Nationen gegeneinander hegen. Worauf hier aufmerksam gemacht werden soll, ist nicht die Intensität solcher Gefühle, die bald größer, bald geringer sein mag als der Judenhaß, sondern eben die qualitative Natur der antisemitischen Empfindungen, die sich durch ihre Eigenart ganz wesentlich von jenen Abneigungsgefühlen unterscheiden, wie sie etwa zwischen Deutschen und Franzosen oder Deutschen und Tschechen herrschen. Eine solche Behauptung läßt sich natürlich nicht mathematisch „beweisen“; wer aber einen gewissen Blick für seelische Realitäten entwickelt, wird diese Eigenartigkeit, ja Einzigartigkeit der antisemitischen Empfindungen nicht verkennen. *Der Antisemitismus ist nicht als nationale Antipathie der Mehrheit gegen die Minderheit anzusehen: das Judentum ist nicht oder wenigstens nicht nur eine völkische Minorität.*

Von antisemitischer Seite könnte dieser Ablehnung der rein nationalistischen Definition des Judentums entgegengehalten werden, daß das Judentum eben nicht bloß eine eigene Nation unter den anderen Völkern Europas sei, sondern eine fremde, ihrem Ursprung nach außereuropäische *Rasse.* Diese Tatsache gäbe den instinktiven Abwehrempfindungen der „arisch-nordischen Stämme“ gegen das Judentum und gegen jüdisches Wesen die besondere Färbung und Intensität. Hören wir den im Jahre 1893 herausgegebenen „Antisemiten-Katechismus“ von Theodor Fritsch, den Coudenhove in seinem Buch über den Antisemitismus zitiert und ausführlich bespricht: „Es fällt niemandem ein, die Juden ihrer Religion wegen zu bekämpfen. Ihren Gottesdienst trachtet niemand zu stören; er erfreut sich der zärtlichsten Schonung bei allen Klassen – auch bei den Antisemiten. Die Zurückführung des Antisemitismus auf religiöse Gehässigkeit ist eine grobe Entstellung der Sachlage. Gerade unter den Freigeistern finden sich die entschiedensten Antisemiten (Giordano Bruno, Voltaire, Schopenhauer, Feuerbach, Johannes Scherr, Dühring usw.). Wie schon der Name sagt, richtet sich der Antisemitismus gegen die ‚Semiten‘, also gegen eine Rasse, nicht gegen eine Religion. Wenn die Antisemiten die Religion der Juden bekämpften, so müßten sie sich ‚Anti-Israeliten‘

nennen. Es verrät also ein geringes Sprachverständnis, wenn jemand den Antisemitismus mit der ‚Religion' in Zusammenhang bringt (...)

Worin soll der Rassenunterschied bestehen ? Die europäischen Völker gehören fast sämtlich der arischen oder indogermanischen Rasse an, die Juden hingegen der semitischen. Die arischen Völker sind mehr seßhafter Natur; sie pflegen Ackerbau, Gewerbe, Kunst und Wissenschaft; sie sind staatengründend, mutig und tapfer; der Grundzug ihres Wesens ist die Geradheit, Ehrlichkeit, Treue und Hingebung. Sie sind die eigentlichen Kulturvölker.

Die echten Semiten hingegen sind von Natur Nomaden; sie haben keine eigentlich dauernden Wohnsitze, kein rechtes Vaterland. Sie ziehen dahin, wo die beste Beute winkt. Sie bauen und bebauen nichts selbst; sie suchen die durch fremden Fleiß geschaffenen Kulturstätten auf, beuten die vorhandenen günstigen Verhältnisse aus, grasen, sozusagen, die Weideplätze ab und lassen sie geplündert und verödet zurück. Ackerbau, Technik und Kunst ist ihnen fremd, wie jede ehrlich schaffende Arbeit. Sie geben sich den Anschein, als verachteten sie die Arbeit, in Wahrheit aber fehlen ihnen die Fähigkeiten dazu. Die semitischen Nomaden der Wüste (Beduinen) betreiben noch heute Raub und Plünderung in der offensten und urwüchsigsten Weise. Der Jude aber ist gleichsam der ‚Kulturbeduine'; er betreibt dasselbe Geschäft in gewissermaßen zivilisierter Form. Seine Domäne ist der ‚Handel', der bei ihm freilich einen sehr weiten Begriff deckt, denn in der jüdischen Sprache bedeutet das Wort ‚Masematten' ebensowohl ein Handelsgeschäft wie einen Diebstahl."[6]

Mit Wissenschaft haben solche von hemmungslosen

Empfindungen diktierten Worte natürlich nicht das mindeste zu schaffen, und vor allem schießen sie weit über jenes Ziel hinaus, das sich die Antisemiten offenkundig selbst gesteckt haben. Denn der Antisemitismus bekämpft ja nicht alle „Semiten", sondern einzig und allein die Juden, die nach seiner Lehre doch nur einen Teil der semitischen Rasse bilden. Und daß sich die Behauptungen des Antisemiten-Katechismus etwa auch auf die alten Babylonier oder Chaldäer beziehen, deren Kulturen mit um so hellerem Glanze vor unserem Blick erscheinen, je mehr wir von ihnen durch die Erweiterung unserer geschichtlichen Kenntnisse erfahren, wird wohl auch der überzeugteste Hakenkreuzler kaum im Ernst behaupten. Alle diese Sätze sind überhaupt nicht auf das Semitentum als Rasse gemünzt, sondern einzig und allein gegen das Judentum gerichtet, so daß wir also doch wiederum bei der rein nationalistischen Theorie angelangt wären. Der Begriff Rasse gehört viel ausschließlicher als derjenige der Nation in das Gebiet der Anthropologie, die Charakterisierung des Judentums durch den Antisemiten-Katechismus aber bezieht sich offenkundig nur auf die seelischen Qualitäten der Juden und auf ihre Rolle im gegenwärtigen Kulturleben. Solche Erscheinungen lassen sich nicht rassentheoretisch, sondern einzig und allein durch ein spirituelles Verständnis der Geschichte begreifen, Geschichte in jenem tieferen Sinn, über den wir noch zu sprechen haben werden. Man kann dabei den Rassenantisemiten die Tatsache zugute halten, daß im Judentum Rasse und Nationalität faktisch in einer eigentümlichen Weise ineinanderspielen, ein bedeutsamer Wesenszug, für den die äußere Geschichtsforschung keine befriedigende Erklärung zu geben vermag. Ohne daß hier der

Anspruch auf eine fachkundige Erörterung des so schwierigen Rassenproblems erhoben wird, darf gesagt werden, daß die rassentheoretische Auffassung des Judentums keineswegs hinreicht, um sein Wesen, seine Geschichte und seine Geheimnisse zu ergründen.

Der Begriff der Rasse ist ein anthropologischer; Richard Coudenhove-Kalergi versucht in seinem Vorwort zu dem nun schon mehrfach erwähnten Buch seines Vaters Heinrich Coudenhove-Kalergi über „Das Wesen des Antisemitismus“ dem Rätsel des Judentums von der soziologischen Seite her beizukommen, indem er die aus der uralten Spiritualität der Inder und Ägypter stammende Idee einer Kastengliederung der Menschheit auf die gesellschaftliche Stellung der Juden innerhalb ihrer „Wirtsvölker“ anwendet. Er schränkt seine Definition allerdings auf einen Teil des Judentums ein und erklärt: „Das West-Judentum ist keine Nation, sondern eine Kaste. Denn Kasten sind horizontale Nationen, die sich mit dem vertikalen Nationalbegriff überschneiden.“ Im Osten, meint Coudenhove-Kalergi, bilde das Judentum allerdings eine nationale Minorität mit eigener Kultur und eigener Sprache. Das West-Judentum dagegen sei in demselben Sinne, wie der europäische Hochadel, eine internationale Kaste, die durch den großen Einfluß, den ihre Mitglieder besitzen, in gewissem Sinne den Ansatz zu einem zweiten europäischen Adel darstelle. – Die Kastengliederung in den alten, auf spirituellen Einsichten gegründeten Kulturen hatte einen tiefen, für das moderne Verstandeswissen nicht ohne weiteres durchschaubaren Sinn. Wird aber dieser Begriff einfach nur dazu verwendet, um die eigentümliche gesellschaftliche Stellung der Juden unter den Völkern Westeuropas zu schildern, dann ist dies bestenfalls als ein geistreiches Aperçu zu werten. Auch ist es trotz der großen und tiefgehenden Verschiedenheiten zwischen den Ost- und West-Juden doch ganz unmöglich, die einen als nationale Minderheit, die anderen als Kaste zu bezeichnen. Man verliert eben die Fülle des Lebens und der Wirklichkeit aus seinem Denken, wenn man aus einem großen Erscheinungskomplex ein Symptom herausreißt, um daraus eine Theorie zu schmieden. Viel näher der Wahrheit kommen daher diejenigen, die in der *eigenartigen Verbindung von religiösen und nationalen Elementen* das Wesen des Judentums sehen. Aber daß wir auch damit noch nicht des Rätsels Lösung gefunden haben, zeigt uns ein Blick auf die Geschichte des vorchristlichen Altertums. Je weiter wir in der Geschichte des Altertums zurückgehen, desto strenger finden wir das kulturelle und geistige Leben an die Bluts- und Stammeszusammenhänge gebunden, worüber in einem nächsten Kapitel noch ausführlicher gesprochen werden soll. Nicht nur die gesamte Kultur der Menschheit, sondern sogar ihre zivilisatorischen Errungenschaften entspringen letzten Endes religiösen Wurzeln, und die ältesten Religionsformen zeigen streng ethnischen Charakter; man war durch seine Geburt, durch seine Stammes- und Sippenzugehörigkeit zugleich mit aller Selbstverständlichkeit in bestimmte geistig-kulturelle Zusammenhänge hineingestellt. Nur ein Germane konnte sich mit jenen Wesenheiten verbunden fühlen, auf die der Mythos in bildhafter Form durch die Namen Wotan, Thor, Baldur usw. hindeutet; nur ein Grieche konnte die geistigen Wirksamkeiten von Zeus, Apollo oder Athene spüren, kurz, man fühlte sich mit seinen Göttern ebenso durch das Blut verbunden wie mit seinen Vorfahren. Der Mensch war den Göttern „blutsverwandt“, und aus dieser Geistesart wird es verständlich, warum den ursprünglichen Religionen des Altertums jedes propagandistische Streben fremd war. Fühlte man doch, daß die Zugehörigkeit zu einer bestimmten spirituellen Anschauungsart eine Sache des Blutes war, in dessen Wellen und Weben man mit den Vorfahren zugleich die Wirkungen der Götter erlebte. Besonders streng finden wir nun dieses Prinzip bei den alten Hebräern ausgebildet, und hierin kann also nicht das Wesentliche des Judentums liegen, weil schon damals das hebräische Volk als eine Singularität, ja sogar als etwas Abnormes empfunden wurde. Auch in der engen Verknüpfung von Religion und Volkstum liegt nicht dasjenige, was das Judentum zum Judentum macht.

Wir sehen, daß hier alle Katz'-um-den-Brei-Methoden versagen und wir durch das Wesen der Sache selbst dazu gedrängt werden, jenes an das Blut gebundene Geistelement selbst zu erforschen. Bei den anderen Völkern des Altertums ist die durch das Medium der völkischen Leiblichkeit erlebte Spiritualität selber eine Spezialreligion; Volksgottheiten werden verehrt und von ihnen fühlt man sich in allen einzelnen Verrichtungen des Lebens gelenkt und geleitet; bei den Hebräern aber ist, wenigstens seit Abraham, das Bewußtsein einer universellen Sendung, einer Weltmission lebendig, wenn auch Jahve keineswegs mit dem großen Weltengott, dem ureinen Ursprung aller geistigen und physischen Welten, zu identifizieren ist. Auch im Pentateuch wird nicht behauptet, daß Jahve der allein existierende Gott sei, sondern es wird den Hebräern nur befohlen, neben Jahve keine anderen Götter zu verehren, deren Wirklichkeit aber nirgends bestritten wird. Dennoch ist Jahve im Sinn der Bibel eine Wesenheit, die alle gewöhnlichen Volksgottheiten an Bedeutung weit überragt, weil sich ihre Wirkungen auf die ganze Menschheit erstrecken. Um solche für das moderne Bewußtsein recht paradox klingende Sätze zu verstehen, muß man die mißverständliche Gleichsetzung von Polytheismus mit dem sogenannten „Heidentum" aufgeben. Die Götter, von welchen das heidnische Altertum sprach, sind nicht einfach der Plural dessen, was wir heute unter „Gott" verstehen, wobei ja in diesem Wort für uns eine ganz bestimmte Gefühlsbetonung mitschwingt. In diesem Sinn gab es niemals und nirgends Vielgötterei, vielmehr waren die Götter spirituelle Wesenheiten dienender Natur, entsprechend den hierarchischen Geistern der jüdischen und christlichen Esoterik, den Engeln, Erzengeln, Urkräften, Gewalten (Elohim), Mächten, Fürstentümern, Thronen, Cherubim, Seraphim. Und das Eigentümliche der hebräischen Geistigkeit, wodurch sie sich von der inneren Wesensart aller anderen Völker unterscheidet, ist die Tatsache, daß hier eine schlechthin universelle Weltenmacht dieselbe Stellung einnimmt, wie bei den anderen Völkern der „Volksgott" im eigentlichen Sinn dieses Wortes. Eine geistige Menschheitsmission ist im hebräisch-jüdischen Volk an die nationalen Blutskräfte und an das nationale Blutsbewußtsein strengster Observanz gebunden. Hier soll vorerst nur angedeutet werden, daß sich die wahre Natur dieses universellen Geistelementes nur durch seine teleologische Beziehung zum Christentum verstehen läßt. Daß das Judentum der geschichtliche Boden war, in den der spirituelle Samen des Christusimpulses eingesenkt wurde, ist nur der eine Aspekt, den wir zu beachten haben, der andere aber liegt *in der geheimen fortdauernden Beziehung des Judentums zum Christentum.* Wie das Christentum nicht allein ein geschichtliches Phänomen ist, sondern ein ständig sich erneuerndes Mysterium, so ist auch sein *Schatten* ebensowohl mystisch in der hier gemeinten Bedeutung dieses, als auch historisch zu begreifen. *Das geheimnisvolle, erschütternde Rätsel des Judentums ist in der Frage beschlossen, wie aus dem Vorglanz des Christentums dessen Schatten werden konnte.*

2. DAS BLUT ALS TRÄGER DER ALTHEBRÄISCHEN RELIGIOSITÄT

Aus der verwirrenden Fülle der Meinungen und Theorien tauchte vor unserem Blick zunächst silhouettenhaft die wahre Gestalt des Rätsels auf, das seit Jahrtausenden Volk und Geschichte des Judentums umwittert: die unlösbare Verbindung des Judentums mit jenem Ereignis, das den einen ewigen Fixpunkt mitten im Zeitenstrome der Geschichte darstellt. Was fromme Gemüter seit langem geglaubt und in der Art der abendländischen Zeitrechnung zum Ausdruck brachten, indem sie die Jahre der Weltgeschichte bis zu Chritsi Geburt zählten und von da an eine neue Ära der Menschheitsentwicklung beginnen ließen, die Wahrheit, daß in dem Christus der Sinn der Erde beschlossen liegt – wir müssen sie mit den Fähigkeiten des wissenschaftlich geschulten Bewußtseins neu erobern. Und wenn wir, den späteren Betrachtungen vorgreifend, sagen dürfen, daß jedes geschichtliche Ereignis seine tiefste Bedeutung in dem Bezug auf jenen zugleich historischen und metahistorischen Mittelpunkt enthüllt, dann gilt dies natürlich im besonderen Maße vom Judentum selbst. Doch handelt es sich hier nicht allein um Religionsgeschichte in dem engen Sinn einer äußeren Wissenschaft, sondern um historische Menschheitsfragen, deren Verständnis uns erst durch Rudolf Steiners Lebenswerk wieder möglich geworden ist. Einer wirklich anthroposophischen Betrachtungsart liegt es ferne, die mit außerordentlichem Scharfsinn und mit bewundernswerter Hingabe zustandegebrachten Ergebnisse der wissenschaftlichen Geschichtsforschung gering zu achten oder ihren Wert auch nur im mindesten anzutasten. Allein gerade das Rätsel des Judentums nötigt uns, in solche Tiefen vorzudringen, welche dem gewöhnlichen Verstandesdenken verschlossen bleiben müssen, wobei noch einer speziellen Schwierigkeit der historischen Wissenschaften zu gedenken ist.

In den Naturwissenschaften hat der Forscher die Aufgabe, aus den Tiefen seines Geistes jene Begriffe und Ideen heraufzuholen, welche das Chaos der sinnlich wahrnehmbaren Tatsachen in einen großen Gedankenkosmos verwandeln. Das *Material* zu diesem geistigen Bau ist ihm von außen, durch die Sinne, gegeben, die den Beobachtungen entsprechenden Ideen, den *Plan* des Baues, muß er selbst schaffend hervorbringen. Es ist nun heute schon ziemlich allgemein anerkannt, daß sich die naturwissenschaftlichen Begriffe und Kategorien zur Lösung historischer Probleme als unzulänglich erweisen. Doch bedeutet diese Feststellung für den Forscher nur die Anforderung, zur Erlangung der historischen Ideen in tieferen Schichten seines Geistes zu schürfen, als es diejenigen sind, aus welchen der Naturforscher seine Gedanken und Begriffe holt. Hierin liegt also keine prinzipielle Notwendigkeit zu einer methodologischen Scheidung zwischen den Natur- und Geisteswissenschaften. Aber von der Wahrnehmungsseite droht eine zunächst unüberwindlich scheinende Schwierigkeit; während nämlich in den Naturwissenschaften das sinnlich wahrnehmbare Tatsachenmaterial jedem Forscher unmittelbar zugänglich ist oder doch wenigstens zugänglich gemacht werden kann, so daß zwischen dem Forscher und dem Beobachter eine natürliche „Personalunion" besteht, betreten wir in den Geisteswissenschaften schon bei der Frage ‚Was ist Tatsache gewesen, was hat sich wirklich zugetragen?' einen höchst schwankenden Boden, aus dem einfachen Grund, weil sich Geschichte mit der Vergangenheit, mit dem Gewesenen beschäftigt. Die Vergangenheit aber können wir nicht im gleichen Sinn „wahrnehmen", wie die Ereignisse der Gegenwart, sondern sind in dieser Beziehung auf geschichtliche Urkunden, auf Berichte von Zeitgenossen oder auf andere Denkmäler angewiesen, und jeder, der sich ein wenig mit Geschichte beschäftigt hat, weiß, welches Element der Unsicherheit damit seinen Einzug in die Wissenschaft hält. Wir haben ja nicht einmal die geringste Gewähr dafür, daß uns gerade von den geschichtlich wichtigsten Ereignissen überhaupt Berichte vorliegen, zumal es sich keineswegs immer so verhält, daß die bedeutsamsten Geschehnisse auch diejenigen waren, die den Zeitgenossen am meisten auffielen und die größte „Sensation" erregten. Gar oft haben sich unendlich weittragende Ereignisse im Stillen, im Verborgenen abgespielt, und das größte Beispiel hierfür ist das Leben und Sterben des Christus Jesus. Von den Evangelien abgesehen, die aber überhaupt nicht als geschichtliche Urkunden im gewöhnlichen Sinn dieses Wortes gelten können, läßt sich nach dem Urteil von Harnack alles, was über den Christus *nicht* aus dem Neuen Testament stammt, „bequem auf eine Quartseite schreiben".[7] Soweit die damals maßgebenden römischen Publizisten und Politiker überhaupt von den Ereignissen in Palästina erfuhren, konnten diese in ihren Augen kaum mehr bedeuten, als eine kleine Revolte in einem versteckten Winkel des großen Römerreiches, eine Angelegenheit, kaum wert, der Nachwelt überliefert zu werden. Wenn wir ferner die Subjektivität solcher zeitgenössischer

Berichte bedenken, wenn wir unser Augenmerk darauf richten, daß schon Historiographen der allerjüngsten Vergangenheit nicht nur in bezug auf Wertung und Beurteilung, sondern sogar in bezug auf das rein Tatsächliche außerordentlich weit voneinander divergieren, dann werden wir den Ausspruch berechtigt finden, daß alle Geschichte nichts weiter sei, als ein konventionelles Märchen, eine „fable convenue". Jenen Grad von wissenschaftlicher Exaktheit, den der Naturwissenschaftler für seine Disziplin in Anspruch nehmen darf, würde der Historiker erst dann erreichen, wenn er die vergangenen Ereignisse so gegenwärtig vor seinem Auge haben könnte wie der Naturwissenschaftler *sein* Tatsachenmaterial. Nicht „Quellenstudium" allein, sondern nur die konkrete Rückschau in die Vergangenheit könnte Geschichte zum Rang einer wirklichen Wissenschaft erheben. Spricht man aber damit nicht von einer dem Menschen ein für allemal versagten Fähigkeit, von einem utopischen Wunschgebilde, zu dessen Verwirklichung die Wege nicht einmal vorstellbar sind? Bevor wir eine Antwort im Sinne der anthroposophischen Geisteswissenschaft versuchen, sei hier ein kleiner naturwissenschaftlicher Exkurs eingeschaltet.

Der große, heute zu Unrecht über die Ästhetenachsel angesehene Naturdenker Ernst Häckel hat bekanntlich seine Stammesgeschichte zum großen Teil auf das von ihm, wenn auch nicht entdeckte, so doch bedeutsam hervorgehobene „biogenetische Grundgesetz" gebaut: Die Ontogenese ist eine verkürzte Rekapitulation der Phylogenese: jedes Wesen durchläuft in seiner Entfaltung die nämlichen Stufen, die der ganze Stamm im Laufe der geologischen Entwicklungsepochen durchzumachen hatte. Der bekannte

Popularisator der Häckelschen Ideen, Wilhelm Bölsche, stellt in seinem Werk „Das Liebesleben in der Natur" über dieses Naturgesetz eine bemerkenswerte Betrachtung an; er spricht dort von der Weisheit des menschlichen Organismus, die alle Weisheit des bewußten Menschengeistes weit überrage, er zitiert den Satz von Nietzsche: „Es ist mehr Vernunft in deinem Leib als in deiner besten Weisheit", und illustriert die Wahrheit dieses Aphorismus durch eine schöne Charakterisierung der embryologischen Entwicklung des Menschen. „Du erinnerst dich an jenes höchst seltsame Gesetz, das bei diesem Aufbau des Leibes im Mutterleibe seine Rolle noch besonders zu spielen scheint, das biogenetische Grundgesetz, nach dem der Keim oder Embryo (...) nicht sofort Menschengestalt annimmt, sondern gewisse einfachere Formen zuerst zeigt, die an bestimmte Tiere erinnern, Tiere, von denen wir vermuten, daß sie im Sinne Darwins die Vorfahren des Menschen in der alten geschichtlichen Entwickelung gewesen sind. So entspricht eine Stufe des Embryo etwa dem Wurm, eine andere hat Kiemenspalten wie ein Fisch und was der Sonderbarkeiten mehr sind. Hier setzt also ein noch verwickelteres Wissen deiner bauenden Zellen ein.

Sie wissen von Dingen aus der Urwelt, die zum Teil viele Millionen Jahre weit hinter der ganzen Menschheit zurückliegen. Sie wissen, daß einmal der ‚Mensch' noch in einem Tier steckte, das hinten einen langen Schwanz trug; oder das im Wasser lebte und mit Kiemen atmete; oder das statt einer festen Wirbelsäule erst einen dünnen Knorpelstab im Rücken trug. Das alles wissen deine Zellen (...) so genau, daß sie bei ihrem Bau dem geradezu (...) Rechnung tragen und ihren Grundriß so einrichten, daß erst von dem

Alten allerlei noch sichtbar wird, ehe der echte Mensch herauskommt. Sie erinnern sich, erinnern sich an Dinge, die einem Weltdenker, wie Spinoza oder Kant, in den ganzen Jahren seines Denkerlebens unmöglich je aus sich eingefallen wären und von denen auch tatsächlich weder Spinoza noch Kant zu ihrer Zeit ein Sterbenswörtchen gewußt haben."[8]

Diese Sätze wurden nicht deshalb angeführt, um ein Bekenntnis zum Darwinismus oder Häckelianismus abzulegen, dessen materialistische Einseitigkeit auf das entschiedenste abzulehnen ist. Allein, wie so oft, klingt hier bei einem Naturforscher ein Gedanke an, der bloß aus seiner materialistisch-naturalistischen Fassung gelöst werden muß, um zu einer wichtigen Erkenntnis zu führen. Es ist natürlich eine unvollziehbare Vorstellung, daß die „Zellen" eine derartige Erinnerungsfähigkeit besitzen sollen, wie sie Bölsche ihnen zuschreibt; das „Gedächtnis der Materie", von dem einige Naturforscher gesprochen haben, ist ein erkenntnistheoretisches Unding. Bedeutsam aber muß es erscheinen, daß hier ein Naturdenker auf Grund von biologischen Beobachtungen und Erwägungen dazu gelangt, nicht nur von einer sich im Leibe offenbarenden *Weisheit*, sondern von einer überindividuellen Erinnerungsfähigkeit zu sprechen, von einem *Gedächtnis*, das die natürlichen Grenzen der Lebensdauer des einzelnen Individuums weit überschreitet und bis in die Urzeiten der Erdentwicklung zurückreicht. Daß Subjekt und Objekt streng korrelative Begriffe sind, ist ein der modernen Philosophie durchaus geläufiger Gedanke: ohne Subjekt kein Objekt, ohne Objekt kein Subjekt. Man wende doch dieses Prinzip auch auf die Entwicklungsidee an! Läßt sich denn eine wirkliche *ob-*

jektive Evolution, eine echte Entwicklung überhaupt denken, ohne die Annahme einer Welterinnerung, welche die sonst zusammenhanglos aufeinanderfolgenden Ereignisse zu einem *Zeitorganismus* innerlich verbindet? Dieses Weltgedächtnis ist geradezu das von einem konsequenten Denken geforderte subjektive Korrelat für die objektive Evolution der Erde und der Menschheit, mag man sich im übrigen diese Evolution wie immer vorstellen: *Weltgedächtnis* und *Weltentwicklung* sind die zwei untrennbar zusammengehörigen Glieder eines Ganzen!

Bölsche hat also wirklich einen gesunden philosophischen Instinkt verraten, wenn er das biogenetische Grundgesetz unmittelbar mit einer überindividuellen Erinnerungsfähigkeit in Verbindung brachte, und sein Fehler lag nur darin, daß er dieses Naturgedächtnis an falscher Stelle, nämlich im Physischen, suchte. Ein größerer Denker als er hat hier richtiger gesehen, wenn er die Worte niederschrieb: „Alles Göttliche hat eine Geschichte und die Natur, dieses einzige Ganze, womit sich der Mensch vergleichen kann, sollte nicht so gut wie der Mensch in einer Geschichte begriffen sein, oder, welches eins ist, einen Geist haben?" Novalis – denn von ihm stammen diese Worte[9] –, ist also weit davon entfernt, das geschichtsbildende Prinzip in der Materie zu suchen, sondern ihm ist die Eigenschaft eines Wesens, eine Entwicklung durchmachen zu können, geradezu das Sigel seiner Geistigkeit. Nur ein geistiges Wesen hat eine Geschichte, und – so dürfen wir fortsetzen – auch das wahre Gedächtnis kann nur im Geistigen liegen.

Es war nun wiederum Novalis, der als einer der ersten modernen Menschen von der Möglichkeit sprach, das spirituelle Wesen der Welt nicht bloß mit den blaßgrauen, schemenhaften Begriffen des Verstandes zu erfassen, sondern ein bewußtes übersinnliches Schauen zu entwickeln. Allerdings, wer z. B. die philosophischen Fragmente des Novalis durchnimmt, fühlt sich wie von einer wunderbaren Ahnung ergriffen, er findet dort ein unmittelbares Wissen um die geistige Welt, noch keine eigentliche Wissenschaft. Diese wurde erst durch Rudolf Steiner dadurch begründet, daß er die romantische Ahnung zu einer exakten Methodik fortbildete. In seinen Schriften, insbesondere in seinem Buch „Wie erlangt man Erkenntnisse der höheren Welten?“ [10], hat Rudolf Steiner den Weg einer inneren Seelenschulung gezeigt, auf dem der Mensch vollbewußt in die übersinnlichen Welten vordringen kann. Und wenn er dann bis zu jenen Regionen aufgestiegen ist, aus denen die Weisheit des menschlichen Leibes stammt, dann gelangt er auch zu einer bewußten Teilnahme an dem „objektiven Weltgedächtnis“; er wird, um wieder ein Wort des Novalis zu gebrauchen, zu einem „Zeitenseher“, vor dessen Seelenblick die Bilder der Vergangenheit so lebendig und unmittelbar aufleuchten, wie sonst nur die gegenwärtigen Dinge der physischen Umwelt vor dem körperlichen Auge des Menschen stehen. Der Mensch erlangt die Fähigkeit, die geistigen Eintragungen zu „lesen“, die als unzerstörbare Spuren von jedem, auch noch so geringen Erdenereignis in der spirituellen Grundlage der physischen Welt zurückbleiben. Erst durch dieses „Lesen in der Akasha-Chronik“, wie der anthroposophische Terminus lautet, erhält die Geschichtswissenschaft die Grundlage einer exakten Beobachtung, die, dem Wesen der Sache entsprechend, nur eine übersinnliche Beobachtung sein kann. Der den religiösen Menschen geläufige Gedanke einer Prophezeiung von zukünftigen Ereignissen muß durch die Idee und Wirklichkeit einer gewissermaßen umgekehrten Prophezeiung von solchen Geschehnissen ergänzt werden, die der Vergangenheit angehören und von denen vielleicht überhaupt keine geschichtlichen Überlieferungen auf uns gekommen sind. Von nun an hat auch die Geschichtswissenschaft die feste Grundlage der Empirie, wobei allerdings das Verhältnis von „Erfahrung und Idee" hier ein anderes ist als in den Naturwissenschaften. Im Sinnlichen ist uns zuerst der Wahrnehmungsfaktor der Erkenntnis gegeben, das Tatsachenmaterial, an dem sich erst die Ideen und Begriffe des forschenden Menschengeistes entzünden. In der übersinnlichen Zeitenschau verhält es sich umgekehrt. Zuerst nimmt der Seher die großen umfassenden Impulse wahr, welche den Geschichtsablauf lenken und leiten, er gelangt auch früher zur Wahrnehmung jener seelischen und geistigen Erlebnisse, die sich in der Brust der geschichtlich führenden Persönlichkeiten abgespielt haben, und erst aus dem intensiven Miterleben dieser geistigen Grundlagen der Geschichte formen sich auf einer hohen Stufe der Seherschaft die übersinnlichen Bilder auch der äußeren Ereignisse des physischen Erdenplanes. In den Naturwissenschaften geht der Weg von der Wahrnehmung zum Begriff und zur Idee; in der spirituellen Geschichtsforschung geht der Weg abwärts von dem konkreten Erleben der geschichtlichen Prinzipien zur Wahrnehmung der historischen Einzelheiten. Das hat in großartiger Weise Goethe im zweiten Teil des „Faust" angedeutet in jenen Szenen, in welchen der Abstieg Faustens zu den geheimnisvollen Müttern geschildert wird. Der Gang zu den Müttern, zu den Urquellen des Daseins, ist die notwendige Voraussetzung dafür, daß Faust nach dieser Einweihung in die Geheimnisse des Kosmos die griechische Vergangenheit in lebendig-wesenhaften Bildern heraufzuzaubern vermag.

„Phantastische Vorstellungen ohne jeden wissenschaftlichen Wert" – das sollten am wenigsten diejenigen sagen, die auf dem Boden irgendeiner positiven Religion stehen. Denn wie könnte man sich das Zustandekommen der verschiedenen Kosmogonien, etwa der mosaischen Genesis, anders denken als dadurch, daß geistig weit fortgeschrittene Menschen in die Vergangenheit zurückschauen konnten, da ja im physischen Sinn bei der Weltschöpfung niemand „dabei" war und „zeitgenössische Berichte" daher nicht vorliegen? Aber auch moderner denkende Persönlichkeiten, welche sich nicht dogmatisch an irgendwelche Überlieferungen binden – und dazu gehören vor allem auch die Bekenner der anthroposophischen Geisteswissenschaft –, sind in dieser Hinsicht keineswegs darauf angewiesen, die durch den Geistesforscher gegebenen Mitteilungen aus der „Akasha-Chronik" blind zu glauben. Immer wieder betonte Rudolf Steiner, daß die Erforschung der geistigen Welten nur dem entwickelten Hellsehen möglich sei, daß aber diese Wahrheiten, wenn sie einmal durch den Eingeweihten erforscht und in Ideenform gekleidet wurden, von jedem selbständig eingesehen werden können, der auf sie das gesunde Denken und den unbefangenen Wahrheitssinn anwenden will. Man muß, um als Nichthellseher zur vollen persönlichen Überzeugung der Wahrheit und Wirklichkeit der geisteswissenschaftlichen Mitteilungen zu gelangen, nur mit vollstem Ernste alle inneren und äußeren Lebenserfahrungen heranziehen, um sie mit den Angaben der Geistesforschung zu vergleichen. Unbefangenes, aber intensives Erleben der gewöhnlichen, physischen und seelischen Erfahrungen ist die beste Grundlage für das Verständnis der Anthroposophie.

Und nun sollen im folgenden einige Resultate der Geistesforschung Rudolf Steiners mitgeteilt werden, wobei immer darauf Bedacht genommen werden wird, das Übersinnliche an das Sinnliche betrachtend anzuknüpfen.

Viele Jahrtausende vor Christi Geburt gab es dort, wo heute die Wogen des Atlantischen Ozeans rollen, einen großen Kontinent, bewohnt von einer Bevölkerung, deren Kultur und Zivilisation keineswegs der heute unter gelehrten Ethnologen üblichen Vorstellung der „Primitivität" entsprach. In der Blütezeit dieser uralten Kultur, von der bloß in unbestimmten Sagen manch dunkle Erinnerung noch fortlebt, herrschten weise und mächtige Priesterkönige und von ihnen gingen die Impulse zur Ausgestaltung aller jener sozialen, ja sogar technischen Errungenschaften aus, von denen Rudolf Steiner in seiner Schrift „Unsere atlantischen Vorfahren"[11] eine genauere Schilderung gibt. Dieser alte Kontinent, die alte Atlantis, versank später in jahrhundertelang währenden Sturm- und Wasserkatastrophen in den Fluten des Meeres, die Bevölkerung ging größtenteils zugrunde, doch konnte sich ein verhältnismäßig kleiner Rest durch Auswanderung nach Ost und West retten. So wurde auf der einen Seite Amerika besiedelt und die rätselhaften indianischen Kulturen, die später der Barbarei der spanischen Eroberer zum Opfer fielen, waren ehrwürdige, allerdings schon halb verfallene Denkmäler der alten Atlantis. Nach der anderen Seite gingen die Wanderzüge nach Afrika, Europa und Asien, die damals nach und nach ihre heutige Gestalt annahmen. Die ersten nachatlantischen Kulturen von führender Bedeutung entstanden nun nicht, wie man annehmen könnte, im Westen, sondern gerade im fernsten Osten. Der berühmte Afrikareisende und Kulturforscher Leo Frobenius prägte mit Beziehung auf die Wanderung des kulturellen Schwerpunktes von West nach Ost und zurück von Ost nach West das Wort „Kulturpendel". Dieser Ausdruck ist durchaus sachgemäß, wenn man berücksichtigt, daß die West-Ost-Entwicklung von der alten Atlantis bis nach Iranien eine wirkliche Völkerwanderung gewesen ist, während der Rückschlag des Pendels nur eine Wanderung der kulturellen Führerrolle von Volk zu Volk war, von den Indern und Persern zu den Chaldäern, Babyloniern, Ägyptern, zu den Griechen und Römern, dann mit einer Schwenkung nach dem Norden zu den germanisch-romanischen Reichen, schließlich nach England und Amerika, womit sich im gewissen Sinn der Kreis wieder geschlossen hat. Obwohl Frobenius ahnt, daß die Bewußtseins- und Seelenverfassung der alten Völkerschaften eine durchaus andere war als diejenige eines modernen Menschen, so kann er mit seinen Erkenntnismitteln die Tiefe dieses Unterschiedes doch nicht voll erfassen. Erst Rudolf Steiner hat von der Seelenverfassung der prähistorischen Menschen und ihren geistigen Fähigkeiten ein klares Bild entworfen, indem er, ins einzelne gehend, die hellsichtigen Dämmerzustände jener Menschen schilderte, die in ihren Erlebnissen alles eher denn „primitiv" waren.

Können wir uns überhaupt von dieser alten Hellsichtigkeit eine angemessene Vorstellung bilden? Wir können es dadurch, daß uns allen ein Bewußtseinszustand wohl vertraut ist, der durch seine Wesensart eine gewisse Ähnlichkeit mit den alten hellsichtigen Erlebnissen aufweist; dieser Bewußtseinszustand ist der Traum. Im Traum erlebt der Mensch weder die scharf umrissenen Eindrücke der sinnlichen Außenwelt, noch die klar bewußten Gedanken. Wie aus unbestimmten Tiefen steigt eine Bilderwelt auf, die weit stärker als die Erlebnisse des Tagesbewußtseins mit den inneren physiologischen Zuständen des Leibes zusammenhängt. Darauf hat in schöner Weise der heute vergessene Naturforscher Carl Snell in seinen „Vorlesungen über die Abstammung des Menschen"[12] aufmerksam gemacht: „Im Traum haben wir eine mit Naturbildungen so unmittelbar und so innig verflochtene Seelentätigkeit zugleich mit solcher Gleichartigkeit der Produktionskraft in bezug auf individuelle Bestimmtheit, daß wir ein innigeres Verschmolzensein von Leib und Seele, von physischen und psychischen Prozessen nirgends finden, und es unmöglich ist, zu sagen, ob die physischen Prozesse Ursache der geistigen Bildwelt sind, oder ob die geistige Bildkraft Ursache der psychischen Prozesse ist. Soviel ist daraus gewiß: Was die Seele wirken kann zur Bildung des Leibes, und soweit sie denselben zum ausdrucksvollen Bilde und zum Spiegel ihrer selbst macht, das tut sie nur im Traum und durch den Traum." Snell weiß aber auch, daß wir uns die urältesten Seelenerlebnisse der Menschheit dem Traume ähnlich vorzustellen haben: „In der Entwicklung des Urmenschen hat ohne allen Zweifel die Traumwelt und das Nachtleben der Seele eine große Rolle gespielt. Das paßt auch sehr gut zu einer noch unaufgeschlossenen und in ferne Zukunftsbilder sich versenkenden Seele. Das Tiefe, Ahnungsvolle und Unfaßbare, was, wie Goethe sagt:

‚von Menschen nicht gewußt
oder nicht bedacht,
durch das Labyrinth der Brust
wandelt in der Nacht' –

dies bildet die unergründete, tiefe, stille Geburtsstätte der werdenden Vernunft."

Durch das Heraufkommen der intellektuellen Fähigkeit, des verstandesmäßigen Denkens verlor das alte Hellsehen allmählich seine Bedeutung für die menschliche Kultur und Zivilisation, und der *atavistische Rest dieser Fähigkeit*, eben der Traum, kann natürlich heute nicht mehr als Quelle objektiver Erkenntnisinhalte gelten. Es ist zwischen dem Traum und dem alten Hellsehen etwa der Unterschied wie zwischen einem stümperhaften Maler und einem echten Künstler. Beide arbeiten vielleicht mit demselben Material, aber welch ein Unterschied im Ergebnis ! Die alten hellsichtigen Schauungen waren, so könnte man sagen, aus derselben „Stofflichkeit" gewoben, aus der heute unsere Träume bestehen, aber während in den leuchtenden, farbenglänzenden Bildern des alten Hellsehens die waltenden Götter der Natur selber ihre Geheimnisse aussprachen, sind unsere heutigen Träume meist nur mehr Sinnbilder dessen, was sich in den unterbewußten Tiefen des Organismus abspielt. Und doch war es auch damals der Leib, durch dessen Vermittlung der Mensch die Geheimnisse des Kosmos wahrnahm. Nicht umsonst nannte man den menschlichen Leib den Tempel des lebendigen Gottes, weil in diesem höchsten Naturkunstwerk alle Mysterien der Schöpfung wie in einem Inbegriff gesammelt sind. Der heutige Mensch erlebt das Innere seiner Organisation entweder nur als Außenbetrachter, wenn er den Leib aufschneidet, oder aber er erlebt die dunklen, verzerrten Bildgestalten seines Traumes. Viel intensiver und viel spiritueller als der heutige Mensch erlebte der Angehörige älterer Menschheitsgenerationen die inneren Vorgänge seines Leibes. Jede Gebärde seiner Hände, jeder Schritt seiner Füße, die Aufnahme der Nahrung, sein Atem und der Schlag seines Herzens waren ihm ein von Göttern gelenktes Geschehen und durch das Medium seiner Physis empfand er die Wirksamkeit jener Wesen, in deren Schoß er sich wußte. Diese *leibliche Gebundenheit des Seelenlebens* ist zwar einerseits die Grundlage jener Fülle und Kraft, jener selbstverständlichen Naivität, die wir an allen alten Kulturschöpfungen mit sehnsuchtsvoller Trauer bewundern, hatte aber anderseits die Folge, daß auch das seelisch-geistige Leben der Menschheit den leiblichen Vererbungsgesetzen unterworfen war. Die geistigen Qualitäten waren an das Blut gebunden, das durch die Generationen hinunterrollte. Die Königskrone, die Adelswürde und das Priesteramt waren mit vollem Recht besonderen Geschlechtern vorbehalten, weil man wußte, daß nur ein besonderer „Schlag“ Menschen die notwendigen Führereigenschaften besitzen kann. „Blut und Fleisch“ waren unmittelbar Träger des Geistes.

Die Blütezeit dieser alten, leiblich bedingten und eben deshalb instinktiven Hellsichtigkeit war die Epoche der alten Atlantis, aber die Völker, die in jahrhundertelangen Wanderungen nach dem Osten strebten, nahmen sich starke Erbstücke der alten Fähigkeit mit, in besonderen Zwischenzuständen zwischen Schlafen und Wachen in die geistige Welt hineinzuschauen. Die eigentliche Weltenstunde für dieses alte, dem Somnambulismus einigermaßen verwandte Hellsehen war allerdings schon abgelaufen, und die Rudimente des alten Bilderschauens gerieten darum vielfach in Verfall. Oft kamen die Menschen durch ihr Hellsehen nicht mehr mit den heilsamen Kräften der übersinnlichen Welt in Verbindung, wohl aber mit dämonischen und verführerischen Wesenheiten. Unter den Völkern verbreitete sich in einem Maße, von dem man sich heute schwerlich eine angemessene Vorstellung machen kann, eine Art dämonischer Kultus, dämonischer Magie, von der noch gewisse Spuren im Schamanentum [13] der sibirischen Nomaden erhalten geblieben sind. Das alte Hellsehen, einst die Quelle des reinsten Erlebens für den alten Atlantier, wurde vielfach zu einem Fluch der Menschheit und zu einem schweren Entwicklungshindernis. Ein eigenartiges Nebeneinander von großen erhabenen, aus der Urzeit überlieferten Weistümern mit recht dekadenten magischen Anschauungen und Praktiken bildet das Charakteristikon jener Jahrtausende hinter der Gegenwart zurückliegenden Epoche. Und in den Besten der damaligen Zeit war die Trauer um die verschwundene Schönheit der alten Zeit lebendig, in welchen, nach einem Wort von Plato, „die Menschen noch besser waren und den Göttern noch näher standen". *Rückwärts gewandte Sehnsucht nach dem verlorenen Menschheitsparadies war die Grundstimmung jener Zeiten.*

Ein Volk aber fühlte sich anders in den Zeitenstrom gestellt, indem es sein Wesen und sein Schicksal nicht mit der Vergangenheit, sondern mit der Zukunft verbunden wußte. Dieses eine kleine Volk war das althebräische. Die anderen Völker empfanden sich nicht nur mit ihren Ahnen, sondern auch mit ihren Göttern durch das Blut verbunden; der Angehörige eines solchen Volkes spürte in dem vererbten Blut zugleich mit der geistigen Wirksamkeit seiner Ahnen das Walten der Gottheit, in deren Schoß der Stammvater bei seinem Tod zurückgekehrt war. In dem hebräischen Volk war zwar auch das durch die Generationen herunterfließende Blut der Träger jener Spiritualität, in der jeder einzelne seinem tiefsten Wesen nach sich verankert wußte, aber das Verhältnis Jahves zum Stammvater des hebräischen Volkes ist ein ganz anderes als die Beziehung einer sonstigen Volksgottheit zum Urahnen des betreffenden Stammes. Dies hat Oskar Goldberg, der Verfasser des merkwürdigen Buches „Die Wirklichkeit der Hebräer", klar erkannt: „Die Hebräer besitzen ursprünglich, wie jedes andere Volk, ein Abstammungszentrum, einen Elohim der endlichen Wirklichkeit. Da sich nun von dem Elohim IHWH (Jahve) nicht im Sinne eines endlichen biologischen Zentrums ‚abstammen' läßt, da er vorbiologisch ist, d. h. aus der vorweltlichen Sphäre und der unendlichen Wirklichkeit herkommt, so ist das Verhältnis des Elohim IHWH zum Volke Israel ausdrücklich ein solches, das auf einem Wahlakt beruht. Damit hängt der Begriff der Verbündung (Brit) zusammen, der ein typisch israelitischer ist. Während für den Elohim IHWH die ‚Bundesschließung' die stehende Form der Beziehungsherstellung ist, ist dies in dem Verhältnis von Volk zu Gott bei keinem anderen Volke als dem israelitischen der Fall; denn mit dem Abstammungszentrum braucht man keinen ‚Bund zu schließen', mit dem ist man eo ipso verbunden; sich verbünden muß man dort, wo kein natürliches Verhältnis besteht. Daher kommt es, daß der Elohim IHWH als ein biologisch-fremdes Element in das Volk Israel eintritt. In der gesamten althebräischen Literatur tritt nichts so sehr hervor als die Warnung: nicht anderen Göttern zu dienen. Dem Leser einer metaphysikfremden Zeit kommt es seltsam vor, daß diese Warnung so oft wiederholt werden muß. Wenn es wirklich nur eine ‚Weltanschauung‘ wäre, um die es sich handelt, so gäbe es ja nichts Einfacheres, als sie ‚abzulegen‘ und ‚umzulernen‘ und die unbequeme ‚Vielgötterei‘ mit dem einfachen ‚Eingottglauben‘ zu vertauschen. In Wirklichkeit wird aber vom Volke Israel etwas völlig Widernatürliches verlangt: es soll sein eigenes ‚angestammtes‘ biologisches Zentrum aufgeben. Das ist für ein echtes Volk etwa so, wie wenn man jemandem zumutet, seinen Körper mit einem anderen zu vertauschen. Daraus erklären sich die ständigen Rückfälle: das ‚goldene Kalb‘ in der Wüste und der spätere Stierdienst.“

Oskar Goldberg berührt in dem angeführten Abschnitte ein tiefes Geheimnis, doch fehlt ihm zu seiner vollen Lösung der Einblick in die geistigen Welten, wie ihn Rudolf Steiner als Resultat eines jahrzehntelangen Ringens besaß. Wodurch wurde Abraham der „Stammvater“ des hebräischen Volkes, welches Mysterium verbirgt sich hinter dem „Bündnis“ des Erzvaters mit dem Jahve-Gott ? Und welches Element lebte fortan im Blute aller Menschen, die aus Abrahams Samen hervorgingen?

Während die anderen Völker in den mehr oder weniger dekadenten Seelenzuständen lebten, die Erbstücke des alten atlantischen Hellsehens waren, nahmen die zum hellsichtigen Schauen des Geistes aufgerufenen Seelenkräfte beim hebräischen Volk eine andere Richtung, sie schlugen sich gleichsam nach innen und bewirkten eine völlige Umgestaltung der leiblichen Konstitution: Alles was beim Atlantiertum geistig-göttlich war, wirkte beim hebräischen Volk im Innern, bildete Organe, wirkte leibgestaltend und konnte daher aufblitzen innerhalb des Blutes des hebräischen Volkes so, wie wenn alles, was der Atlantier gesehen, wenn er den hellseherischen Blick in alle Richtungen des Raumes geschickt hat, wie wenn das aufgetreten wäre – ganz nach innen geschlagen. Im Innersten als Organbewußtsein des hebräischen Volkes, als das Jahve- oder Jehova-Bewußtsein, als das göttliche Bewußtsein im Innern. Mit seinem Blute vereinigt fand dieses Volk seinen Gott, der ausgebreitet war im Raum; fand sich durchdrungen, imprägniert mit dem Gotte, der im Raum ausgebreitet war, und es wußte, daß dieser Gott in seinem Innern, in der Pulsation seines Blutes lebt. Es ist der große Gott der Welt jetzt geworden, jener Gott des hebräischen Volkes, der Gott Abrahams, Isaaks und Jakobs, der im Blute durch die Generationen rinnt." (Rudolf Steiner: „Das Matthäus-Evangelium.")[14]

Abraham ist der erste, der durch seine physische Organisation das Göttliche, das früher aus den Weiten des Kosmos hereinflutend *geschaut* wurde, in seinem Innern *erlebte* und darum wird er von einer alten Überlieferung als der Erfinder der Arithmetik angesehen. Das arithmetische Denken ist eine an leibliche Unterlagen gebundene Fähigkeit des Menschen, hat aber zugleich in der unmittelbaren Gewißheit seiner Resultate einen solchen Charakter, wie er sonst nur hellsichtigen Erkenntnisfähigkeiten zugeschrieben werden kann. Das hebräische Volk fand den Gott, der das Weltenall durchdringt, in seinem Blute wieder, doch darf man sich diese „Versenkung" in das Innere nicht als individuellen Seelenvorgang etwa im Sinne einer modernen Mystik denken. Der Gott des althebräischen Volkes war nicht der Gott, den man im „Innern“ der eigenen Seele ‚findet‘, sondern der Gott Abrahams, Isaaks und Jakobs, zu dem man nur gelangen konnte, wenn man auf seine Einzelpersönlichkeit Verzicht leistete und sein ganzes Wesen jener geistig-leiblichen Strömung hingab, die das schicksalstragende Element des althebräischen Volkes war.

Die volle Bedeutung dieser Berufung Abrahams zum Stammvater des hebräischen Volkes wird allerdings erst dann klar, wenn wir nicht nur das Verhältnis des Jahve-Bewußtseins zum alten atavistischen Hellsehen betrachten, sondern wenn wir unsere Aufmerksamkeit überdies auf einen zweiten wichtigen Faktor der antiken Kulturen richten. Das volkstümliche, allmählich abklingende Hellsehen der vorchristlichen Völkerschaften bildet die eine Seite der älteren Kulturen, die andere aber liegt in den sogenannten Mysterien. Inmitten der immer mehr verfallenden Natursichtigkeit lebten streng hierarchisch gegliederte Ordensverbände, in denen ein kultisches, Kunst, Wissenschaft und Religion in einheitlicher Art umspannendes Leben gepflegt wurde. An diesen geheimnisvollen Weiheorten begnügte man sich nicht mit den naturgegebenen Fähigkeiten des niederen Hellsehens, sondern man kannte die esoterischen Methoden, um den menschlichen Geist zu einem bewußten Genossen der Götter zu machen. Die strenge Mysterienschulung führte die Seele über die Vorstellungen der Volksreligion hinaus in das Reich des reinen und universellen Geistes.

Plutarch, der sich in seinen Schriften als ein Eingeweihter der griechischen Mysterien charakterisiert, vergleicht stets die Initiation mit dem Erlebnis des Todes. Durch das Grauen der Hölle, durch die Schrecken des Hades hindurch führt der Weg bis an jene Schwelle, die das Vergängliche vom Ewigen trennt. Und vom Ewigen erst können die richtigen Urteile über die Natur der Götter, Dämonen und Seelen, über Wiederverkörperung und Schicksal, über Weltentstehung und Weltuntergang gewonnen werden. Die Eingeweihten und ihre Schüler erhoben sich über die volkstümlichen Göttervorstellungen, ja sie wurden zu deren herbsten und strengsten Kritikern. So tadelt z. B. Xenophanes, der seine Erkenntnisse wie viele andere griechische Philosophen aus den Mysterien geschöpft hatte, den Anthropomorphismus, die Übertragung menschlichen Wesens und Verhaltens auf die Gottheit durch den gewöhnlichen Volksglauben so scharf, so beißend wie nur irgendein skeptischer Aufklärer:

„Menschen, die denken die Götter nach ihrem Bilde geschaffen, ihre Sinne sollen sie haben und Stimme und Körper.

Aber wenn Hände besäßen die Rinder oder die Löwen, um mit den Händen zu malen und Arbeit zu tun wie die Menschen, würden der Götter Gestalten sie malen und bilden die Leiber so, wie sie selber an Körper beschaffen wäre ein jeder, Pferde den Pferden und Rinder den Rindern gleichende Götter."

Vernichtend für alles religiöse Leben könnte diese Einsicht werden, allein die Eingeweihten wurden durch sie nicht zu Atheisten, nicht zu Leugnern des Geistes, sondern zu Verkündern seiner wahren und ewigen Gestalt.

Die Mysterien, ihre Lehren, Gebräuche und Riten waren in das strengste Geheimnis gehüllt. Wehe demjenigen, der das esoterische Weisheitsgut an die Profanen verriet, er hatte die Todesstrafe erwirkt, mochte er auch sonst noch so hoch stehen. Ganz verfehlt ist die Meinung, daß diese strenge Abschließung der Tempelgeheimnisse vor den Augen und Ohren der Exoteriker nur dem Priesterbetrug und der Priesterherrschaft gedient hätte. Die wahre Ursache war vielmehr die, daß die Mysterienerkenntnisse dem Vorbereiteten heilsam, dem Unvorbereiteten aber schädlich waren. Bei diesem hätten sie nur Mißverständnisse, Verwirrung und schließlich völlige Irreligiosität hervorgerufen.

Aus diesen Zentren der Religion, Wissenschaft und Kunst, die wahrhaftig mit größerem Recht als unsere heutigen Hochschulen den Namen „universitas literarum“ für sich in Anspruch nehmen durften, gingen für die ganze antike Welt die Impulse für die Gestaltung des geistigen, politischen und sozialen Lebens aus, und man kann ohne Übertreibung sagen, daß im Altertum keine große Leistung, auf welchem Gebiete immer, ohne nähere oder entferntere Beziehung zum Mysterienwesen vollbracht wurde. Mysterien gab es in allen Ländern und unter allen Völkern der Antike, und so wölbte sich über das national, religiös und landschaftlich so vielfältig und scharf differenzierte Leben der Antike der Himmel einer universellen Geistigkeit, bis zu der die nationalen Sonderungen nicht dringen konnten: die universelle übernationale Gemeinschaft der Eingeweihten und Mysten. Bei allen Völkern des Altertums müssen wir zwei Schichten der Kultur unterscheiden: eine niedere, beherrscht von den volkstümlichen Göttervorstellungen des leiblich und national gebundenen Hellsehens, und eine höhere Sphäre, die durch das geläuterte, durch den Tod von allen irdischen Beschränkungen befreite Einweihungswesen das Gepräge erhielt.

Nur *ein* Volk bildete auch in dieser Hinsicht eine Ausnahme: wiederum das althebräische. Auch innerhalb des hebräisch-jüdischen Volkes gab es zwar eine Mysterienströmung, deren Anhänger sich zu den Ordensverbänden der Essäer oder Essener zusammengeschlossen hatten, aber diese Strömung war trotz ihrer Bedeutung doch nur eine Nebenströmung und kann nicht im gleichen Sinn als das Zentrum der ganzen Volksentwicklung angesehen werden wie etwa die Mysterien anderer Völker. Der Grund für diese Singularität liegt darin, daß der sonst sorgfältig gehütete Lebensgehalt der Mysterien hier zur Substanz des ganzen Volkes in leiblicher, seelischer und geistiger Hinsicht geworden war. *Im althebräischen Volk gibt es deshalb nicht in demselben Sinn wie anderswo Mysterien, weil das hebräisch-jüdische Volk als Gesamtorganismus ein Mysterium darstellt.* Darum ist die jüdische Geschichte nicht nur die Geschichte eines einzelnen Volkes, sondern zugleich das reale Symbolon der Menschheitsentwicklung, dieses Mysteriums aller Mysterien.

In verhüllter Form wird dieses Geheimnis des althebräischen Volkes an jener Stelle des ersten Buches Mosis angedeutet, in der die Begegnung Abrahams mit dem König Melchisedek erzählt wird. Melchisedek ist nach den Ergebnissen der Geistesforschung einer der höchsten Eingeweihten der nachatlantischen Zeit, und wenn jüdische Theologen in der Gestalt des Melchisedek, der zugleich mit Abel in jedem Kanon der katholischen Messe erwähnt wird, den Ahnherrn der semitischen Rasse, nämlich Sem selber, wiedererkennen wollten, so liegt dieser Ansicht die Ahnung, allerdings nur die Ahnung eines wirklichen, okkulten Tatbestandes zugrunde. Melchisedek ist nicht Sem, wohl aber erscheint in seiner Gestalt dem Abraham die Individualität des höchsten nachatlantischen Eingeweihten, dessen Erhabenheit in der Bibel dadurch angedeutet wird, daß er genannt wird malek zadik, das ist König der Gerechtigkeit und König von Salem, König des Friedens. „Aber Melchisedek, der König von Salem, trug Brot und Wein hervor, und er war ein Priester Gottes des Höchsten."[15] Durch die prophetische Vorausnahme des christlichen Abendmahles von Wein und Brot wird Abraham die Gewißheit zuteil, daß der Gott, den er in seinem Blute wirksam fühlte, den er als erster unter allen Menschen seiner Zeit *innerhalb* des physischen Leibes erleben konnte, derselbe Weltengott ist, den man von je in den Mysterien verkündete. Unmittelbar an diese Begegnung von universellster Bedeutung schließt sich die an Abraham ergangene Verheißung eines „Stammsohnes" und jene Prophezeiung, die gewöhnlich mit den Worten wiedergegeben wird: Deine Nachkommen sollen zahlreich sein wie die Sterne am Himmel. Rudolf Steiner zeigt in seinem Vortragszyklus: „Das Matthäus-Evangelium"[16] , daß diese Verheißung sich nicht in erster Linie auf die Zahl der Nachkommenschaft beziehen kann, sondern auf die spirituelle Gesetzmäßigkeit, die in den Abrahamiten zur irdischen Offenbarung kommen sollte. Hingedeutet wird mit dieser Prophezeiung auf die große Sternenschrift und -sprache, in der sich für den Eingeweihten der Weltengott unmittelbar offenbart:

„Man richtete den Blick in Weltenalle und sagte: ‚Da kündet sich die Gottheit an! Und wie sie sich ankündet, das beschreiben uns die Ordnungen und Harmonien der Sterne.' So lebte sich für ein solches Anschauen der Weltengott aus in der Ordnung der Sterne. – Sollte sich auf eine besondere Art in der Mission des hebräischen Volkes dieser Weltengott ausleben, so mußte er sich in derselben Ordnung ausleben, die im Kosmos in den Sternenbahnen vorgezeichnet ist. Das heißt, es mußte sich durch das Blut der Generationen, in welchem ja das äußere Instrument der Jahveoffenbarungen enthalten war, eine ähnliche Ordnung ausdrücken, wie sie sich ausdrückt in den Sternenbahnen. Mit anderen Worten: In der Nachkommenschaft des Abraham mußte etwas sein, was in der Generationenfolge, in der Blutsverwandtschaft, ein Spiegelbild dessen war, was Sternenschrift im Kosmos ist. Deshalb bekam Abraham die Verheißung: ‚Deine Nachkommen sollen geordnet sein wie die Sterne am Himmel!' Das ist die richtige Auslegung des Satzes, der gewöhnlich heißt: ‚Deine Nachkommen sollen zahlreich sein wie die Sterne am Himmel', und womit nur die Vielzahl der Nachkommenschaft angedeutet wird (1. Mose, 22,17). Aber nicht die Vielzahl ist gemeint, sondern (...) daß in der Nachkommenschaft eine solche Ordnung herrsche, wie sie am Himmel in der Sprache der Götter wahrgenommen wurde in der Gruppierung der Sterne. Da sah man hinauf in eine solche Ordnung, wie sie sich darstellt in der Ordnung des Tierkreises; in der Stellung der Wandelsterne, der Planeten zum Tierkreis drückten sich jene Konstellationen aus, in denen man die Sprache fand, um die Taten der Götter, wie sie weben durch das Weltall, auszudrücken. Dieses feste Band also, das im Zodiakus und in dem Verhältnis der Planeten zu den zwölf Tierkreiszeichen sich darstellt, mußte sich ausdrücken in der Blutsverwandtschaft, in der Nachkommenschaft des Abraham. So haben wir in den zwölf Söhnen Jakobs, in den zwölf Stämmen des hebräischen Volkes die Abbilder der zwölf Zeichen des Tierkreises; wie sich oben in den zwölf Tierkreisbildern die Sprache der Götter ausdrückt, so drückt sich Jahve aus in dem durch die Generationen herabfließenden Blute des jüdischen Volkes, das sich nach den zwölf Söhnen des Jakob in die zwölf Stämme teilte."

An die leibliche Generationsfolge, an das vererbte Blut war das religiöse und geistige Leben bei allen antiken Völkern gebunden; das Spezifische des Judentums liegt aber darin, daß hier ein universelles Weltenelement in dem gesetzmäßig gegliederten Blutsorganismus eines Volkes *innerhalb* der Erdenentwicklung leben konnte. Was sonst nur in der Verborgenheit der Mysterien gelehrt, mehr noch gelebt wurde, jene Geheimnisse, die man sonst nur in den geistigen Sphären der Welt, fern von der physischen Erdenwirklichkeit erfahren konnte, ist im hebräischen Volk offenbare Erdenrealität geworden. Wenn man den Mythos ansehen kann als das Kleid, in das die Eingeweihten ihre Erfahrungen hüllten, um sie dem Volk mitteilbar zu machen, so darf man sagen: Die Geschichte des althebräischen Volkes selbst ist ein historisch gewordener Mythos. Das Wesen und die Schicksale eines ganzen Volkes als Träger des Mysterieninhaltes: – das ist das Geheimnis des hebräisch-jüdischen Stammes. Damit ist aber auch schon ausgesprochen, daß hier der einzelne, noch nicht als in sich geschlossene selbständige Individualität, am göttlichen Leben teilnehmen konnte; noch lag ein Schleier über dem Antlitz der Gottheit, der erst zerriß, als nun unter diesem jüdischen Volk ein einzelner erschien, dessen individuelle Biographie selbst eine historische Verwirklichung dessen ist, was früher ausgebreitet war über das ganze Volkstum. Das geschah, als sich der Weltenlogos nicht nur ein besonderes Volk unter allen Völkern der Erde auserwählte, sondern die Möglichkeit fand, sich in dem Leben einer Einzelpersönlichkeit gerade innerhalb des jüdischen Volkes voll zur Offenbarung zu bringen. Der Mythos wurde nicht bloß Geschichte eines auserwählten Volkes, sondern Biographie eines auserwählten Menschen, als dessen Seelenmittelpunkt der Christus auf Erden lebte. Das ist der große Fortschritt vom Alten zum Neuen Testament: dort Mysterienerlebnis als Geschichte eines ganzen Volkes, hier die Mysterienvorgänge als Biographie einer einzelnen, in sich geschlossenen Weltwesenheit. Nicht mehr die Abstammung aus dem Samen Abrahams ist nun für die „Auserwählung" entscheidend, sondern allein die innere Beziehung jeder einzelnen Seele zu dem im Fleische erschienenen Christus.

3. DIE SENDUNG MOSIS

Im Hebräertum ist der Mythos, der in den geistigen Welten seinen Urstand hat, zur Geschichte eines einzelnen Volkes geworden.

Diese Erkenntnis rückt eine von Theologen schon oft betonte, wenn auch nicht ganz durchschaute Eigentümlichkeit in das helle Licht geisteswissenschaftlicher Erkenntnis. Bei allen anderen Völkern beziehen sich die mythischen Vorstellungen entweder auf das vorgeschichtliche Leben des betreffenden Volkes oder aber auf das Wirken der Götter in den überirdischen Sphären des Kosmos. Die Vor- oder Überwelt ist die Heimat der echten Mythen. Die „prähistorischen" Ereignisse liegen ja in Wahrheit nicht dort, wo sie die materialistische Wissenschaft der Gegenwart sucht oder doch wenigstens bis vor kurzem gesucht hat, nicht in tierischen oder halbtierischen Bereichen, sondern in jenen geistigen Regionen, aus welchen die Menschheit erst allmählich, von Stufe zu Stufe, zur Erde herabgestiegen ist. Was sich später in der Geschichte eines Volkes abspielte, hat sein metahistorisches Vor-Bild in jenen Geistgebieten, von denen die Mythen in bildhafter Form Kunde geben. Mythisches Geschehen und Erdengeschichte gehen aber nicht unvermittelt ineinander über, sondern zwischen ihnen liegt das Gebiet der Sage, die nicht mehr von Götterschicksalen, von Göttertaten und -leiden erzählt, aber doch noch von Menschen, deren eigentliches Wesen in das Übersinnliche hinaufragte und die von dort ihre Impulse empfingen. Mythos, Sage und Geschichte – Götter, Heroen und Menschen bilden die drei Etappen der allmählichen

Inkarnation des Menschengeschlechtes. Auch die Mythen der zweiten Art sind nicht eigentlich auf der Erde zu Hause, sie erzählen in gewaltigen Bildern von Göttern, die sich in den Ordnungen und im Gang der Gestirne offenbaren, sie erzählen von geistigen Wesenheiten, die im Blitz und Donner, im Rieseln des Regens, im Ziehen der Wolken wirksam sind, nie aber betreten diese mythischen Gestalten wirklich den festen Boden der Erde. Und selbst der griechische Gott hat zwar Menschenform und -antlitz, aber noch keinen irdischen Leib. Weder in dem einen noch in dem anderen Sinn finden wir im hebräisch-jüdischen Volk mythisches Erleben. Unter den zahllosen Völkern des Altertums mit ihren bald grauenhaft-schrecklichen, bald idyllisch-lieblichen Göttererzählungen, Heldensagen und Naturmärchen gab es eine einzige kleine Menschengruppe ohne Mythos, ohne Götter, Halbgötter und Heroen! *Derselbe geistige Ort und Raum, den sonst der Mythos einnimmt, ist bei den Hebräern durch die Geschichte des eigenen Volkes erfüllt, durch die realen historischen Ereignisse,* die allerdings so dargestellt werden, daß überall die providentielle Führung durchleuchtet und die historischen Geschehnisse immer wieder von einem geistig-übersinnlichen Element durchwoben werden. Über diese Eigenart der Bibel, daß Erzählungen irdischer Ereignisse unvermerkt in Schilderungen rein seelisch-geistiger Realitäten übergehen, soll an späterer Stelle noch gesprochen werden. Hier möge vorerst eine allgemeine Betrachtung ihren Platz finden über die vier möglichen Weisen, sich zu den biblischen Überlieferungen zu verhalten.

Die erste Weise ist diejenige des naiv gläubigen Menschen, der sich an das Wort der Heiligen Schrift hält und aus ihm unmittelbar, ohne verstandesmäßige oder wissenschaftliche Kritik, religiöse Erbauung schöpft. Dort, wo diese Gläubigkeit noch von ehrlichem, innigem Gefühl getragen ist, wird man kaum viel gegen diesen Standpunkt einwenden können, außer das eine, daß diese Betrachtungsart nur durch völliges Ignorieren des wissenschaftlichen Zeitgeistes möglich ist. Wer trotz Bekanntschaft mit den modernen Wissenschaften diesen Standpunkt für sein religiöses Leben dennoch beibehalten will, muß sich zu diesem Ende in der einen oder andern Form zum Prinzip der doppelten Wahrheit bekennen: Wahrheiten, die sein Verstand für das Gebiet der Wissenschaft anerkennen muß, verlieren ihre Gültigkeit im Reiche des Glaubens, und umgekehrt können die sogenannten „Glaubenswahrheiten" keine Geltung als wissenschaftliche Erkenntnisse für sich in Anspruch nehmen. Es ist aber klar, daß ein derartiger Dualismus nur bei einem halb unehrlichen, halb verschleierten Seelenleben aufrecht erhalten werden kann. Wer von der Einheit der Welt, von der Einheit der Wahrheit überzeugt ist, wird das Prinzip der doppelten Wahrheit energisch verwerfen, weil es weder das wahre religiöse Empfinden, noch das wissenschaftliche Erkenntnisbedürfnis befriedigt. Ehrlicher und konsequenter als die erste Betrachtungsweise der Bibel ist darum die zweite, diejenige des modernen, wissenschaftlich geschulten Aufklärers. Für ihn ist die Bibel überhaupt nicht mehr die Quelle von Erkenntnissen, sondern nur mehr *Forschungsobjekt*, zu dessen Enträtselung er nun historische, völkerkundliche, psychologische, vielleicht sogar psychoanalytische Methoden anwendet. Nicht nach dem Wahrheitsgehalt der Bibel wird in erster Linie gefragt, sondern nach dem Geheimnis ihrer literarischen

Entstehung.

Unendlicher Fleiß, bewundernswerter Scharfsinn und selbstlose Hingabe wurden aufgewendet, um die wissenschaftliche Bibelforschung nach allen Seiten hin auszubauen, doch wird der unbefangene Beobachter das tragische Moment dieser wissenschaftlichen Disziplin nicht verkennen. Je weiter die Wissenschaft auf dem einmal eingeschlagenen Wege fortschritt, desto mehr mußte sie uns die Bibel aus der Hand nehmen, ja sie zerstörte schließlich völlig den Wert dieses Dokumentes für das menschliche Herz, das menschliche Gemüt. Die Erforschung der Bibel tötete das Objekt ihrer Forschung.

Die dritte Betrachtungsweise versucht die Bibel dadurch vor dem Ansturm der negativen Kritik zu retten, daß sie von dem Wortlaut der Texte absieht und überall nur Allegorien und Symbole rein seelischer und moralischer Wahrheiten sucht. Diese, heute übrigens seltenere, Betrachtungsart war etwa diejenige des jüdischen Religionsphilosophen Philo von Alexandrien, dessen Bibelauffassung von Rudolf Steiner in seinem am 9. März 1911 in Berlin gehaltenen Vortrag über „Moses" mit folgenden Worten abgelehnt wird: „Wenn man z. B. ins Auge faßt die Auffassung der althebräischen Geschichte durch jenen Philosophen Philo, der in der Zeit der Begründung des Christentums gelebt hat, dann sieht man, wie er die ganze Geschichte des althebräischen Volkes als eine Allegorie darstellen will. Eine symbolische Darstellung der Geschichtsauffassung will er geben, so daß die ganze Geschichte eine Art Symbolik der Seelenerlebnisse eines Volkes sein würde. Das wäre zu weit gegangen. Philo ging darum so weit, weil ihm der geisteswissenschaftliche Takt fehlte, um zu wissen, wo die äußeren Erlebnisse einlaufen in die seelischen Erlebnisse."[17] Wenn sich auch für Philo die Geschichte des althebräischen Volkes in eine symbolische Darstellung geistiger und seelischer Vorgänge auflöste, so waren für ihn der Geist und die Seele wenigstens noch objektive Realitäten, so daß seine Auffassung immerhin noch Fülle und Kraft besitzt. Wollte sich aber ein moderner Mensch, der das Seelische und das Geistige nur mehr als Summe abstrakter, unwirklicher Innenerlebnisse kennt, dieser Auffassung zuneigen, die Bibel verlöre überhaupt jeden Wirklichkeitswert und verdampfte in einem blauen Dunst moralischer Redensarten. Einer solchen Allegorik ist einfach die durchaus nüchterne, konkret-sachliche Darstellungsweise der biblischen Urkunden entgegenzuhalten.

Über alle geschilderten Betrachtungsarten, über die Auffassungsweise des naiv gläubigen Menschen, des skeptischen Aufklärers, des moralischen Symbolisten erhebt sich erst die wahrhaft spirituelle „Bibelforschung", welche sich von allen Einseitigkeiten und Mängeln der anderen Methoden frei hält, weil sie originär zu jenen Quellen vorzudringen vermag, aus denen die Verfasser der heiligen Bücher selbst geschöpft haben. Im Grunde genommen kann man diese Art, sich zu den heiligen Überlieferungen zu stellen, nicht mehr Bibelforschung nennen, weil hier in erster Linie nicht das Buch oder die Schrift Objekt der Forschung ist, sondern die geistigen und physischen Tatsachen, von denen das Buch ja nur Kunde gibt; so verhält sich die anthroposophische Geisteswissenschaft nicht nur zur Bibel, sondern überhaupt zu den religiösen Urkunden der Völker. Anthroposophische Geisteswissenschaft schöpft ihre Erkenntnisse weder aus der indischen, noch aus der persischen, noch aus der jüdisch-christlichen Überlieferung; sie ist in dieser Hinsicht ebenso unabhängig von jeder Tradition, wie das mathematisch-naturwissenschaftliche Erkennen, nur daß sich ihre Einsichten eben auf den in der Welt und im Menschen verborgenen Geist beziehen. Erst nachdem sich Anthroposophie Vorstellungen über die spirituellen Tatsachen, Gesetze und Wesenheiten errungen hat, richtet sie nun den Blick auf jene Urkunden aus älteren Zeiten, die in der damals richtigen Form der Menschheit die für das Seelenleben notwendigen Mitteilungen aus den übersinnlichen Sphären gebracht haben. Über die Jahrtausende hinweg reicht der moderne Eingeweihte seinem Bruder die Hand zum Zeichen des spirituellen Verstehens. Wie nur derjenige das Meisterwerk des Euklid seiner vollen Bedeutung nach würdigen kann, der sich vorerst *unabhängig* von Euklid gewisse geometrische Vorkenntnisse erworben hat, wie nur der juridisch Vorgebildete das corpus juris des Justinian richtig begreifen und übersetzen wird, so ist auch auf dem Gebiet der sogenannten Bibelforschung *Sachkenntnis* das erste, an welche sich dann natürlich die notwendigen geschichtlichen, philologischen und ethnologischen Kenntnisse anschließen müssen. Die „Sache" aber, um die es sich hier handelt, sind die Mysterien der Gotteswelt, welche die alten Seher geschaut haben. Die Bibel, und zwar sowohl das Alte, als auch das Neue Testament, sind keine historischen Urkunden im gewöhnlichen Sinne dieses Wortes, sondern Mysterienbücher, geschrieben von Sehern und Eingeweihten, die selbst das geschichtliche Wissen nicht aus der gewöhnlichen Erfahrung geschöpft haben, sondern aus jener geistigen Weltenchronik, von der das vorangegangene Kapitel gesprochen hat.

Rudolf Steiner hat nun in seinem schon erwähnten Vortrag über Moses[18] noch auf eine besondere Eigentümlichkeit der biblischen Schilderungen hingewiesen, eine Eigentümlichkeit, die sich bei den anderen im engeren Sinn mythischen Erzählungen der Völker nicht findet: „Geisteswissenschaft zeigt uns, daß äußere Geschehnisse, äußere Tatsachen, die sich an diese oder jene Persönlichkeit, an dieses oder jenes Volk knüpfen, so dargestellt werden, wie sie eben verlaufen für die äußere geschichtliche Betrachtung; so daß wir also die Persönlichkeit des Moses so in der Bibel dargestellt erhalten, daß uns seine Erlebnisse in der äußeren physischen Welt, wie sie sich im Raume und in der Zeit abspielen, vorgeführt werden. Dann aber zeigt sich – und es kann im Grunde genommen nur die geisteswissenschaftliche Vertiefung in die Bibel dieses Resultat ergeben –, daß eine Schilderung, die zunächst von äußeren Vorgängen und Erlebnissen in der äußeren, Welt handelt, sich in der biblischen Darstellung unmittelbar fortsetzt in eine Schilderung ganz anderer Art, die man nur schwer unterscheiden kann von dem, was vorhergeht. Es werden Reisen und sonstige äußere Erlebnisse erzählt, die wir einfach als solche zu nehmen haben; dann wird so fortgesetzt, daß wir zunächst gar nicht merken, daß wir mitten im Weiterleben in einer Schilderung ganz anderer Art drinnen sind, als ob eine Reise weiterginge von einem Ort zum andern, und als ob die weiteren Erlebnisse geradeso wie äußere physische Erlebnisse zu nehmen wären wie die vorhergehenden. Und dann sind wir mitten drinnen in einer Schilderung des *Seelenlebens* der betreffenden Persönlichkeit, in einer Schilderung, die sich gar nicht bezieht auf äußere Ereignisse, sondern auf innere Seelenkämpfe, Seelenüberwindungen, Seelenerlebnisse, wodurch die betreffende Persönlichkeit dann zu einer höheren Stufe der Seelenentwicklung der Erkenntnis hinaufsteigt, zu einer höheren Stufe der Tatkraft oder zu einer Mission in der Weltentwicklung hinaufsteigt. Es laufen gewissermaßen die Schilderungen der äußeren Ereignisse unvermittelt über in sinnbildliche Darstellungen, die ganz im Stile der früheren äußeren Ereignisse gehalten sind, die aber gar nicht äußere Erlebnisse meinen, sondern innere Seelenerlebnisse."

Diese Verflechtung von historisch-äußeren und seelisch-inneren Ereignissen zeichnet das Alte und das Neue Testament vor allen anderen religiösen Urkunden aus; es ist eine spezifische Eigentümlichkeit, die aufs innigste mit der geschichtlichen Sendung des hebräisch-jüdischen Volkes zusammenhängt.

*

Zwei Momente bilden Zettel und Einschlag des göttlichen Gewebes der Weltgeschichte: die besonderen Fähigkeiten und Anlagen der einzelnen Rassen, Völker und Stämme einerseits, die Notwendigkeiten der Menschheitsentwicklung anderseits. Dort, wo beide zusammentreffen, erscheint das betreffende Volk zur kulturellen, oft auch zur politischen Hegemonie berufen. „So begreifen wir im geisteswissenschaftlichen Sinne ein Volk am besten dadurch, daß wir uns sagen: Diese betreffenden Völker – seien es die alten Indier, die alten Perser, Babylonier, Griechen oder Römer –, sie haben alle eine bestimmte Mission gehabt; auf eine ganz besondere Art hat sich das, was im Menschheitsbewußtsein leben kann, bei ihnen ausgestaltet. Wir verstehen diese Völker nicht, wenn wir nicht ihre ganze besondere individuelle Eigenart als ihre Mission aufzufassen in der Lage sind. Nun aber geht die Gesamtentwicklung der Menschheit so vor sich, daß sozusagen einer jeden solchen Mission eine Zeit zugeteilt ist; und wenn diese Zeit abgelaufen ist, ist diese betreffende Mission erfüllt. Diese betreffende Mission war einem Volk zugeteilt. Es kann sozusagen die Stunde abgelaufen sein für die betreffende Volksmission. Was in ihr keimhaft enthalten ist, hat seine Früchte getrieben, hat sich ausgelebt. Dann kann aber der Fall eintreten, daß dieses oder jenes Volk weiterbehält die entsprechende Eigenart – daß es das, was in seinem Temperament, in seinen sonstigen Anlagen liegt, weiterbehält. Dann überspringt sozusagen das betreffende Volk den Zeitpunkt, in dem eine neue Mission auftreten soll an die Stelle der alten, lebt sich hinüber mit seiner Eigenart in die spätere Zeit, während der objektive Gang der Menschheitsentwicklung etwas Neues an ihre Stelle gesetzt hat.“ [19]

In einer solchen weltgeschichtlichen Situation befand sich nun gerade das Ägyptertum zu jener Zeit, da die Hebräer als Knechte im Lande Mizrajim wohnten. In dem zweiten Kapitel dieses Buches wurde die atlantische Epoche als die Blütezeit des alten, dämmerhaften Hellsehens gekennzeichnet, während für die späteren Zeiten von einer Dekadenz der alten Seelenfähigkeiten, ja selbst von einem Verfall der Mysterien gesprochen wurde. Doch gilt diese Charakterisierung nur im Hinblick auf den *Gesamtduktus* der Menschheitsentwicklung und erleidet sogleich wesentliche Ausnahmen und Einschränkungen, wenn man die Aufmerksamkeit mehr auf Einzelheiten der Völkergeschichte richtet. Für die nordisch-germanischen Stämme z. B.

kommen um Jahrtausende spätere Epochen für das Erlöschen der alten, geistschauenden Kräfte in Betracht, ja bedeutende und durchaus nicht immer verderbte Reste der altgermanischen Hellsichtigkeit haben sich in den skandinavischen Ländern bis ins zehnte und elfte nachchristliche Jahrhundert erhalten. Aber auch im mittelländischen Kulturkreis gab es noch bis in die letzten Jahrtausende vor Christi Völkerschaften, die noch immer in berechtigter Art die uralten Weistümer pflegten und eine dementsprechende Kultur und Zivilisation ausbildeten. Eine solche Stätte nicht verderbter Mysterienweisheit war Ägypten. Wie ein monumentales Wahrzeichen der gewaltigen, übermenschlichen Größe und Erhabenheit des geistigen Kosmos ragen die Schöpfungen der ägyptischen Priesterweisen in eine spätere Zeit hinein, deren Stimme zwar menschlicher, freundlicher zu uns spricht, die aber den unmittelbaren Zusammenhang mit den unermeßlichen Weiten der Welt schon vermissen läßt. Aber auch für diese hellseherische Spätkultur war die Weltenstunde abgelaufen, als im vierzehnten Jahrhundert vor Christi Moses als der Retter seines Volkes auftrat. Das alte Einweihungswesen sollte nun abgelöst werden durch menschliche Kulturen, die nicht mehr auf den instinktiven hellseherischen Seelenkräften beruhen, sondern auf der Fähigkeit des kombinierenden Denkens. Ichbewußtsein, Rationalismus, Vernunft und Verstand sollten allmählich die führenden Seelenqualitäten der Menschheit werden.

In dieser Hinsicht ist ein wichtiges Entwicklungsgesetz zu beachten. Wenn eine neue Fähigkeit die Hegemonie übernehmen soll, dann muß, um der Wahrung der geschichtlichen Kontinuität willen, das Neue, Zukünftige an das Alte, Absterbende angeknüpft werden. Wer aber nur diese *Allmählichkeit* der Entwicklung beachten wollte, würde einer schlimmen Einseitigkeit verfallen und sich das Verständnis der tiefsten Geheimnisse der Natur- und Weltgeschichte verschließen. Gewiß ist es wahr, daß die Natur keine Sprünge macht – natura non facit saltus –, aber ebenso wichtig ist die Wahrheit, daß sowohl in der Geschichte wie in der Natur überall Punkte zu finden sind, in denen aus den verborgenen Untergründen des Daseins *plötzlich* ein neues Element hervortritt. Hierfür hat die griechische Sprache das schöne, heute leider nur mehr in seiner schlimmen Bedeutung gebrauchte Wort „Kata-strophe", die Umwendung, womit also ursprünglich nur ein Ereignis gemeint war, durch welches der Lauf der Dinge plötzlich seine Richtung ändert. Und an solchen Wendepunkten der Evolution ist es immer eine Individualität, eine Persönlichkeit, die das Steuer des Weltenschiffes herumwirft. Beide Aspekte des geschichtlichen Werdens müssen wir nun auch berücksichtigen, wenn wir einer solchen Erscheinung gerecht werden wollen, wie es diejenige des Moses war. Moses hatte die weltgeschichtliche Mission, das intellektualistische Denken, das Wirken in Verstand und Vernunft zu inaugurieren, aber ihm wurde dieser Impuls noch im Gewande der alten Einweihungserlebnisse verliehen. Ein durchaus neues Element wird der Menschheit durch Moses gebracht, aber in einer solchen Form, die noch an ältere Bewußtseins- und Seelenzustände anknüpft.

Daß wir in Moses eine Persönlichkeit zu sehen haben, die ihre Sendung aus dem Born der Ewigkeit empfing, wird uns schon in jener wunderbaren, ans Herz greifenden Geburtslegende angedeutet. Wie im Matthäusevangelium der bethlehemitische Kindermord erzählt wird, so wird uns auch hier geschildert, daß das Knäblein von den feindlichen Mächten der Erde bedroht wird. Pharao hatte das Gebot erlassen, alle neugeborenen Söhne des israelitischen Volkes zu töten, die Töchter jedoch zu verschonen. Eine Frau aus dem Hause Levi aber verbarg ihr Söhnlein drei Monate hindurch vor den Verfolgungen des Pharao, und als sie das Kind nicht länger verheimlichen konnte, machte sie ein Kästchen aus Rohr, verklebte es mit Erdharz und Pech, legte das Kind darein und setzte das Kästchen in das Schilf am Ufer des Nilflusses. Die Tochter des Pharao rettete das Knäblein, die eigene Mutter trat unerkannt in den Dienst der Königstochter und säugte ihren Sohn. Und als der Knabe groß geworden war, wurde er von der Königstochter an Kindesstatt angenommen und Moses geheißen, denn, so sprach sie: Ich habe ihn aus dem Wasser gezogen.

Diese Legende ist mehr als ein anmutiges Märchen, sie ist die Erzählung, in welcher Art Moses von frühester Kindheit an für seine welthistorische Sendung geistig vorbereitet wurde. Zwei Züge werden im Licht anthroposophischer Geisteswissenschaft besonders bedeutungsvoll. Einmal die Tatsache, daß das Knäblein in einem sorgfältig mit Erdharz und Pech verklebten Kästchen verschlossen wird, so daß es für eine Weile den Einflüssen der Außenwelt entzogen ist. Bei allen *alten* Einweihungsmethoden mußte der Einzuweihende für längere Zeit den Eindrücken des gewöhnlichen Lebens entrückt werden. Eine solche Persönlichkeit, die das von den Priesterweisen gehütete geheime Wissen suchte, verschwindet für eine gewisse Zeit den Blicken der Außenstehenden: „Und wenn sie wieder dem Tageslicht gegeben ist, steht eine andere, eine völlig verwandelte Persönlichkeit vor uns. Eine Persönlichkeit, die nicht Worte findet, die erhaben genug sind, um auszudrücken, wie bedeutungsvoll das Erlebte für sie gewesen ist. Sie erscheint sich, nicht bildlich bloß, sondern im Sinne höchster Wirklichkeit, wie durch den Tod hindurchgegangen und zu neuem höherem Leben erwacht." (Rudolf Steiner: „Das Christentum als mystische Tatsache.)[20]

Durch die Erzählung von dem Kästchen wird uns also in der bildhaften Sprache der alten Urkunden angedeutet, daß Moses schon als Kind, ehe noch seine persönlichen Bewußtseinskräfte und Fähigkeiten zur Entfaltung gekommen waren, eine innere Verwandlung durchmachte, die einem Einweihungsvorgang analog ist. Zunächst ohne Teilnahme seines irdischen Bewußtseins wird Moses einem Lebensprozeß unterworfen, der der Grablegung und Auferstehung ähnlich ist. Wie der Einzuweihende durch die Einweihung zum Sohn der Weltenmutter Isis wurde, so wird Moses zum Sohn der Königstochter, die zugleich die Seele des Ägyptertums repräsentiert; sie nimmt den Fremdling an Kindesstatt an; Moses wird durch diesen geheimnisvollen Vorgang befähigt, später die ägyptische Priesterweisheit in sein Wesen aufzunehmen, verliert aber darüber nicht den Lebenszusammenhang mit seinem Volk; seine eigene leibliche Mutter säugt den Knaben.

Die Geburtslegende teilt uns aber auch mit, in welcher Region des menschlichen Wesens sich diese tiefe Wandlung vollzog. Moses ist, die Bibel hebt dies besonders hervor, „der aus dem Wasser Gezogene". Wasser aber bedeutet in der Sprache der Mysterien nicht bloß einen Aggregatzustand der physischen Materie, sondern ein höheres, übersinnliches Element, von dem wir im physischen Wasser nur das irdische Abbild erblicken. Es war ein deutscher Dichter, der in besonders exakter Art von dem Geheimnis des „Urflüssigen“ sprach und dessen Worte uns viele Bibelstellen besser kommentieren als langatmige und meist langweilige Abhandlungen theologischer oder wissenschaftlicher Schriftgelehrter.

„Nicht unwahr haben alte Weisen im Wasser den Ursprung der Dinge gesucht, und wahrlich, sie haben von einem höhern Wasser als dem Meer- und Quellwasser gesprochen. In jenem offenbart sich nur das Urflüssige, wie es im flüssigen Metall zum Vorschein kommt, und darum mögen die Menschen es immer auch nur göttlich verehren. Wie wenige haben sich noch in die Geheimnisse des Flüssigen vertieft, und manchem ist diese Ahnung des höchsten Genusses und Lebens wohl nie in der trunkenen Seele aufgegangen. Im Durste offenbaret sich diese Weltseele, diese gewaltige Sehnsucht nach dem Zerfließen. Die Berauschten fühlen nur zu gut diese überirdische Wonne des Flüssigen, und am Ende sind alle angenehmen Empfindungen in uns mannigfache Zerfließungen, Regungen jener Urgewässer in uns. Selbst der Schlaf ist nichts als die Flut jenes unsichtbaren Weltmeers und das Erwachen das Eintreten der Ebbe. Wie viele Menschen stehn an den berauschenden Flüssen und hören nicht das Wiegenlied dieser mütterlichen Gewässer und genießen nicht das entzückende Spiel ihrer unendlichen Wellen! Wie diese Wellen lebten wir in der goldnen Zeit; in buntfarbigen Wolken, diesen schwimmenden Meeren und Urquellen des Lebendigen auf Erden, liebten und erzeugten sich die Geschlechter der Menschen in ewigen Spielen; wurden besucht von den

Kindern des Himmels, und erst in jener großen Begebenheit, welche heilige Sagen die Sündflut nennen, ging diese blühende Welt unter; ein feindliches Wesen schlug die Erde nieder, und einige blieben, geschwemmt auf die Klippen der neuen Gebirge, in der fremden Welt zurück." (Novalis: „Die Lehrlinge zu Sais".)[21]

Erde, Wasser, Luft und Feuer waren für die alten Weisen nicht bloß Daseinsformen des physischen Stoffes, sondern von der Natur selbst geschaffene *reale* Symbole menschlicher Bewußtseins- und Seelenzustände. Das Element der Erde entspricht in seiner Eigenschaft, alle Wesen voneinander zu sondern, die es mit seiner trockenen, harten, kontrahierenden Dunkelkraft durchdringt, dem Sinnes- und Verstandesbewußtsein des Menschen. Die Begriffe des abstrakten Denkens stehen nebeneinander und sind nur durch die äußere, dem inneren Wesen gleichgültige Form der logischen Unter- und Nebenordnung unter sich verknüpft, genau so, wie die toten Dinge starr, unbeweglich und scheinbar beziehungslos im kalten Raume stehen. Diesem im eigentlichen Sinn des Wortes „irdischen" Zustand unseres Bewußtseins ist ein anderer vorangegangen, der dem wässerigen Element vergleichbar ist. Kaum ist es möglich, jenes alte, in traumhaften Bildern webende Schauen der untergegangenen Atlantis besser zu schildern, als dies Novalis in den angeführten Sätzen tut: „In buntfarbigen Wolken, diesen schwimmenden Meeren und Urquellen des Lebendigen auf Erden, liebten und erzeugten sich die Geschlechter der Menschen in ewigen Spielen." Das „Flüssige" liegt aber nicht nur *vor* dem heutigen intellektuellen Bewußtsein, es ist auch in neuer verwandelter Art das Ziel, dem wir zustreben. Für eine Persönlichkeit, welche die ersten Stufen der übersinnlichen Erkenntnisfähigkeit erreicht hat, beginnt sich der starre und im Grunde genommen inhaltlose Rahmen der gewöhnlichen Begriffe mit innerem farbigem Erleben zu füllen, und dieses Leben löst allmählich alle scharfen Konturen und Grenzen auf. An die Stelle des Begriffs tritt das von wesenhaften Gefühlen durchseelte Bild, das nicht einen Augenblick lang eine fixierte Gestalt beibehält, sondern sich ständig in andere Bilder, Farben und Formen verwandelt. Das Sinnbild des Proteus wird zum Ausdruck einer wirklichen Seelenerfahrung des Menschen. Wo wir daher in den alten Schriften auf das wässerige Element hingewiesen werden, auf das Meer, einen Strom, Brunnen oder Quell, dort soll unser Sinn auf jene Welt leuchtender Bilder oder Imaginationen hingelenkt werden, und in der Tat gibt es kaum ein besseres Mittel, um sich das gefühlsmäßige Verständnis für die „imaginative Erkenntnisart" zu erwerben, als die innige Versenkung in den Stimmungsgehalt einer Landschaft, die durch strömendes oder ruhiges Wasser ihren Charakter erhält. Diese Welt der Imaginationen ist zugleich die Welt der formenden, gestaltenden Lebenskräfte, mit welchen der Mensch im Übersinnlichen zu einer Einheit verschmilzt. Wie der Mensch mit seinem physisch-mineralischen Leib der „Erde" angehört, so ist alles Flüssige in ihm, das strömende Blut und alle anderen Körpersäfte, beherrscht und durchdrungen von einem individualisierten „Bildekräfte-Leib", den man in der anthroposophischen Geisteswissenschaft den „Ätherleib" zu nennen pflegt. Der Ätherleib ist der Träger des organischen Lebens, er ist der Architekt des physischen Leibes. In der jüdischen Geheimlehre wird darum dieses Wesensglied schlechthin „das Leben" (Chaja) genannt.

Die Geburtslegende Mosis stellt nicht einen physischen Vorgang dar, sondern ist die Wiedergabe einer Schauung, einer Imagination, hinter der sich ein geistiger Prozeß höchster Realität zugleich offenbart und verbirgt. Ehe noch Moses sein persönliches Bewußtsein entfalten konnte, wird sein ätherischer Leib einer Verwandlung unterzogen, die in unmittelbarer Beziehung zu seiner Weltenmission steht ...

*

Überall dort, wo die imaginative Welt der ätherischen Bildekräfte aufleuchtet, waltet echte Märchenstimmung, und es ist gewiß nicht schwer, diese Märchenstimmung in der Geburtslegende Mosis zu empfinden. Dann geht der biblische Bericht wieder in eine Erzählung physisch gemeinter Tatsachen über, das tiefe Mitgefühl des Moses mit den Leiden seines Volkes wird zart angedeutet, sein Zornesausbruch über die Mißhandlung eines Hebräers und schließlich der Totschlag des Moses an dem ägyptischen Aufseher werden geschildert, jene Missetat, die Moses zwingt, vor Pharao nach dem Lande Midian zu entfliehen. Und hier, an dieser uralten Einweihungsstätte („am Brunnen“) geht die Schilderung der Bibel sofort wieder über in eine Erzählung imaginativ erlebter Seelenvorgänge:

„Und es kam vor Pharao; der trachtete nach Mose, daß er ihn erwürgte. Aber Mose floh vor Pharao, und hielt sich im Lande Midian, und wohnete bei einem Brunnen. Der Priester aber in Midian hatte sieben Töchter, die kamen Wasser zu schöpfen, und fülleten die Rinnen, daß sie ihres Vaters Schafe tränketen. Da kamen die Hirten, und stießen sie davon. Aber Mose machte sich auf und half ihnen und tränkte ihre Schafe. Und da sie zu ihrem Vater Reguel kamen, sprach er: Wie seid ihr heute so bald kommen ? Sie sprachen: Ein ägyptischer Mann errettete uns von den Hirten, und schöpfte uns, und tränkte die Schafe. Er sprach zu seinen Töchtern: Wo ist er? Warum habt ihr den Mann gelassen, daß ihr ihn nicht ludet, mit uns zu essen? Und Mose bewilligte, bei dem Mann zu bleiben. Und er gab Mose seine Tochter Zippora. Die gebar einen Sohn; und er hieß ihn Gersom; denn er sprach: Ich bin ein Fremdling worden im fremden Lande." (Mos. 2. Buch, 2. Kap., 15–22.)[22]

Unser heutiges Bewußtsein ist dadurch charakterisiert, daß alle Erlebnisse auf einen einheitlichen Zentralpunkt bezogen werden, auf das „Ich", als dessen Tätigkeiten oder Eigenschaften alle anderen Seelenvorgänge erscheinen. So wesentlich erscheint diese Zentralisierung des heutigen Bewußtseins, daß *Kant* in seiner „Kritik der reinen Vernunft" seine Erkenntnistheorie geradezu auf „der formalen Einheit des Bewußtseins in der Verknüpfung des Mannigfaltigen der Vorstellung" aufbaute. Allein die „Einheit des Bewußtseins" ist z. B. in gewissen Krankheitsfällen, die der modernen Psychiatrie als Schizophrenie wohl bekannt sind, weitgehend aufgehoben, und diese Tatsache zeigt uns, daß eben nur der heute normalen Bewußtseinsart die scharfe Konzentration im Ich-Mittelpunkt wesentlich ist, daß es aber auch andere Bewußtseinsarten gibt, welchen diese Eigenschaft fehlt. Schizophrenie ist natürlich ein pathologischer und abnormer Seelenzustand, aber auch in dieser Hinsicht gilt jener schöne Satz, der dem großartigen Vortragszyklus Rudolf Steiners, „Das Initiaten-Bewußtsein", als Motto vorangestellt ist: „Aufgabe der Initiationserkenntnis ist es, in gesunder Weise dasjenige zu entwickeln, was sonst auf krankhafte Weise entwickelt wird."[23]

Wenn der Mensch einen gewissen Punkt seiner esoterischen Entwicklung erreicht hat, dann wird in *gesunder* Weise verwirklicht, was sich in schizophrenen und ähnlichen Erscheinungen als Krankheit darlebt. Überhaupt muß ja gesagt werden, daß *jedes* Krankheitsphänomen in irgendeiner Art die verzerrte Form einer durchaus „normalen" und gesunden Erscheinung ist; Krankheit ist zeitlich oder örtlich deplacierte Gesundheit. Der Schizophrenie steht gegenüber die sogenannte „Spaltung der Persönlichkeit", welche Rudolf Steiner in seiner „Geheimwissenschaft" folgendermaßen schildert:

„Nun bemerkt der Mensch, daß auf dem Wege zur höheren Erkenntnis Denken, Fühlen und Wollen in der Tat sich sondern und jedes eine gewisse Selbständigkeit annimmt. Daß z. B. ein bestimmtes Denken nicht mehr wie durch sich selbst zu einem bestimmten Fühlen und Wollen drängt. Es stellt sich die Sache so, daß man im Denken etwas richtig wahrnehmen kann, daß man aber, um überhaupt zu einem Gefühle oder zu einem Willensentschluß zu kommen, wieder aus sich heraus einen selbständigen Antrieb braucht. Denken, Fühlen und Wollen bleiben eben während der übersinnlichen Beobachtung nicht drei Kräfte, welche aus dem gemeinsamen Ich-Mittelpunkte der Persönlichkeit ausstrahlen, sondern sie werden wie zu selbständigen Wesenheiten, gleichsam zu drei Persönlichkeiten; und man muß jetzt das eigene Ich um so stärker machen, denn es soll nicht bloß in drei Kräfte Ordnung bringen, sondern drei Wesenheiten lenken und führen. Aber diese Teilung darf eben nur während der übersinnlichen Betrachtung bestehen (...) Im weiteren Verlaufe schreitet die angedeutete Entwicklung dann fort. Das Denken, das selbständig geworden ist, regt das Auftreten einer besonderen vierten geistig-seelischen Wesenheit an, welche man bezeichnen kann wie ein unmittelbares Einfließen von Strömungen in den Menschen, die den Gedanken ähnlich sind. Die ganze Welt erscheint da als Gedankengebäude, das vor einem steht, wie die Pflanzen- oder Tierwelt im physisch-sinnlichen Gebiete. Ebenso regen das selbständig gewordene Fühlen und Wollen zwei Kräfte in der Seele an, welche in derselben wie selbständige Wesen wirken. Und noch eine siebente Kraft und Wesenheit kommt dazu, welche ähnlich dem eigenen Ich selber ist."

Was der Mensch heute nur durch die esoterische Schulung erreichen kann, durch die er zukünftige Seelen- und Bewußtseinszustände vorwegnimmt, das war in der Vergangenheit in einer mehr naturhaften Weise für alle Menschen das „Normale". Solange das Geistig-Seelische noch nicht so stark wie heute an das Leibliche gebunden und in dieses verstrickt war (obgleich der Mensch gerade damals das Leibliche viel intensiver und spiritueller erlebte!), fühlte sich der Mensch keineswegs als ein einheitliches Wesen, von dessen Mittelpunkt aus Denken, Fühlen und Wollen dirigiert werden, sondern er empfand sich als den Schauplatz für das Wirken selbständiger geistiger Wesenheiten. Erst die intensivere Inkarnation des Geistig-Seelischen, die im Laufe der Menschheitsentwicklung eintrat, gab diesem die scharfe Konzentration auf einen einheitlichen Mittelpunkt; die individuelle Geschlossenheit des heutigen Bewußtseins ist ein Geschenk des physischen Leibes. In der Imagination dagegen schaute der Mensch seine eigene Seele in der Gestalt von weiblichen Wesenheiten, und das biblische Märchen von den sieben Jungfrauen schildert ein solches hellsichtiges Erlebnis. Doch gibt die Bibel an dieser Stelle noch mehr als die Darstellung einer Schauung oder, um das griechische Wort hierfür zu gebrauchen, einer „Theoria", sie schildert vielmehr eine echte „Praxis", eine innere Tat von weittragender Bedeutung. Moses vermählt sich mit einer der sieben Jungfrauen, und an einer späteren Stelle des Alten Testamentes wird uns gesagt, daß diese Gattin des Moses eine Mohrin gewesen sei.

Rudolf Steiner erläutert die Natur der imaginativen Bewußtseinsart dadurch, daß er unsere Aufmerksamkeit auf die zunächst rein innerlich erlebten Fähigkeiten des Denkens, Fühlens und Wollens lenkt und uns von da in die objektive geistige Welt hinausführt; der Weg des modernen Geistesforschers geht vom Mikrokosmos zum Makrokosmos. Ein alter Eingeweihter hätte hingegen *zuerst* von den makrokosmischen Tatsachen gesprochen und dann erst von diesen aus den Blick auf das menschliche Seelenwesen gerichtet; der Weg ging vom Makrokosmos zum Mikrokosmos. Nicht vom Denken, Fühlen und Wollen wäre er ausgegangen, sondern von der Natur und Wesenheit der sieben Planeten, deren mikrokosmisches Abbild die sieben jungfräulichen Gestalten der Imagination sind. Jeder der sieben Planeten ist im Sinne alter wie neuer Geisteswissenschaft der Träger von bestimmten Weltenkräften, die in der menschlichen Seele zu einer Einheit zusammenströmen, einer Einheit, die sich in der Imagination wieder in ihre Faktoren auflöst, wie das einheitliche Licht sich im Regenbogen .in sieben Farben offenbart.[24] Die Dunkelwesenheit, mit der sich Moses durch eine unio mystica vermählt, entspricht dem Monde, der kein eigenes Licht besitzt, sondern nur das Licht der Sonne spiegelt. Und seit je wurde in den Einweihungslehren der Mond als der Träger der intellektuellen Fähigkeiten angesehen; noch im Mittelalter war unter den sieben freien Künsten die „Dialektik", die Kunst des begrifflichen Denkens, dem Monde zugeordnet, weil man wußte, daß von dem geistigen Teil des Mondes jene Kräfte ausgehen, mit deren Hilfe die menschliche Seele die Gehirnorganisation des physischen Leibes ausbildet. Sechs leuchtende Wesenheiten des Seelenlandes standen vor dem Seherblick Mosis. Hätte er sich mit einer dieser Lichtjungfrauen vermählt, ihm wäre in der einen oder anderen Form das alte Hellsehen in einem hohen Grade zuteil geworden. Er aber wählte die nach außen hin unscheinbarste, d. h. er entschied sich für die von den lichten Schauungen der geistigen Welt zunächst ausgeschlossene Fähigkeit des logischen Denkens, er verschmähte die anderen alten Fähigkeiten, die zwar Seelenreichtum und Fülle schenken, aber nicht zur Freiheit führen. Moses hatte damals zu wählen zwischen den Reichtümern der alten Zeiten, für die das Alte Testament stets den Ausdruck „die Fleischtöpfe Ägyptens" gebraucht, und der Seelenarmut, der sich die geistige Welt verschließt, die aber in das kommende Reich der Freiheit führt. Nicht begrifflich, intellektuell stand dies vor der großen Seele des Moses. Anthroposophie ist weit davon entfernt, ihre eigenen Ideen und Anschauungen in die vergangenen Zeiten hineinzudeuten; aber in geistiger Art erlebte Moses damals eine Entscheidung, die wir in unserer Sprache in dieser Art am besten darstellen. Ein uraltes und ewig wahres Märchenmotiv klingt uns aus der Bibel entgegen: Wer sich für das Unscheinbare, ja Häßliche und Arm-

selige entscheidet, der gewinnt am Ende den höchsten Schatz. Aus der Seelenverbindung mit der dunklen Wesenheit des Mondes wird das neue Ich geboren, Gersom, der „Fremdling“ im Reiche des Geistes.
Mit der Geburt des Sohnes ist für Moses die Vorbereitungszeit beendet. Unmittelbar an sein Erlebnis am Weisheitsbrunnen in der Wüste schließt sich seine Berufung am Berge Horeb, nach langem, schwerem Ringen mit seinem Gott übernimmt Moses seine welthistorische Sendung.

*

Wo die Seher und Eingeweihten der Vorzeit vom „Wasser“ sprachen, ist damit jenes höhere Element der ätherischen Lebensfluten gemeint, mit dem sich der Mensch in der imaginativen Erkenntnis vereint. Darüber hinaus geht eine zweite übersinnliche Erkenntnis- und Erlebnisform, die nun nicht bloß in der seligen Schau von Märchenbilderwelten verläuft, sondern die einen strengen, herben, ja schmerzlichen Grundzug aufweist. Der Mensch lernt nun die geistige Welt nicht nur in ihrer bildhaft-symbolischen Offenbarung kennen, sondern er „hört“ die Götterwesen tönend und klingend zu sich sprechen. Die geistige Welt haucht der Seele ihre Geheimnisse ein, und völlig sachgemäß spricht daher Geisteswissenschaft von der Erkenntnis durch Inspiration. Der Rhythmus des Atems, der Blut- und Säftezirkulation offenbart sich dem Menschen auf dieser Stufe seiner Entwicklung als ein spirituelles, unmittelbar mit den Sternengeheimnissen zusammenhängendes Geschehen. Allerdings muß darauf aufmerksam gemacht werden, daß die moderne Initiationsmethode nicht von einer direkten Beeinflussung des physiologischen Atmens ausgehen darf, wie dies von manchen Anhängern okkulter

Richtungen der Gegenwart propagiert wird. Atemübungen führen in der Gegenwart nur zu verzerrten und ungesunden Geisterlebnissen, während in alten Zeiten, in denen nicht nur die menschliche Seele, der menschliche Geist, sondern auch der Leib eine völlig andere Konstitution besaßen, Atemübungen allerdings eine berechtigte Schulungsmethode waren.

Der Atem bietet für eine spirituelle Betrachtung einen doppelten Aspekt dar, und die Zusammenschau beider erschließt uns erst das Wesen echter Inspiration. Der erste dieser beider Aspekte ergibt sich aus einer merkwürdigen Rechnung, auf die Rudolf Steiner wiederholt aufmerksam gemacht hat. Der Mensch atmet in der Minute durchschnittlich achtzehnmal ein und aus, woraus sich die Zahl der Atemzüge während eines Tages mit 25'920 ergibt. Diese Ziffer ist aber erstaunlicherweise keine gleichgültige Quantität, sondern eine Zahl von größter astronomischer Bedeutsamkeit. Ein sogenanntes Platonisches Jahr, d. h. der Zeitraum, in dem die Sonne infolge der Präzessionsbewegung einmal den ganzen Tierkreis durchläuft, umfaßt gerade 25'920 gewöhnliche Sonnenjahre! Der Atem des Menschen steht also mit den allergrößten kosmischen Rhythmen in unmittelbarem Zusammenhang. Und weiter, wenn wir das Leben des Menschen nach dem Ausspruch des Psalmisten mit 70 bis 71 Jahren im Durchschnitt annehmen dürfen und uns fragen: wie viele Male ist der Mensch während dieser Zeit eingeschlafen, wie oft wachte er wieder auf? – mit anderen Worten: wieviele Tage enthält ein durchschnittliches Menschenleben? – wir kommen wieder auf die geheimnisvolle Zahl von 25'920! Der Jahreskreislauf ist ein makrokosmisches Gleichnis der menschlichen

Rhythmik im Ein- und Ausatmen, im Aufwachen und Einschlafen, im Geborenwerden und Sterben. Bei allen diesen Lebensvorgängen handelt es sich um ein Sich-Verbinden und Wieder-Lösen des Seelisch-Geistigen vom Leibe, nur daß der Ausschlag dieser Schwingung jeweils ein anderer ist. Bei jedem Einatmen verbindet sich das Seelische ein wenig inniger mit dem Leiblichen, das Seelische wird leise im Physischen zusammengepreßt, beim Ausatmen löst sich die Spannung, die Seele lockert die Fesseln des Leibes.

„Im Atemholen sind zweierlei Gnaden:
Die Luft einziehen, sich ihrer entladen.
Jenes bedrängt, dieses erfrischt,
so wunderbar ist das Leben gemischt.
Du, danke Gott, wenn er dich preßt,
und danke ihm, wenn er dich wieder entläßt."
(Goethe)

Im Schlafe schwingt das Leben schon weiter aus, das Seelisch-Geistige löst sich von dem auf der Ruhestatt zurückbleibenden Doppelgebilde aus physischem und ätherischem Leib und geht in seine geistige Heimat, um sich von dort Erquickungskräfte zu holen. Am weitesten wölbt sich der Bogen aber zwischen den einzelnen Erdenleben des Menschen. Im Tode trennen sich Geist und Seele völlig vom Leib, der nun, als Leichnam den Erdengesetzen überlassen, Form und Gestalt einbüßt, bei der Geburt verbindet sich der menschliche Genius mit einem neuen Erdenleib. Und was der Geistesforscher schauend erleben kann, wird durch eine solche Betrachtung auch dem nicht hellsichtigen Menschengemüt greifbar nahe gerückt: das Geheimnis der Jahreszeiten! Die Erde ist ein großer Organismus, der ebenso wie der Mensch schwingend lebt und lebend schwingt. Im Frühjahr löst sich das Geistige der Erde vom Physischen los, der Erdenorganismus schläft ein; im Herbst verbindet sich das Geistige der Erde wieder mit dem Physischen, die Erde wacht gerade dann, wenn in der Winterszeit das äußere Leben erstorben ist.

Eine zunächst nüchterne Zahlenbetrachtung führte uns zu den rhythmischen Gesetzmäßigkeiten der weiten Welt, und wir können erschauernd ahnen, daß sich hier nicht bloß ein Schauspiel für unseren forschenden Verstand auftut, sondern daß wir uns Weltengeheimnissen nähern, die für den eingeweihten Seher zu erschütternden Seelenerlebnissen werden.

Die andere Betrachtungsart führt uns umgekehrt zuerst in die Tiefen der menschlichen Seele, dorthin, wo das Gemüt mit sich selbst tönend spricht, sie führt uns zur Musik. Das Geheimnis dieser der Erdenwirklichkeit fremdesten Kunst wird derjenige nie richtig erfassen, der in den Melodien, Harmonien und Rhythmen der Musik nur den Ausdruck des subjektiven Empfindungslebens sehen wollte; in der Musik sind vielmehr jene ursprünglicheren Bewegungsformen wiedergegeben, in denen wir das eigentliche Wesen gefühlsmäßiger Seelenregungen zu sehen haben. Das Wort des Aristoteles, die Substanz der Sterne sei die Bewegung, läßt sich auch auf die Seele anwenden. Eine geheime Mathematik, die aber nicht verstandesmäßig-analytisch erfaßt, sondern unmittelbar sinnlich-übersinnlich erlebt wird, liegt allem Musikalischen zugrunde, ja man könnte sogar den Ausspruch von Leibnitz, die Musik sei ein Erlebnis der unbewußt rechnenden Seele, umkehren und sagen, die Mathematik, das Rechnen, sei abstrakt, unlebendig gewordene Musik. Hinter der zahlenmäßigen Betrachtung der Außenwelt tauchte wie eine Ahnung das seelische Erleben kosmischer Rhythmen und Harmonien auf, unter der zunächst gefühlsmäßig empfundenen Musik die exakte und objektive Gesetzmäßigkeit der Mathematik, und so weisen beide Betrachtungsarten auf ein gemeinsames Ziel: auf eine Musik, die nicht mehr bloß das indivuelle Seelenleben ausdrückt, sondern die in der Natur und Wesenheit der Sterne begründet ist, auf eine Mathematik, die sich nicht mehr in Zahlen und Figuren bewegt, sondern die unmittelbar musikalisch erlebt werden kann; der uralte Gedanke einer Welten- und Sternenmusik wird für uns mehr als ein sinnreiches Märchen:

„Die Sonne tönt nach alter Weise
in Brudersphären Wettgesang,
und ihre vorgeschriebene Reise
vollendet sie mit Donnergang."

Für die inspirierte Erkenntnisart werden Licht und Ton zu nah verwandten Erscheinungen der allebendigen Natur:

„Tönend wird für Geistesohren
schon der neue Tag geboren,
Felsentore knarren rasselnd,
Phöbus' Räder rollen prasselnd:
Welch Getöse bringt das Licht!"

Die imaginative Welt hat ihr Gleichnis in dem beweglichen, schmiegsamen Element des Wassers, die tönende

Luft, das Schwingen und Klingen der Musik ist das irdische Abbild der Inspiration; im Feuer aber offenbart sich der Geist unmittelbar als zerstörende und schaffende Weltenmacht. Durch das „Feuererlebnis" der „Intuition" wird der Mensch weit über sich selbst erhöht und steht nun von Antlitz zu Antlitz der Gottheit gegenüber. Der Stimmungsgehalt dieser beiden höheren Erkenntnisformen, der Inspiration und Intuition, läßt sich erahnen, wenn man sich in das Hochgebirge versetzt denkt, auf einen einsamen Felsengipfel, wo man die Menschen mit ihren Alltagssorgen und -freuden, Tiere, Pflanzen, Bäume, Bäche und Ströme unter sich gelassen hat und nun erst so recht die Goetheschen Worte begreifen lernt: „So einsam, sage ich zu mir selber, indem ich diesen ganz nackten Gipfel hinabsehe und kaum in der Ferne am Fuße ein gering wachsendes Moos erblicke, so einsam, sage ich, wird es dem Menschen zumute, der nur den ältesten, ersten, tiefsten Gefühlen der Wahrheit seine Seele eröffnen will. Ja, er kann zu sich sagen: Hier auf dem ältsten ewigen Altare, der unmittelbar auf die Tiefe der Schöpfung gebaut ist, bring ich dem Wesen aller Wesen ein Opfer."[25]

Unwillkürlich läßt Goethe, indem er sein Gipfelerlebnis schildert, die Sprache der Bibel anklingen, und in der Tat sind im Alten Testament die imaginativen Märchenstimmungen verhältnismäßig selten, dagegen häufig und den ganzen Ton bestimmend die Bergerlebnisse der Inspiration und Intuition. Darum ist es weder ein historischer Zufall, noch eine poetische Staffage, daß die Berufung Mosis auf einem Berge geschieht. Hier, in den Höhen der Inspiration und Intuition, schaut er den Engel des Herrn in der Feuerflamme aus dem Dornbusch und hört die Stimme seines

Gottes. Spirituelles Feuer und geistiges Hören sind aber die Kennzeichen der intuitiven und inspirierten Erkenntnisart. Nun entspinnt sich jenes welthistorische Gespräch zwischen Moses und Jahve – die geistige Geburtsstunde des israelitischen Volkes ist gekommen, wie einst in Abraham der physische Grund des auserwählten Volkes gelegt worden war. Moses fragt nach dem „Namen" des Gottes, in dessen Auftrag er vor das Volk hintreten soll, um eine neue, auf das Selbstbewußtsein gegründete Kultur zu inaugurieren. Und die Stimme aus dem Feuer antwortet ihm: Du sollst sagen, der „Ich bin der Ich-Bin" hat mich zu euch gesandt. Der Gott Abrahams, Isaaks und Jakobs offenbart sich hier zum erstenmal als ein Wesen, das in seiner wahren Gestalt nie von außen her geschaut werden kann, sondern sich nur dem innersten Zentrum der Seele kundgibt. Den Namen „Ich" kann jeder nur für sich selbst gebrauchen. Es ist mit diesem Wörtchen die Tatsache ausgesprochen, daß der Mensch sich völlig in sich selber verschließen und nun in einer Art Mono-Dialog nicht nur Bewußtsein, sondern auch Selbstbewußtsein entwickeln kann. Das freie Selbstbewußtsein aber unterscheidet den Menschen von allen Naturwesen, insbesondere auch vom Tier. In älteren Zeiten trat das Göttliche von außen her an die menschlichen Seelen heran. Durch Moses aber sollte eine Zeit heraufgeführt werden, wo das Göttliche im Menscheninnern sprechen kann, so intim, so verborgen, wie sich das Ich „im verhangenen Allerheiligsten" der Seele selbst erschaut. Die Epoche der naturhaften Hellsichtigkeit war abgelaufen, in rein geistiger Art sollten fortan die Menschen mit ihren Göttern verkehren.

*

Nachdem Moses sein Volk aus dem Lande der Ägypter herausgeführt und zum Andenken daran das Passahopfer, das Opfer des Lammes, eingesetzt hatte, führte er die Israeliten in die Wüste, wo er nun auf dem Berge Sinai die zehn Gebote erhält. Auf dem Berge Horeb erlebte Moses in der inspirierten Intuition den Ich-Namen des Gottes und erhielt seine persönliche Berufung. Hier aber geschah noch größeres, hier wurde in den gewaltigen Posaunenklängen und in den Feuerflammen, die den ganzen Berg einhüllten, ein ganzes Volk durch die Einweihung geführt. Die Hebräer werden das Eigentum Jahves, sein „priesterliches Volk"; Jahve „wohnt" fortan in dem von ihm auserwählten Volk, und nichts anderes als die notwendigen Vorbedingungen, unter welchen der Gott innerhalb einer bestimmten Menschengruppe leben kann, sind die genauen moralischen, sozialen und kultischen Gesetze, die nun den Hebräern gegeben werden. Und weil es sich damals nicht bloß um ein Leben des Gottes im „Innern", d. h. in dem seelisch-geistigen Teil des Volkes handelte, sondern wesentlich um die Wirksamkeit Jahves in der physischen Volkssubstanz der Hebräer, aus der ja der Leib des kommenden Christus genommen werden sollte, darum sind diese Gesetze keineswegs bloß moralische Imperative, sie sind ebenso sehr diätetische Regeln, die nicht nur die sozialen Beziehungen der Volksglieder im großen, sondern auch die Intimitäten der Lebensführung des einzelnen wie mit einem dichten Netzwerk umspannen. Wer z. B. in den Speisevorschriften bloß hygienische Maßnahmen eines weisen Führers sehen wollte, würde das Ziel dieser mosaischen Gesetzgebung verkennen; wohl handelte es sich in einem gewissen Sinn um „Hygiene", aber um eine solche okkulter, spiritueller Art.

Ähnliche Regeln gab es schon damals in den Mysterien, und eine Ahnung dieses Zusammenhanges schwebte wohl Schiller vor, als er in seinem Aufsatz „Die Sendung Mosis" schrieb: „Eine vorläufig notwendige Zeremonie vor jeder Einweihung war die Beschneidung, der sich auch Pythagoras vor seiner Aufnahme in die ägyptischen Mysterien unterwerfen mußte. Diese Unterscheidung von anderen, die nicht beschnitten waren, sollte eine engere Brüderschaft, ein näheres Verhältnis zur Gottheit anzeigen, wozu auch Moses sie bei den Hebräern nachher gebrauchte."[26]

Moses ist der übersinnliche Mittler des Ich-Erlebens; was er aber der Menschheit noch nicht zu bringen vermochte, war die innere Erfüllung des frei gewordenen Ich mit neuem geistigen Inhalt. Moses löste den Menschen aus den alten Bindungen los, mit der Titanengewalt seiner mächtigen Persönlichkeit kämpfte er gegen die Sehnsucht seiner ihm nicht gewachsenen Volksgenossen, zurückzufallen in das alte Verhältnis zu den alten Göttern, in den ägyptischen Stierdienst, in die Anbetung des goldenen Kalbes usw. Was er noch nicht konnte, war die innere Erschließung einer neuen geistigen Welt, war die Erfüllung der dunklen Mondesschale mit dem geweissagten Sonnengold. Moses, der Verkünder der Gerechtigkeit, konnte dem größeren Propheten, den der Gott im Volke Israel auferwecken würde, nur den Weg bereiten, es lag noch nicht in seiner Mission, diesen neuen, über das Moses-Prinzip hinausführenden Impuls der Menschheit zu geben. Indem wir dies aussprechen, richten wir unseren Blick auf jene biblische Szene, deren erhabene Tragik von keiner zweiten welthistorischen Begebenheit übertroffen wird: den Tod Mosis auf dem Berge Nebo. Der uralte Prophet steht am

Rande der Wüste, überblickt in der geistigen Schau die blühenden und grünenden Gefilde Kanaans, doch ein göttliches Gebot verwehrt ihm, den Fuß in das gelobte Land zu setzen. Ein geschichtliches Ereignis, doch auch ein ewiges Symbol der Menschheitsentwicklung; bis an den Saum des Geistes führt der Intellekt, doch nicht der Verstand überschreitet die Schwelle, sondern nur das in sich selbst erkraftete Bewußtsein. Wie innig und stark kann gerade diese Etappe der hebräischen Volksgeschichte zu unserem Herzen sprechen, wie sehr gewinnen hier Ereignisse, die sich vor vielen Jahrtausenden abgespielt haben, unmittelbare Gegenwartsbedeutung! Moses brachte der Menschheit zur Zeit, da das Gemüt der meisten noch in dämmerhaften Imaginationen eingebettet war, den Impuls zur Ausbildung von Verstand und Vernunft; Moses ist der *geistige* Mittler der Intellektualität, die erst in der darauffolgenden Kulturepoche im *irdischen* Sinne zur Entfaltung kommen sollte, als philosophisches Denken bei den Griechen, als abstrakte Jurisprudenz bei den Römern. Wir stehen heute am anderen Ende dieser Epoche. Der Intellekt ist zu der alles beherrschenden und durchdringenden Macht unseres Zeitalters geworden, intellektualistisch ist nicht nur unsere Technik, unser soziales und staatliches Leben, intellektualistisch ist der Mensch der Gegenwart in der Gestaltung seiner Sprache, seiner Kunst, Philosophie und Religion. Schon pfeifen es die kulturphilosophischen Spatzen von allen Dächern – es müssen nicht gerade immer Kirchendächer sein –, daß eine Umkehr nottut, daß der Intellekt mit seiner ätzenden Schärfe das ehemals blühende Land der Seele in eine sandige Wüste verwandelt hat. „Die Fleischtöpfe Ägyptens", d. h. die alten spirituellen Weistümer mit ihrer

Naturnähe und -vertrautheit, mit ihrer naiven Herzlichkeit locken wie eh und je: das Volk murrt wider Moses, weil es den Sinn der Wüstenwanderung nicht begreifen kann.

Anthroposophische Geisteswissenschaft bewundert die alten verlorengegangenen Weistümer ebensosehr wie irgendein reaktionärer Vergangenheitsträumer, aber sie durchschaut auch die positive Bedeutung dieses Verlustes: das Erlöschen der alten geistgetragenen Imaginationen, Inspirationen und Intuitionen, die Vereinsamung des Menschengemütes innerhalb einer materiell erlebten Welt hat dem Menschen die individuelle Freiheit gebracht. Dieses Freiheitserlebnis muß nun über die Schwelle zwischen sinnlicher und übersinnlicher Welt getragen werden, doch übernehmen hier andere Seelenkräfte als diejenigen des intellektuellen Verstandes die Führung: Moses übergibt sein Amt dem Josua Ben Nun, dem Repräsentanten eines Zeitalters, das geschichtlich erst im fünfzehnten Jahrhundert nach Christo begonnen hat und das gerade in der Gegenwart um die seinem Wesen entsprechenden kulturellen Daseinsbedingungen ringt. Anthroposophie möchte bescheiden und kraftvoll zugleich dem Heraufkommen dieser neuen Menschheitsepoche dienen.

4. DAS AUSERWÄHLTE VOLK

Wie nach dem Worte Christi nur jener das Reich Gottes schauen kann, der zweimal geboren wurde, so erfuhr das althebräische Volk während seiner vierzigjährigen Wüstenwanderung[27] eine so tiefgreifende Umwandlung seiner seelischen und geistigen Natur, daß man ohne Übertreibung von der Wiedergeburt eines ganzen Volkes sprechen darf, und darum steht neben der ehrwürdigen Gestalt Abrahams, aus dessen Samen alle Juden dem Fleische nach stammen, Moses, der, um Worte des Wiener Dichters Walter Eidlitz zu wiederholen, „nichts als ein felsener Griffel Gottes gewesen, mit dem Gott in blutende Menschen, in ein ganzes zuckendes Volk seine glühende Schrift schrieb". Abraham und Moses sind die Ausgangspunkte zweier Strömungen, von welchen die eine einen mehr leiblichen, die andere einen mehr geistig-seelischen Charakter trägt, doch sind beide Entwicklungsreihen in eigenartiger Weise miteinander verschränkt. Der spirituelle Impuls Mosis bleibt keineswegs bloß in den Grenzen des seelischen Bereiches, sondern erfaßt durch das Mittel der diätetischen und kultischen Gesetzgebung auch die Leiblichkeit des Volkes, wie anderseits jener von den Patriarchen zu den Enkeln und Urenkeln fließende Strom zugleich die für die Sendung des hebräischen Volkes notwendigen geistigen Qualitäten die Generationen hinunterträgt. Im folgenden sollen nun einige Hauptmomente der hebräischen Geschichte zur Darstellung kommen, immer im Hinblick auf jenen symbolisch-realen Charakter jener Menschheitsgruppe, die sich *damals* mit vollem Recht als das auserwählte Volk betrachten durfte. Novalis hat in einem seiner Fragmente den schönen Gedanken ausgedrückt, daß jedes Menschen Leben eine Bibel sein sollte, weil eben dieses spirituellste Menschheitsdokument nichts Willkürliches oder Beliebiges erzählt, sondern die notwendigen und gesetzmäßigen Stationen des Menschenweges schildert, als Volksschicksal im Alten, als Biographie eines einzelnen im Neuen Testament. Je näher sich der einzelne an jenen Entwicklungspunkt heranarbeitet, auf welchem sein Wesen und sein Lebenslauf repräsentative und typische Bedeutung erlangt, desto mehr wird jenes Wort von Novalis Geltung haben: sein Leben wird zum Kanon des menschlichen Lebens überhaupt.

„Die Bibel“, sagen jüdische Weise, „spricht die Sprache des Menschen.“ Und wiederum können wir hier an das biogenetische Grundgesetz erinnern, wonach jeder einzelne in Kürze die nämlichen Etappen wiederholt, die das Menschengeschlecht in großen und langen Zeiträumen zu durchwandern hatte. In geistvoller Weise verbindet dieses heute übrigens zu Unrecht bestrittene Naturgesetz das Leben des einzelnen Individuums mit dem Entwicklungsgang der ganzen Menschheit. Wenden wir nun den bekannten geometrischen Lehrsatz, daß zwei Gebilde, die einem dritten „ähnlich“ sind, auch untereinander dieselbe Beziehung aufweisen müssen, auf historische Probleme an, so gelangen wir zu folgendem Resultat: das hebräisch-jüdische Volk ist in seinen Schicksalen eine „verkürzte Rekapitulation“ der ganzen Menschheitsentwicklung; nach dem biogenetischen Grundgesetz ist das Leben des Einzelindividuums ebenfalls eine Wiederholung der Menschheitsentwicklung; in der Geschichte des hebräischen Volkes müssen wir daher die Hauptepochen des Entwicklungsganges des einzelnen Menschen wiederfinden. Wie für den modernen Biologen der embryologische Werdegang zu einem Schlüssel für das Verständnis der Stammesgeschichte, der Phylogenese, wurde, so kann uns eine spirituell vertiefte Lehre vom Entwicklungsgang des einzelnen den Schlüssel zum historischen Verständnis des althebräischen Volkes liefern; das althebräische Volk kann in seiner Geschichte wie ein großer welthistorischer Mensch angesehen werden.

Nun hat uns Rudolf Steiner eine Fülle von Erkenntnissen über den leiblichen, seelischen und geistigen Charakter der einzelnen Lebensepochen geschenkt, und aus diesen Einblicken ist ja auch eine Pädagogik entstanden, deren Lebensfrüchte selbst von solchen anerkannt werden, die sich zur Anthroposophie, der Erkenntnisgrundlage dieser Erziehungskunst, durchaus ablehnend verhalten. Schon in dem Büchlein „Die Erziehung des Kindes vom Gesichtspunkte der Geisteswissenschaft"[28] hat Rudolf Steiner auf die Gliederung des menschlichen Lebenslaufes in siebenjährige Perioden aufmerksam gemacht, von welchen die ersten noch deutlich wahrnehmbar sind, während sich die Gliederung für das spätere Alter mehr und mehr verwischt. In traditioneller Form hat sich diese, den alten Sehern und Eingeweihten wohl vertraute Periodisierung in unserem Rechtsleben erhalten, und wenn wir heute z. B. nach dem österreichischen Zivilrecht drci Altersstufen unterscheiden, die Epoche der Kindheit bis zum Zahnwechsel, also bis zum siebenten Jahr, die Epoche der Unmündigkeit bis zur Geschlechtsreife oder bis zum vierzehnten Lebensjahr, und endlich diejenige der Minderjährigkeit bis zum einundzwanzigsten Jahr, so ist dies einer der wenigen, spärlichen Punkte, in denen Jurisprudenz noch mit geistigen

Wirklichkeiten zusammenhängt. Denn in der Tat sind es entscheidende, im wahrsten Sinn epochemachende Ereignisse im Leben des jungen Menschen, wenn sein Organismus die vererbten Milchzähne abstößt und den ersten Lebensabschnitt durch die Bildung von eigenen individuellen Zähnen abschließt, wenn er ferner um das vierzehnte Jahr zur Hervorbringung seinesgleichen physiologisch reif wird, und wenn er endlich im einundzwanzigsten Jahr nicht nur, wie die altdeutschen Rechtsquellen sagten, zu seinen „Tagen", sondern auch zu seinen „Jahren" gekommen ist. Dieser Abschnitt liegt allerdings schon mehr im Verborgenen und ist nicht mehr in gleicher Weise unmittelbar physiologisch bemerkbar, wie etwa der Zahnwechsel und die Pubertät. Noch intimer und verborgener sind die nächsten Epochen im achtundzwanzigsten, fünfunddreißigsten, zweiundvierzigsten Jahr und so fort, die zu schildern außerhalb des Rahmens dieses Buches fallen würde.

Jener Impuls, der mit Abraham begonnen hatte, mußte als eine wesenhafte, lebendige Realität eine wahre Entwicklung durchmachen, er mußte ebenso „zu seinen Tagen und Jahren" kommen wie der einzelne Mensch. Nur haben wir bei den Stufen einer solchen Volksentwicklung nicht mit einzelnen Jahren zu rechnen, sondern mit Generationen, wobei noch ein besonderes Gesetz mit in Anschlag gebracht werden muß. Während der einzelne im Verlauf von sieben Jahren eine Epoche absolviert, kann eine solche physisch-geistige Anlage, wie sie dem Erzvater Abraham verliehen worden war, nur durch sieben Generationen hindurch zu einem neuen Vollkommenheitsgrad fortschreiten. Die hierbei in Betracht kommende Vererbung bewirkt jedoch keine *direkte, ununterbrochene* Übertragung der in dieser Hinsicht wichtigen Stammesqualitäten vom Vater auf den Sohn, Enkel, Urenkel und so fort, sondern eine solche Fortleitung jener die „Auserwählung" begründenden Eigenschaften, daß immer eine Generation übersprungen wird; den sieben Jahren einer Lebensepoche des Individuums entspricht daher die doppelte Zahl von Generationen. Die in Abraham veranlagte Fähigkeit, das Göttliche im Innern durch ein physisches Organ zu erleben, mußte also jeweils nach vierzehn Generationen zu einem neuen Grad von Vollkommenheit gelangen, und wie der einzelne nach drei Epochen, nach dreimal sieben Jahren einen gewissen rechtlich anerkannten Abschluß seiner moralischen und physischen Entwicklung erreicht hat, so erreichte auch der Abrahamimpuls, d. h. aber überhaupt das hebräische Volk, seine Volljährigkeit nach dreimal vierzehn Generationen. Ganz im Sinne dieser Erkenntnis ist das Anfangskapitel des Matthäusevangeliums gehalten, das mit dem Geschlechtsregister Jesu beginnt. Geschildert wird die Abstammung Jesu von Abraham, und die aufgezählten Ahnen gliedern sich, worauf der Text ausdrücklich aufmerksam macht, in drei Gruppen: „Alle Glieder von Abraham bis auf David sind vierzehn Glieder, von David bis auf die babylonische Gefangenschaft sind vierzehn Glieder, von der babylonischen Gefangenschaft bis auf Christus sind vierzehn Glieder." – Von der Geburt des hebräischen Volkes bis zu jenem Höhepunkt, den die Regierungszeit König Davids für das Hebräertum bedeutete, verläuft die erste, vierzehn Glieder umspannende Epoche; von da bis zur babylonischen Gefangenschaft, in der abermals eine tiefe innere Umwandlung des hebräischen Volkes stattfand, jener Epoche, in der das Volk durch das Elend des Exils zur Selbstbesinnung kam und zum reinen Jahvedienst zurückkehrte, verläuft die zweite Periode; von der babylonischen Gefangenschaft bis zu Jesus die dritte Epoche. Nun erst konnte innerhalb des hebräisch-jüdischen[29] Volks ein Leib gezeugt werden, in dem zur vollen Wirklichkeit erblüht war, was der Anlage nach schon in Abraham gelebt hatte – ein Leib, innerlich bis in die Tiefen durchdrungen von dem zwölffachen Geist der Sternenwelt. Diejenigen, die etwas von den Mysterien der hebräisch-jüdischen Geschichte wußten – und das waren vor allem die Essäer –, fühlten schon in dem Blute des Jesus von Nazareth einen Geist wirksam, der abbildlich den ganzen Kosmos in sich schließt; sie nannten daher dieses für das große kommende Ereignis zubereitete Blut: geschaffen durch den Geist des Weltendaseins. Das Blut des Jesus ist der physische Ausdruck dessen, was man in der Sprache der jüdischen Mysterien den, oder besser gesagt, die „Ruach Elohim" nannte. Das hebräische Ruach, das gewöhnlich mit „Geist" übersetzt wird, das aber nicht in der heutigen abstrakten Bedeutung dieses viel mißbrauchten Wortes genommen werden darf, sondern das zugleich eine Hindeutung auf das Element der Luft enthält, ganz analog dem griechischen „Pneuma" und dem lateinischen „spiritus", ist doppelgeschlechtlich und schon darum ist die gebräuchliche dogmatische Auffassung der „conceptio immaculata" ebensowohl eine spirituelle wie eine philologische Unmöglichkeit. In dem schon öfter erwähnten Vortragszyklus „Das Matthäusevangelium" weist Rudolf Steiner mit allem Nachdruck darauf hin, daß die unbefleckte Empfängnis schon deshalb nicht im Sinn einer naturwissenschaftlich undenkbaren Parthenogenesis verstanden werden könne, weil in allen esoterischen Lehren die dritte Person der Trinität als weiblichen Geschlechtes gilt. So unterscheidet z. B. der Kabbalist in der Gottheit den Vatergeist, den er den „Alten der Tage“ nennt, den Sohnesgeist oder den „König“, und endlich den Heiligen Geist, *die* Schechina, letztere stimmungsgemäß völlig mit jener Weltenmacht identisch, die von den frommen Christen des Mittelalters als „Mutter Gottes“ verehrt und angebetet wurde. Vater, Mutter und Sohn – das ist die wirkliche, esoterisch richtige Dreifaltigkeit!

Wer sich bemüht, Ergebnisse der Geistesforschung Rudolf Steiners für Kreise darzustellen, die vielleicht noch nicht mit den Elementarbegriffen der Anthroposophie vertraut sind, kommt immer wieder an gewisse Punkte, an denen ihm das Weitersprechen recht schwer wird. Der Eiseshauch der materialistischen Denkungsart unserer Zeit schlägt das Wort in die Kehle zurück. Nicht als ob zum *Begreifen* geisteswissenschaftlicher Mitteilungen eigene hellseherische Fähigkeiten vonnöten wären, wohl aber ein hoher Grad von Unbefangenheit auch gegenüber ungewohnten und befremdlichen Dingen. Und will man gar über die uns von Rudolf Steiner geschenkten christologischen Erkenntnisse sprechen, dann fühlt man sich stets als Kämpfer gegen zwei Fronten. Auf der einen Seite steht die Wissenschaft der Gegenwart, in deren Welt die Erscheinung eines Gottmenschen keine Stätte hat und haben kann; was sollten auch die Grundbegriffe des Christentums, Weltschöpfung, Sünde, Erlösung, Auferstehung, Himmelfahrt und Jüngster Tag in einem Universum, das mit einem von mechanischen Kräften herumgewirbelten Gasnebel beginnt und im Wärmetod endigt? Wie könnte ein Gott in einem Wesen wohnen, das sich nur dem Grade, aber nicht der Natur nach von den Affen unterscheidet? Und wenn auch der „krasse Materialismus des neunzehnten Jahrhunderts" heute außer Mode gekommen ist und unsere Naturwissenschaftler wieder spirituelleren Ansichten geneigt sind, so genügen all die metaphysischen Anklänge bei weitem nicht, um „Himmel, Fegefeuer und Hölle" zu wissenschaftlich berechtigten Begriffen zu erheben. Darüber aber sollte man Klarheit gewinnen, daß ohne konkrete Vorstellungen über das Übersinnliche ein wahres, positives Christentum nicht denkbar ist. Auf der anderen Seite stehen die traditionellen Konfessionen, die den aus uralten Quellen stammenden Geistgehalt dogmatisch eingesargt haben. Und die allzu große Vertrautheit des gläubigen Menschen mit den „Wundern" der Religion schließt jede Aktivierung von Erkenntniskräften dem Geistgebiet der Welt gegenüber von vornherein aus. Noch immer ist die Macht der Überlieferung über die Seelen selbst „aufgeklärter" Menschen so groß, daß sie doch noch eher traditionelle Geist-Erkenntnisse hinnehmen als solche Mitteilungen, die bisher Ungehörtes bringen und darum als „unerhört" gelten. Durch ihr Verhalten leugnen auch fromme Christen den Satz des Meisters: „Ich bin bei euch alle Tage, bis an der Welt Ende", weil sie nur an jene Offenbarungen glauben wollen, die der Menschheit in der Vergangenheit geschenkt wurden, die Möglichkeit aber leidenschaftlich verneinen, jetzt und hier den Zugang zu dem ewig sprudelnden Quell der Wahrheit zu finden. Christlicher dachte hierin Novalis, als er schrieb: „In den Evangelien liegen die Grundzüge künftiger und höherer Evangelien", und an anderer Stelle: „Wer hat die Bibel für geschlossen erklärt, sollte die Bibel nicht noch im Wachsen sein? Scientifische Bibel." Weil heute Religion als „Privatsache" angesehen wird, an die zu glauben oder nicht zu glauben der subjektiven Willkür oder der persönlichen Sympathie und Antipathie überlassen bleibt, deshalb liebt man es so sehr, zu behaupten, Anthroposophie sei eine neue Religion, wodurch man sich jeder weiteren Verpflichtung enthoben wähnt. Anthroposophie ist aber weder eine neue noch eine alte Religion, sondern Geisteswissenschaft; sie gibt uns ein großes, die physischen und geistigen Sphären umfassendes Weltbild, in das sich die großen religiösen Gestalten organisch eingliedern; die grandiose, künstlerische Komposition der Welt- und Menschheitsentwicklung beginnt unserem geistigen Auge sichtbar zu werden, und dieser „poetische Charakter des Kosmos" gibt demjenigen, dessen Gemüt noch nicht ganz verkümmert ist durch die Philistrosität unserer Zeit, denselben Grad innerer Gewißheit wie nur irgendein mathematischer oder experimenteller Beweis. „Die Geschichte Christi ist ebenso gewiß ein Gedicht wie eine Geschichte und überhaupt ist nur die Geschichte Geschichte, die auch Fabel sein kann." (Novalis)

Nach dieser Zwischenbemerkung sollen nun einige der „heikelsten" Mitteilungen aus der Geistesforschung Rudolf Steiners wiedergegeben werden.

*

Von den vier Evangelisten erzählen nur zwei, nämlich Lukas und Matthäus, die Kindheitsgeschichte Jesu, während die beiden andern, Johannes und Markus, ihren Bericht dort beginnen, wo sich die Jordanstaufe vorbereitet. Die Kindheitsgeschichte, die Lukas im dritten Kapitel seines Evangeliums gibt, unterscheidet sich nun in jeder Hinsicht so wesentlich von derjenigen des Matthäus, daß die

Unvereinbarkeit der beiden Erzählungen für jeden evident ist, der nur aufmerksam liest und das Gelesene nicht im nächsten Augenblick wieder vergißt. *Adolf Arenson* hat in seinem ausgezeichneten Büchlein „Die Kindheitsgeschichte Jesu“[30] die einzelnen Abweichungen scharf hervorgehoben und zugleich mit Recht betont, daß es den Bibelauslegern der orthodoxen Richtung nur durch die gewagtesten und unwahrscheinlichsten Konstruktionen möglich sei, die Wahrheit beider Evangelien zu retten. Leichter haben es in dieser Hinsicht natürlich die freidenkerischen Bibelerklärer, für die jeder Widerspruch ein neuer Beweis dafür ist, daß die Evangelien Mythen ohne jeden historischen Wert seien.

Die Nichtübereinstimmung der beiden Evangelien beginnt schon bei den Geschlechterregistern. Matthäus schildert in der angedeuteten Weise die Abstammung Jesu von Abraham durch dreimal vierzehn Glieder hindurch. Abgesehen davon, daß Lukas nicht wie Matthäus in der natürlichen Zeitenfolge die Generationen aufzählt, sondern retrograd, vom Sohn auf den Vater, Großvater, Urgroßvater und so fort, liegt auch diesem Stammbaum eine ganz andere Zahlengesetzmäßigkeit zugrunde. Bei Matthäus ist der Generationentafel die Zahl Sieben zugrundegelegt. Wir haben mit 42 = 6 x 7 Gliedern zu rechnen. Lukas führt die Abstammung Jesu durch 72 = 6 x 12 Generationen auf Adam, den Stammvater der Menschheit, zurück, von dem gesagt wird: „und der war Gottes“. Wer Urkunden, die auf geistigen Erkenntnissen beruhen, richtig verstehen will, muß in bezug auf das Wesen der Zahl immer in der einen oder anderen Art pythagoräisch denken, d. h. er muß in der Zahl den unmittelbaren Ausdruck für das innerste Wesen eines Dinges, einer Person, einer Zeit sehen. Das auf der Siebenzahl aufgebaute Geschlechtsregister Matthäi spricht eine ganz andere okkulte Sprache als die auf der Zwölfzahl beruhende Generationentafel des Lukas. Aber auch die *Namen* jener Persönlichkeiten, welche als Ahnen Jesu genannt werden, sind in den beiden Evangelien grundverschieden. Nur von Abraham bis zu David herrscht diesbezüglich volle Übereinstimmung, dann wird bei Matthäus die Blutsfolge auf den König Salomo weitergeführt, und von da finden wir bis zu Josef, dem Vater Jesu, in den beiden Evangelien durchweg verschiedene Namen. Lukas führt die Ahnenreihe nicht von David auf Salomo, sondern von David auf den Bruder Salomos, den Priester Nathan, so daß der eine Evangelist Jesus aus der *priesterlichen* Linie des Hauses David abstammen läßt, der andere aber Wert darauf legt, Jesus als den *Königssohn* zu schildern. Aus der bei Arenson gegebenen tabellarischen Zusammenstellung der beiden Geschlechterregister ist diese Verschiedenheit besonders klar zu ersehen.

In verschiedenen zunächst vor Mitgliedern der Anthroposophischen Gesellschaft gehaltenen Vortragszyklen, die heute zum Teil schon in Buchform erschienen sind, hat *Rudolf Steiner* auf Grund seiner geistigen Forschungen die volle Lösung dieses scheinbaren Widerspruches gefunden. Beide Evangelienberichte sind wörtlich wahr, ohne daß es, um zu diesem Ergebnis zu gelangen, notwendig wäre, den Sinn der Texte durch gekünstelte Deutungen zu entstellen; nur muß man eben wissen, worauf sich diese Berichte in Wahrheit beziehen. In knappster Form hat Arenson die geisteswissenschaftlichen Forschungsergebnisse über die Kindheitsgeschichte Jesu in folgende Sätze zusammengefaßt: „Zu Beginn unserer Zeitrechnung lebte ein Ehepaar in

Bethlehem, Josef und Maria; und ein anderes in Nazareth mit gleichen Namen. Beide empfingen einen Sohn, den sie Jesus nannten. Der Knabe des Ehepaares in Bethlehem, der ein Abkömmling des Königs Salomo war, wird im Matthäusevangelium geschildert; der andere Knabe, dessen Eltern in Nazareth ansäßig waren und der aus der priesterlichen Linie von Nathan abstammte, im Lukasevangelium. In dem salomonischen Knaben war eine hohe Individualität verkörpert, die durch viele Inkarnationen hindurch sich zu der höchsten Entwicklungsstufe emporgerungen hatte, deren ein Mensch fähig war, und die auch u. a. in der Gestalt des Zarathustra als Führer der urpersischen Kultur gewirkt hatte. In dem nathanischen Knaben war eine Wesenheit verkörpert, die noch nicht durch irdische Verkörperungen hindurchgegangen war, die noch die ganze Reinheit und göttliche Weisheit besaß, die dem Menschenwesen unbewußt eigen war, ehe es sich in Begier und Schuld verstrickt hatte; die anderseits auch der Erdenweisheit fremd war, weil sie die irdischen Erfahrungen nicht hatte aufnehmen können. Der salomonische Jesus entging dem bethlehemitischen Kindermord durch die Flucht der Eltern nach Ägypten, die später zurückkehrten, sich nun aber in Nazareth niederließen. Der nathanische Jesus wurde auf einer Reise der Eltern nach Bethlehem in dieser Stadt geboren, aber zu einer Zeit, wo der bethlehemitische Kindermord schon vorüber war. Die Eltern des nathanischen Kindes kehrten nach der Geburt wieder in ihre Heimat zurück, und als später die Eltern des salomonischen Kindes sich auch in Nazareth ansiedelten, wuchsen die beiden Kinder im Verkehr miteinander auf. Es wird uns weiter gesagt, daß die beiden Kinder sehr verschieden in ihren Anlagen waren:

das salomonische mit großer Intelligenz und Begabung ausgestattet; das nathanische mit ungewöhnlicher Herzensgüte und Liebe, aber mehr träumerischer Gemütsart, wenig aufs Praktische gerichtet.

Im zwölften Jahre, also um die Zeit gegen die Geschlechtsreife hin[31], verließ das Ich des salomonischen Knaben seine Leibeshüllen und vereinigte sich mit dem nathanischen, der jetzt also in sich trug das frühere Zarathustra-Ich und jene geistige Wesenheit, die nicht durch irdische Verkörperungen gegangen war, die auch nicht den ausgeprägten Charakter einer Ichheit hatte. Dieser Vorgang vollzog sich in der bekannten Tempelszene während des Osterfestes in Jerusalem. Nachdem das Zarathustra-Ich den Leib des salomonischen Knaben verlassen hatte, siechte dieser dahin und starb bald.

Von dieser Zeit an haben wir es also nur noch mit *einem* Jesusknaben zu tun, der aber nun irdische Weisheit mit göttlicher Liebesfähigkeit verband. Dieser Jesus entwikkelte sich weiter bis zu seinem dreißigsten Lebensjahr. In diesem Zeitpunkt stellte er ein Wesen dar, das sich von allen anderen Menschen durch seine überragend hohe Vollkommenheit unterschied, das aber nicht etwa ein Gott, sondern seinem ganzen Wesen nach ein Mensch war. Und jetzt vollbrachte er das große Opfer, das der Sinn dieser außergewöhnlichen Entwicklung war: im dreißigsten Jahr verließ das Zarathustra-Ich freiwillig seine Leibeshüllen und der Christus, der Gott selbst, nahm Besitz von ihnen, um während dreier Jahre seine gewaltige Mission der Menschheitserlösung zu erfüllen. Die Jordantaufe bezeichnet den Moment, wo der Gott, wo der Christus einzieht in den Leib des Jesus."

Gewiß ist es naheliegend, einen derartigen Bericht als „Ausgeburt einer krankhaften Phantasie" anzusehen und ihn ohne weitere Prüfung abzuweisen. Wer aber das anfängliche Befremden zu überwinden vermag und sich darauf einläßt, die überlieferten Texte eingehender mit den geisteswissenschaftlichen Forschungsresultaten zu vergleichen, wird zu einem ganz andern Urteil gelangen; er wird erkennen, daß die beiden evangelischen Generationsreihen zwei gewaltige Strömungen innerhalb des Judentums repräsentieren. Die Prophezeiungen des Alten Testaments schildern den kommenden Messias in zwei grundverschiedenen Gestalten. Die eine tritt uns schon in jenem wunderbaren Kapitel klar entgegen, in dem die Segnung Israels durch den moabitischen Seher Bileam erzählt wird. Bileam wird uns in der Bibel als eine Persönlichkeit dargestellt, die mit alten atavistischen Seelenfähigkeiten begabt ist, und zu der der Engel des Herrn darum die Worte spricht: „Siehe, ich bin ausgegangen, daß ich dir widerstehe; denn dein Weg ist vor mir verkehrt." Doch wird sein Rapport mit den geistigen Welten in einer besonderen Situation dazu benutzt, um der Stimme Gottes unter den Menschen Gehör zu verschaffen, und im Maße, als er sich den Impulsen der reinen Spiritualität überläßt, treten die üblen Seiten seines veralteten Okkultismus, der „Zauberei", wie die Bibel sagt, zurück, so daß er uns schließlich im Glanz einer geläuterten Einweihung entgegentritt: „Es sagt Bileam, der Sohn Beors, dem die Augen geöffnet sind, es sagt der Hörer göttlicher Rede und der die Erkenntnis hat des Höchsten, der die Offenbarung des Allmächtigen siehet und dem die Augen geöffnet werden, wenn er niederkniet." – „Dem die Augen geöffnet sind" – das heißt: Bileam hat jene Stufe erreicht, auf der er die entwickelten geistigen Wahrnehmungsorgane zum imaginativen Schauen zu gebrauchen weiß; er ist ferner dazu gelangt, in der Inspiration die Sprache der Götter zu „hören", und er durchdringt endlich all diese Erlebnisse mit Intuitionen, die ihm die Erkenntnis des Höchsten geben. Hier, auf dem Gipfel der inneren Seelenwanderung, wendet sich der Pfad wieder erdenwärts. Der Eingeweihte trägt die Früchte seiner Himmelserlebnisse zurück in sein gewöhnliches Bewußtsein. Da verwandelt sich ihm das bloße „Hören der göttlichen Rede" in eine „Offenbarung des Allmächtigen" und das bloße Schauen der geistigen Welt wird zum Quell der Erdenfrömmigkeit. Demut, die das Knie willig beugt, ist die Frucht der richtigen Geistesschau. Dieser Seher, der von der Erde zum Himmel emporzusteigen vermag und der sich in der richtigen Art wieder erdenwärts wendet, prophezeit nun den künftigen Heiland aus dem Hause Jakob. Bileam wird von dem moabitischen König Balak aufgefordert, dem Volk Israel zu fluchen. Dreimal aber verwandelt Gott den Fluch Bileams in Segen, weil dieser nichts anderes zu reden vermag, denn das ihm Gott in den Mund gibt. Und nach dem dritten Segensspruch spricht er die ergreifenden Worte: „Ich sehe ihn, aber nicht jetzt, ich schaue ihn, aber nicht von nahe. Es wird ein Stern aus Jakob aufgehen, und ein Zepter aus Israel aufkommen und wird zerschmettern die Fürsten der Moabiter und verstören alle Kinder des Getümmels." (4. Mose 24, 17)

Es ist der nämliche goldene Stern, der beinahe anderthalb Jahrtausende später die weisen Priesterkönige aus dem Morgenland nach Bethlehem im judäischen Land führt, wo der große Eingeweihte, der „goldene Stern" oder

Zoro-Aster, wiedergeboren wurde. – Noch einige Stellen des Alten Testaments, die dem schönen Aufsatz von Hans Heinrich Frei entnommen sind: „Die hebräische Geschichte in ihren Hauptabschnitten als Christus-Offenbarung“ [32], mögen den geistigen Grundduktus jener Strömung charakterisieren, an deren Ende der salomonische Jesusknabe steht. Mit folgenden Worten schildert der Prophet Jesaias des künftigen Messias Geburt, Name und Reich: „Denn uns ist ein Sohn geboren, ein Sohn ist uns gegeben, und die Herrschaft ist auf seine Schultern gelangt. Sein Name ist: Geheimnisvoller, Ratgeber, Starker, Held, Vater des kommenden Zeitalters, Friedefürst. Groß ist seine Herrschaft, und des Friedens ist kein Ende auf dem Throne Davids während seiner Königsherrschaft, um sie zu vollenden und zu ergreifen durch eine Entscheidung und vollendete Gerechtigkeit von nun an äonenlang.“ Noch deutlicher sind jene Qualitäten, auf die in dieser Strömung der Hauptwert gelegt wird, im 45. Psalm ausgesprochen: „Mein Herz dichtet ein treffliches Wort; ich will meine Werke dem König aufzählen; meine Zunge ist der Griffel eines scharfsinnigen Kenners der Schrift: Du schönste Reife unter den Menschensöhnen! Anmut strömt von deinen Lippen aus! Darum hat dich Gott für Äonen eingeweiht: Gürte dein Schwert an deine Seite, du Held, und schmücke dich reich und schön. Darum hat dich Gott, dein göttliches Geistselbst, eingeweiht mit Freudenöl, mehr als alle deine Genossen.“ – Als Träger der schönsten und reifsten Weisheit, als heldenhafter König, der das Schwert an seine Seite gürtet und in vollendeter Gerechtigkeit über die Völker der Erde herrscht, wird der Messias von den Weissagungen dargestellt, die sich auf den salomonischen Jesusknaben beziehen, auf jenes Kind, das im Sinne des Matthäusevangeliums seine Herkunft durch dreimal vierzehn Glieder von Abraham herleitet. Reinheit, königliche Würde und Weisheit, Starkmut und mächtige Wirkung nach außen – das sind die Attribute, unter denen die Angehörigen dieser Strömung den Erlöser erwarten.

Wie anders klingen die Worte der Weissagung, die sich auf den nathanischen Jesusknaben beziehen: „Aber über das Haus David und über die Bürger zu Jerusalem will ich ausgießen den Geist der Liebe und des Mitleides, und sie werden auf mich hinschauen, welchen sie zerstochen haben, und werden um meinetwillen wie um einen einzigen Sohn vor Schmerz an die Brust schlagen, und sie werden sich um ihn betrüben wie um den Erstgeborenen. Zu der Zeit wird große Klage sein zu Jerusalem, und die Erde wird klagen, und die Geschlechter gemäß ihrer Geschlechtsverwandtschaft zu ihm: das Geschlecht des David im Hinblick auf sich selbst, und seine Frauen im Hinblick auf sich selbst, das Geschlecht des Hauses *Nathan* im Hinblick auf sich selbst und seine Frauen im Hinblick auf sich selbst." – Auf den *König* Salomo führt Matthäus den Stammbaum *seines* Jesusknaben zurück, auf jenen Weisheits- und Friedensfürsten, unter dem Israel Glanz, Macht und Herrschaft entfaltete wie nie zuvor und nie nachher. Auf den *Priester* Nathan, den andern Sohn Davids, weist uns das Lukasevangelium hin; am Ende dieser Generationenreihe steht eine Gestalt von der tiefsten, kindlichsten Innigkeit beseelt, von unendlicher Liebe für die ganze Welt erfüllt, jedoch nicht mit äußeren Gaben ausgestattet. Derselbe Unterschied drückt sich auch darin aus, daß im Matthäusevangelium die drei Weisen aus dem Morgenland geschildert werden, die den „Stern" gesehen haben und nach Bethlehem wandern, um den Heiland zu grüßen. Unsere Aufmerksamkeit wird auf die durch Weltalter hindurch gereifte Weisheit der orientalischen Mysterien gelenkt, von welchen das Schönste gesagt werden kann, nur das eine nicht, daß in ihnen kindliche Einfalt zu Hause gewesen. Im Lukasevangelium, aus dessen Anfangskapitel uns echteste Weihnachtsstimmung entgegenweht, sind es die gemütvollen, aber einfältigen Hirten, an die zuerst die frohe Botschaft ergeht und die zum Kind in der Krippe wallfahren.

Rudolf Steiner hat auf den Zusammenhang dieser beiden Strömungen mit einem spirituellen Urmotiv hingewiesen, das gleich am Beginn der nachatlantischen Epoche erklingt und die gesamte spätere Entwicklung entscheidend mitbestimmt; es ist der Gegensatz zwischen der urindischen und der urpersischen Wesensart. In Indien lebten in sehr alten Zeiten, von denen in den Upanishaden und Veden nur schwache Nachklänge auf uns gekommen sind Völkerschaften, die sich noch starke und unverderbte Reste der altatlantischen Hellsichtigkeit bewahrt hatten. Das Erleben der alten kosmischen Welten lag noch knapp unter der Schwelle des Bewußtseins, und darum bedurfte so mancher Angehörige dieser altindischen Stämme nur geringer Schulung, um wieder der alten Schaukräfte teilhaft zu werden; die Bewußtseinsschichte, von der die alte, versunkene Atlantis bedeckt war, glich einem dünnen, noch durchsichtigen Schleier, und die Regionen hinter diesem Schleier empfand der alte Indier als seine wahre Heimat, aus der er bei der Geburt in eine Welt zweifelhafter Wirklichkeit versetzt worden war. Mit allen Kräften seiner Seele strebte er danach, sich von der großen Täuschung der Sinne, von der Maya, loszureißen, um in die Sphäre des wahren Seins zurückzukehren. „Im Innern deiner Seele findest du das wahre Selbst, das mit dem Urgeist der Welt identisch ist“, das ist ein Satz, den man in den verschiedensten Variationen in den indischen Weisheitsschriften immer wieder findet, und der darin ausgesprochene Zug nach Verinnerlichung, nach Abwendung von der Sinneswelt, ja selbst nach Abwendung von dem erkennenden Begreifen dessen, was uns die Außenwelt an Eindrücken und Erlebnissen darbietet, steigerte sich im Lauf der Jahrhunderte und fand schließlich seinen reinsten Ausdruck in der erhabenen Gestalt Gautamo Buddhas, in dem das altindische Wesen noch einmal wie in einer wunderbaren Abendröte erglänzte. Im reinen Buddhismus ist das Interesse des geistig strebenden Menschen so ausschließlich auf die Vervollkommnung der eigenen Seele gerichtet, daß es Buddha geradezu ablehnte, irgendwelche kosmogonische oder kosmologische Lehren zu geben, weil die Erkenntnis der äußeren Natur als unwichtig, ja insofern als schädlich erschien, als sie von dem „unum necessarium“, der seelischen Läuterung, ablenken könnte. Und fragen wir nach dem treibenden Motiv dieses in seiner Einseitigkeit doch großartigen geistigen Strebens, wir müssen eine ähnliche Antwort erteilen, wie sie Schopenhauer, dieser Buddhist des neunzehnten Jahrhunderts, gab: Das Mitleid mit dem Leiden dieser Welt ist der Kern aller Sittlichkeit.

Anders, ja entgegengesetzt war die Mentalität der urpersischen Völkerschaften. Auch diese wußten zwar, daß die Welt von einem höheren geistigen Zustand in einen niederen herabgesunken ist, aber der Perser sah nun seine Lebensaufgabe nicht darin, für sich, für seine Person dem irdischen Jammertal zu entfliehen, sondern das Bewußtsein des verlorenen „Paradieses" (ein persisches Wort!) gab ihm den Impuls, nun die Erdenwelt selber durch zivilisatorische Arbeiten soweit als irgend möglich so zu gestalten, daß das „Untere" ein Abglanz des „Oberen" würde. Jeder einzelne Perser sollte im Sinne der großen Verkündigung Zoroasters ein Diener des Sonnengeistes, des Ahura Mazdao, werden, und wenn er die ihm von seiner Religion vorgeschriebenen Arbeiten verrichtete, wenn er den Acker pflügte, Tiere zähmte, Bäume pflanzte, dann sollte er sich als ein Kämpfer gegen die Mächte der Dunkelheit fühlen, gegen die Geister des Widersachers Ahriman. Heldenhaftes Wirken nach außen, Reinheit, Edelsinn und Kraft waren die Eigenschaften, die dem Urperser als das größte Ideal vorschwebten.

Dieser große Völkergegensatz kehrt innerhalb des jüdischen Volkes als die Dualität jener beiden Strömungen wieder, die sich in den beiden Linien des Hauses David konzentriert hatten, so daß die im Lukasevangelium dargestellte nathanische Linie den großen Impuls zum Weltenmitleid und zur inneren Herzlichkeit durch die Zeiten trägt, während die andere Linie mit den persischen Grundqualitäten des Starkmutes, der königlichen Weisheit und dem königlichen Edelsinn korrespondiert. Und weil im alten Hebräertum alles zur Volksangelegenheit, zum Volksschicksal wird, offenbart sich auch diese Zweiheit als ein im eigentlichen Sinn epochemachendes Ereignis der hebräischen Volksgeschichte. Knapp nachdem sich die Generationen in die beiden Linien des Hauses David gegabelt hatten, spaltete sich das früher einheitliche Volk in ein Reich Israel und in ein Reich Juda, und zwar so, daß die salomonische Linie im Reiche Juda verläuft, die andere aber im Reich Israel. Ein scheinbar politisches Ereignis, das, von außen her gesehen, sogar als nationales Unglück gewertet werden müßte, ist für eine tiefere Betrachtung das sprechende Symptom für die geistig göttliche Führung der althebräischen Geschichte. Als der legitime Nachfolger Salomos, der König Rehabeam, zum Kriege gegen Jerobeam, dem Fürsten von Israel, rüstete, da erging des Herren Wort an den Propheten Schemaja, der nun den Jehudäern und Benjaminiten bei ihrem Auszug im Namen Gottes zurief: „Ziehet nicht zum Kriege gegen euere Brüder aus dem Hause Israel, *denn von mir ist die Spaltung ausgegangen.*" (Chronika, 2, 11).

Die beiden, seit der Reichsspaltung getrennt verlaufenden Ströme vereinigen sich wieder in jener geheimnisvollen Tempelszene, die uns der Evangelist Lukas erzählt. Erfüllt ist nun die alte Weissagung, daß das Heil in der Welt erscheinen werde, „wenn die Zwei Eines und das Äußere wie das Innere werde." Dieser Satz steht zwar in dem „apokryphen" Ägypterevangelium, aber auch die „kanonischen" Schriften des Alten Testamentes lassen dem prophezeiten Erscheinen des Messias die Wiedervereinigung der beiden Reiche vorangehen. Das hat diejenigen Persönlichkeiten an der Messianität Christi irre gemacht, welche sich die Wiedervereinigung nur als politisches Ereignis vorstellen und die tief innerliche, esoterische Form nicht begreifen konnten, in der sich die Weissagungen tatsächlich erfüllt haben. In den berühmten und berüchtigten Religionsdisputen des Mittelalters stellten sich die Juden immer wieder auf den Standpunkt, Christus könne deshalb nicht der Messias sein, weil eine große Zahl messianischer Weissagungen zu seiner Zeit noch nicht erfüllt gewesen seien. Prüft man diese Argumente der religiösen Juden gegen das Christentum auf ihre innere Stichhaltigkeit, dann wird man finden, daß es sich in allen Fällen um eine materialistische Mißdeutung der im rein geistigen Sinn gemeinten Prophezeiungen des Alten Testamentes handelt. Weder die christlichen, noch die jüdischen Theologen verstanden den esoterischen Sinn der Weissagungen, und darum konnte das häßliche Gezänk selbstverständlich zu keinem Resultat führen. Im äußeren Geschichtsverlauf haben sich freilich die beiden Stämme nie mehr zu einem Reich vereinigt, ja, die schon früher bestandene Zerstreuung Israels unter die Völker der Erde vollendete sich gerade erst in den nachchristlichen Zeiten, als die Juden ihr staatliches Zentrum in Palästina verloren hatten. Trotzdem haben sich die Weissagungen restlos erfüllt dadurch, daß die beiden Linien des Hauses David eins wurden in dem Jesus von Nazareth, in den später bei der Jordanstaufe der Christus einzog.

Dadurch, daß sich die beiden Hauptimpulse der nachatlantischen Zeit in der Substanz des hebräisch-jüdischen Volkes verkörperten, indem die salomonische Linie vom Geist Zarathustras inspiriert war, über der nathanischen Linie aber der Geist der Liebe und des Mitleidens, der Geist des Buddhismus, waltete, erscheint das hebräische Volk in der Tat wie eine Zusammenfassung und Sammlung aller spirituellen Schätze des vorchristlichen Altertums. Denn zwischen diesen Polen, der buddhistischen Innigkeit und der persischen Stärke, liegt ja das gesamte religiöse, künstlerische und wissenschaftliche Leben der Antike. Im hebräischen Volk wurde Fleisch und Blut, was in den anderen Nationen nur dann erlebt werden konnte, wenn sich die Seele durch eine Mysterienschulung zum Erleben der übersinnlichen Sphären erhoben hatte. Zwischen dem Judentum und allen anderen Kulturkreisen der Antike bestehen eben noch feinere und intimere Zusammenhänge, als es diejenigen sind, von denen auch die äußere Geschichtsforschung zu berichten weiß. Alle Mysterien der Völker strömten auf geheimnisvollen Wegen im Blut des jüdischen Volkes zusammen, und besonders wichtig sind in dieser Hinsicht die neunundvierzig Jahre der babylonischen Gefangenschaft, wie denn überhaupt das sechste vorchristliche Jahrhundert zu den einschneidendsten Epochen der Menschheitsgeschichte zählt. Damals wirkten in China die großen religiösen Persönlichkeiten des Laotse und des Konfuzius, in Indien lebte Buddha, unter den Juden der babylonischen Gefangenschaft traten Propheten auf, wie Daniel, Ezechiel und der unter dem Namen Deutero-Jesaias bekannte Gottesmann; in Griechenland reformierte Pythagoras das schon dekadent gewordene Mysterienwesen und wurde zum Inaugurator jener hellenischen Kultur, deren Wirkungen sich durch die Jahrtausende hindurch erstrecken. Wenn in der Gegenwart die Anschauung vertreten wurde, daß man überhaupt nicht von einer Menschheitsgeschichte, sondern nur von der Entwicklung einzelner Kulturen sprechen könne, so wird eine solche Meinung durch das sechste vorchristliche Jahrhundert widerlegt. In Babylon fand die große Schicksalsbegegnung aller wesentlichen Strömungen der nachatlantischen Zeit statt, und zwar so, daß das Judentum den gemeinsamen Konzentrationspunkt bildete, genau so, wie alle Seelenerlebnisse im „Ich" ihren gemeinsamen Mittelpunkt haben. Das Judentum ist der Repräsentant des „Ich Bin" unter den heidnischen Völkern des Altertums, und darum konnte nur aus ihm der Leib für jene Wesenheit genommen werden, die im Namen der ganzen Welt „Ich Bin" sprechen darf.

In dem in der Sammlung „Göschen" erschienenen Büchlein „Neutestamentliche Zeitgeschichte" aus der Feder eines protestantischen Theologen stehen am Ende des ersten Bandes die Worte: „Israel hatte gesät, und ein anderer kam, um zu ernten. Das ist wohl die tiefste Tragik in der Passion dieses Volkes gewesen." Weder die evangelische Frömmigkeit des Verfassers noch sein stupendes philologisch-historisches Wissen konnten ihn daran hindern, das Wesen des Christentums so gründlich mißzuverstehen, als man es nur mißverstehen kann. Gesät wurde nicht von Israel, sondern von den höchsten geistigen Welten; *das Christentum ist nicht aus dem Judentum hervorgegangen.* Dieses war vielmehr nur der durch Jahrtausende hindurch zubereitete Boden für jenen Samen, den die hellenistische Philosophie den „Logos spermatikos" nannte. Und die Tragik des Judentums liegt nicht darin, daß ein anderer ernte, was es selbst gesät hatte, sondern darin, daß der aus dem Samen hervorsprießende Keimling aus einer Weltennotwendigkeit in einen anderen, neuen Boden verpflanzt werden mußte. In dem Augenblick, als aus den Höhen die Worte erklangen: „Dieses ist mein vielgeliebter Sohn, heute habe ich dich gezeugt", hatte das Judentum seine Mission erfüllt, und darum kann man eigentlich mit Beziehung auf die vorchristliche Zeit nicht von einem „Rätsel des Judentums" sprechen, weil dieses Rätsel eben durch das Erscheinen des Christus in dem Leibe des Jesus gelöst worden war. Um so rätselhafter aber wird uns die nachchristliche Erscheinung dieses kleinen Volkes, das seine Existenz scheinbar nur dadurch rechtfertigen kann, daß es die Erfüllung seiner eigenen Mission, damit aber das Mittelpunktsereignis der Menschheitsgeschichte ableugnet. Welchen welthistorischen Sinn können wir mit der Tatsache verbinden, daß jenes in leiblicher, seelischer und geistiger Hinsicht „auserwählte Volk“, auserwählt, weil es im besonderen εις Χριστον organisiert und gebildet war, nun als Gesamtnation das Christentum von sich wies und seine eigenen schmerzvollen Wege ging? Auf dem Altare welcher Weltennotwendigkeit wurde das jüdische Volk zum Opfer dargebracht? Und wie sind seine Schicksale fortan doch mit dem Schicksal der zur Durchchristung strebenden Menschheit verbunden? Bevor wir uns aber der Beantwortung dieser Fragen zuwenden, soll noch die Entwicklungsgeschichte jenes Impulses skizzenhaft dargestellt werden, welcher durch Moses gegeben worden war und durch den das hebräisch-jüdische Volk den Gesetzescharakter aufgeprägt erhielt. Mit den Worten „der Gott Abrahams, Isaaks und Jakobs“ ist die leibliche Vorbereitung für das Erscheinen des Christus, mit dem Ausdruck „das Gesetz und die Propheten“ die geistige Erziehung des Hebräertums „auf den Christus“ angedeutet. Die Generationenfolge hat ihren Zielpunkt in dem Jesus von Nazareth, des Gesetzes Ende und Erfüllung aber ist der kosmische Christus selbst.

5. PROPHETIE UND ERFÜLLUNG

Wer sich bemüht, die Gestalt des Moses im Licht anthroposophischer Geisteswissenschaft zu begreifen, wird sich bald der spannenden Kraft eines Widerspruches bewußt, dessen Ursachen in der Erscheinung des großen Gesetzgebers selbst zu suchen sind. Wie in dem dritten Kapitel dieser Schrift gesagt wurde, erhielt Moses als erster den Impuls zur Ausbildung des selbstbewußten, rationalistischen Denkens; er war einer der letzten Menschen, die die geistige Welt von Angesicht zu Angesicht schauen konnten und zugleich der erste, der in diesem Hinaufschauen das kommende „Ich bin, der Ich-Bin" erlebte. Noch nicht als inneren Seelenvorgang dürfen wir uns diesen Impuls zur Intellektualität bei Moses denken, sondern als große kosmische Inspiration und Intuition, die aber in sich selbst die Tendenz trug, die menschliche Seele aus dem Geistgebiet abwärts zur Erde zu führen. Das sich in der Dunkelheit entzündende Licht des „Ich-Bin" ist nun, um ein Wort des *Jean Paul* zu gebrauchen, eine Begebenheit, die sich im „verhangenen Allerheiligsten des Menschen" abspielt, ein rein geistiger und zugleich rein *innerlicher* Vorgang. Nur wenn die Seele sich von allen Eindrücken der Sinne abzieht, von allen durch ein Äußeres erregten Empfindungen und Gefühlen, ja sogar von allen Gedanken und Vorstellungen, die sich auf irgendein „Ding" richten, nur dann vermag sie in der Einsamkeit der tiefsten Seelenbesinnung das Wörtchen „Ich" seiner wahren Bedeutung nach auszusprechen. Klar hat dieses einzigartige Wesen des „Ich" *Schelling* in seiner Schrift „Vom Ich als Prinzip der Philosophie" dargestellt: Das Ich „muß als dasjenige bestimmt" werden, *„was schlechterdings niemals Objekt werden kann* (...) Ich bin, weil ich bin! Das ergreift jeden plötzlich. Sagt ihm: das Ich ist, weil es ist, er wird es nicht so schnell fassen; deswegen, weil das Ich nur insoferne *durch sich selbst*, nur insoferne *unbedingt* ist, als es zugleich unbedingbar ist, d. h. niemals zum Ding, zum Objekt werden kann."[33] Was hier Schelling mit vollem Recht als die einzig wesensgemäße Art des Ich-Erlebens schildert, das *innerliche* Sich-Selbst-Erfassen und -Erschauen der menschlichen Seele, war noch nicht die Form, in der dem Moses das Ich gegeben war. Darin lag der gewaltige, der tragische Widerspruch, daß ihm jenes Geisterlebnis, das seiner wahren Wesenheit nach nur im individuellen Innern der menschlichen Seele aufleuchten kann, von außen her, dafür allerdings in kosmischer Gewalt und Größe, entgegentrat. Zwar erlebten nicht nur die Hebräer, sondern alle Völker des Altertums das Geistige noch als ein Element, das der menschlichen Seele von außen zuströmt. Wenn der Angehörige vorchristlicher Kulturen in die Natur hinausblickte, auf den rieselnden Regen, den zuckenden Blitz, das Treiben der Wolken, auf die verschiedenen Reiche der allebendigen Natur, dann empfand er, wie ihm aus all dem geistige Wirksamkeiten entgegensprühten. All dies aber hatte nicht den Charakter des Ich-Erlebens, sondern war ein naturhaftes Schauen der Weltenspiritualität. Selbst wenn der Grieche den Gedanken noch als ein Element der objektiven Außenwelt empfand, wenn er die „Ideen" ebenso wahrnehmen konnte wie der heutige Mensch die Sinnesdinge, dann führte ihn auch diese Wahrnehmung nicht zu jenem tragischen Widerspruch, den wir in dem Erleben des Moses empfinden müssen. *Gerade dadurch, daß dem Moses das Innerlichste des Menschen, das Ich-Bin, noch von außen her entgegentrat, verschärfte sich dieses Moment des „Von-außen-her-Gegebenseins" in extremer Weise und wurde deshalb bei den Hebräern so stark betont wie bei keinem andern Volk der Erde.* Völker, die nur solche Geistelemente von außen her empfingen, denen dieser Weg zur menschlichen Seele zu gelangen, wesensgemäß ist, konnten nie dahin kommen, so extrem wie die Hebräer den Umstand hervorzuheben, daß das Geistige dem Menschen von außen her mit gebieterischer Macht und Gewalt entgegentritt. *Im Judentum liegt der Ursprung der heteronomen Seelenhaltung.* Heteronomie nennt man ja jene Geistesverfassung, die das Gute, das Rechte nicht aus Liebe zu dem ideellen Gehalt einer Handlung tut, sondern nur deshalb, weil es von irgendeiner göttlichen oder menschlichen Autorität geboten wurde. Nicht das eigene, individuelle Wesen ist dann der Täter meiner Tat, sondern das Gesetz, zu dessen Vollstrecker ich mich gemacht habe. *Gehorsam gegen das Gesetz* wird zur Haupttugend des althebräischen Volkes, ja schon die Tatsache, daß hier die moralischen Intuitionen in die Form des Gebotes, des Gesetzes gekleidet wurden, fließt aus jener eigentümlichen heteronomen Grundgesinnung des Judentums.

Zwei Wege gibt es, die von der strengen mosaischen Gesetzgebung ausgehen; beide wurden von der historischen Entwicklung auch wirklich eingeschlagen. Der eine wird dadurch beschritten daß jeder einzelne sein Innenleben zu einer solchen Kraft und Intensität steigert, daß er mit seinem Ich gleichsam in das Innere des Gesetzes hineinwächst. Es ist der nämliche Entwicklungsgang auf *mo-*

ralischem Felde, den Lessing für das menschliche Erkenntnisstreben durch die Worte chrakterisiert hat: „Die Ausbildung geoffenbarter Wahrheiten in Vernunftwahrheiten ist schlechterdings notwendig, wenn dem Menschengeschlechte damit geholfen sein soll." Der Mensch vereinigt sich mit jener Quelle, aus der die moralischen Intuitionen stammen, wodurch die geistigen Inhalte ihren strengen, harten, zwingenden Charakter verlieren: sie werden zu Offenbarungen des eigenen gotterfüllten Wesens. Die Erfüllung des Gesetzes ist zugleich des Gesetzes Ende. Das ist der Weg von der mosaischen Gesetzesstrenge über das Prophetentum zu Christus und von da zu Paulus, jenem Apostel, der sein ganzes Leben dem ungestümen Kampf gegen das veraltete Gesetzesprinzip gewidmet hatte. Der andere Weg schließt keine solche Bewußtseinsentwicklung in sich ein. Allerdings, die Antiquierung des Gesetzes ist ein objektiver Vorgang, der sich auch unabhängig von der menschlichen Seelenentwicklung vollzieht. Allein dort, wo dem objektiven Gang der Menschheitsentwicklung keine entsprechende Steigerung der Ich-Kräfte parallel geht, entsteht nicht die freie Sittlichkeit, welche die Fülle der Gebote in Herzensintuitionen verwandelt, sondern ein krankhafter Wucherungsprozeß. Das Gesetzesprinzip, seines Zeitensinnes beraubt und durch die mangelnde Ich-Entfaltung der Menschen von seiner wahren Entwicklungsstätte, dem menschlichen Herzen, abgeschnitten, beginnt eine Fülle verzerrter Gestaltungen hervorzutreiben, ähnlich wie in der Gegenwart die nach dem Weltkrieg in ihren Kern getroffene Staatsautorität ihr fortdauerndes Scheindasein in einer grotesken Überfülle von Gesetzen, Verordnungen und Erlässen dokumentierte. So trat auch in der hebräisch-jüdischen Geistesgeschichte an die Stelle der alten kosmischen Gewalt und Größe der mosaischen Gesetze die sich ständig vermehrende Zahl von Geboten, Regeln und Vorschriften. Die Quantität mußte die verlorengegangene Qualität ersetzen. Diese Strömung mündet nicht in das Christentum ein, sondern führt über die Schriftgelehrten und Pharisäer zum mittelalterlichen Talmud-Judentum. In seinem bekannten Werk „Die Juden und das Wirtschaftsleben" hat *Werner Sombart* dieser Seite des späteren Judentums ein interessantes Kapitel gewidmet, aus dem die folgende bemerkenswerte Stelle angeführt sei[34]: „Die alte Tendenz der Schriftgelehrten, ‚das ganze Leben in die heilige Regel einzuspinnen', machte immer größere Fortschritte. In ihrer politischen Vereinsamung unterwarfen sich die Gemeinden völlig der neuen Hierarchie: der Nomokratie der Schriftgelehrten; sie wollten den Zweck, nämlich die Erhaltung des Judaismus, und fügten sich deshalb den Mitteln. Schule und Gesetz überdauerten den Tempel und den Staat, der pharisäische Rabbinismus kam jetzt zu unbeschränkter Herrschaft. ‚Gerechtigkeit' bedeutete von nun an soviel wie korrektes und legales Leben. Die Frömmigkeit bekam unter dem Einfluß der zu Juristen gewordenen Schriftgelehrten ein vollkommen juristisches, und zwar privatrechtliches Gepräge. Die Religion wurde zum bürgerlichen und geistlichen Recht. In der Mischna" (dem ersten Teil des Talmuds, L.Th.) „ist dieser streng gesetzliche, ja juristische Charakter schon völlig ausgeprägt. Die Gebote und Verbote, die pentateuchischen und die gefolgerten Bestimmungen galten ihr als Befehle und Dekrete Gottes, an denen nicht gemäkelt noch gerüttelt werden dürfe; sie müssen unverbrüchlich nach Vorschrift befolgt werden. Auf Äußerlichkeiten wird nun ein immer größeres Gewicht gelegt; zwischen Kleinem und Großem im Gesetz wird immer weniger ein Unterschied gemacht." Die in der Thora „enthaltenen Gebote und Verbote Gottes sind von den Frommen strengstens zu halten: ob klein, ob groß, ob sie ihm sinnvoll oder sinnlos erscheinen, sind zu erfüllen strictissime, so wie sie dort stehen, aus dem einzigen Grunde, weil es Gottes Gebote sind. Also ein ausgesprochener Heteronomismus" (...) ‚Du sollst die Gebote üben und die Gesetzesschranken achten, weil es Gottes Gebote und von Gott gesetzte Schranken sind, nicht weil auch du sie für Recht einsähest; denn auch die Gebote, deren Grund du ahnst, sollst du nicht deshalb erfüllen – denn dann gehorchst du nur dir, und du sollst Gott gehorchen –, sondern weil Gott es dir geboten und wie alle Geschöpfe auch du Gottes Diener sein sollest mit jeglichem. Das ist deine Bestimmung.'

Da die Erfüllung der zahllosen Gesetzesvorschriften – Maimonides hat bekanntlich 365 Verbote (von denen heute noch 234 gelten) und 248 Gebote aufgestellt! – nicht ohne sehr gründliche Kenntnis der Quellen möglich ist, so schließt die Verpflichtung zur Gesetzlichkeit das eifrige Studium der Heiligen Schriften und namentlich der Thora ein, und in diesem Studium wird abermals ein Mittel erblickt, den Lebenswandel zu einem ‚heiligen' zu gestalten."

Mit Abraham war dem hebräischen Volk die physisch-seelische Anlage zur Entwicklung des rechnerisch-kombinierenden Denkens eingepflanzt. Durch Moses wurde das Geistige in der harten, strengen Form des Gesetzes verkündet und damit ein weiterer Impuls zur Steigerung der Intellektualität gegeben, und zwar insbesondere in jener zweiten Strömung, die nicht zur Verinnerlichung des Gesetzes im menschlichen Herzen führte. Denn es ist ja eine Eigentümlichkeit der menschlichen Geistesentwicklung, daß überall dort eine besonders klare und scharfe Begriffskunst entstehen kann, wo sich das Bewußtsein an eine äußere spirituelle Gesetzmäßigkeit gebunden fühlt; die Notwendigkeit, für jeden einzelnen Fall des Lebens die sittliche Maxime durch Interpretation des fertig vorliegenden Gesetzes zu finden, kurz, die im Judentum heraufkommende religiöse Jurisprudenz (eine in ihrem Wert höchst fragwürdige Kulturerscheinung!) war eine Verstandesschule, wie sie kaum ein zweites Volk in dieser Art und Intensität durchgemacht hat. Der Rationalismus, der das ganze Judentum durchzieht, hängt aufs innigste mit seiner heteronomen Grundgesinnung zusammen. Von da aus ergeben sich innere Wesensbeziehungen zum Römertum, diesem anderen Gesetzesvolk der abendländischen Menschheit, zur modernen Naturwissenschaft, zur kapitalistischen Wirtschaftsform der Neuzeit ebenso wie zum Kommunismus und seinen materialistisch-intellektualistischen Ideen. Doch soll hier den nächsten Kapiteln nicht vorgegriffen werden, die sich eingehender mit dem Schicksal des nachchristlichen Judentums beschäftigen.

Das Gesetz und die Propheten! Die Propheten entwikkeln dasjenige weiter, was durch Moses innerhalb des althebräischen Volkes inauguriert worden war, stehen aber auch in einem immer deutlicher hervortretenden Gegensatz zu dem starren Gesetzesprinzip Mosis. Verfolgt man die grandiose Reihe der althebräischen Propheten, so wird man bald gewahr, daß sich von Jahrhundert zu Jahrhundert die Innerlichkeit, die individuelle Herzlichkeit des geistigen Erlebens steigert. Immer kraftvoller leuchtet in den hebräischen Führerpersönlichkeiten das Bewußtsein auf, daß der Geist von innen her ergriffen werden müsse, daß Jehova nicht bloß der strenge, harte, unerbittliche Gott ist, der das Böse noch an den Kindern und Kindeskindern rächt, sondern der Gott, der im freien Ich des Menschen zu sprechen beginnt. Je weiter wir in die Vergangenheit zurückgehen, um so mehr wird uns das Geistige in einer äußerlichen, sogar sichtbaren Gestalt geschildert, wie etwa in jener Szene, in der Abraham von den drei Engeln besucht wird. Je weiter wir im Zeitenlauf dagegen vorwärtsschreiten, um so entschiedener wird von der inneren Kraft und Zuversicht gesprochen, die aus der individuellen Verbundenheit mit dem Göttlichen fließt. Rudolf Steiner hat in diesem Zusammenhang besonders auf das siebente Kapitel des zweiten Makkabäerbuches hingewiesen, in dem der Märtyrertod der sieben Brüder und ihrer Mutter erzählt wird. In allen diesen Märtyrern, die sich auch durch die entsetzlichsten Folterungen nicht von ihrem väterlichen Gesetz und angestammten Glauben abbringen lassen, lebt nicht nur die innere Gewißheit, daß die menschliche Seele den Tod überdauert, sondern – das wird immer wieder hervorgehoben – auferweckt wird zu einem ewigen Dasein durch den Herrn der Welt. Mit elementarer Kraft tritt uns in diesen dramatisch gesteigerten Szenen das individuelle Unsterblichkeitsbewußtsein der menschlichen Seele entgegen, und dies ist um so bemerkenswerter, als in der Frühzeit der hebräischen Volksentwicklung ein *solches* Unsterblichkeitsbewußtsein noch nicht lebendig war. Zwar wußte man, daß die einzelne Seele nach dem Tode in die Gruppenseele des Volkes eingeht, in den „Schoß Abrahams" aufgenommen wird, um dort als Glied eines geistigen Überorganismus fortzuleben, aber darüber wurde noch nichts gesagt, ob nun dieses Glied auch in individueller Selbständigkeit auferweckt würde. Aus der Seelentiefe dieser Märtyrer und Helden bricht die innere Gewißheit hervor, daß der Erlösergott dem Menschen auch ein neues *leibliches* Leben schenken werde; auf einem Höhepunkt der jüdischen Volksgeschichte wird der Auferstehungsgedanke geboren, und wiederum ist es charakteristisch, daß innerhalb des Judentums die rein geistige Erlösungsidee in Zusammenhang mit der Verklärung des Leibes gebracht wird; denn nur dadurch konnten dem herabsteigenden Weltenlogos die Wege zur Inkarnation, zur Fleischwerdung, gebahnt werden. Die volle Verbindung des Geistig-Seelischen mit dem Leibe und das individuelle Ich-Erleben sind ja nur die beiden Seiten eines und desselben Phänomens.

Die leibliche Erscheinung Jesu wurde durch die beiden Generationsreihen des Hauses David vorbereitet, der Christus selbst durch das Gesetz und die Propheten. Darin kommt nun die hebräisch-jüdische Volksströmung überein mit dem Mysterienwesen der ganzen Antike, von welcher der gnostische Kirchenvater Clemens von Alexandrien das bedeutsame Wort sprach: „Durch ihre Philosophie hat Gott die Griechen auf den Christus erzogen, wie die Juden durch das Gesetz." Der Terminus „Philosophie" bedeutete im Munde von Clemens noch nicht ein Fortspinnen abstrakter, wesenloser Gedanken, sondern die Pflege lebendiger Mysterienweisheit. Was Rudolf Steiner in seinem Buch „Das Christentum als mystische Tatsache und die Mysterien des Altertums"[35] über die platonischen Dialoge sagt, gilt für das Ganze der hellenischen Philosophie, soweit sie nicht, wie in späteren Zeiten, schon entartet war. „Es sollen diese Gespräche eben nichts anderes sein als die literarische Form für die Vorgänge in den Mysterienstätten. Was Plato selbst an vielen Stellen sagt, überzeugt uns davon. Als philosophischer Lehrer hat Plato sein wollen, was der Einweihende in den Mysterien war; so gut man das mit der philosophischen Art der Mitteilung sein kann." In den Mysterien wußte man aus eigener Erfahrung, daß im Kosmos ein Wesen lebt, mit welchem die Seele in grundsätzlich anderer Art verbunden ist als mit irgendeinem andern Wesen der Welt. Diese eine Wesenheit spricht so intim, so herzensinnig zur Seele, daß diese sich selbst und den Gott mit einem Namen bezeichnen muß, mit dem einen kleinen Wörtchen „Ich". Wenn die menschliche Seele sich selbst recht versteht, muß sie bekennen, daß sie durch das Bejahen ihrer eigenen Existenz zugleich das Sein dieser göttlichen Wesenheit mitbejaht, und umgekehrt, sich selbst verleugnen müßte, wenn sie dieses Wesen leugnen wollte. Man wußte aber auch, daß dieser Menschengott im Laufe der Zeiten Menschengestalt und Menschenschicksal auf sich nehmen würde, um der Seele noch näher und verwandter zu werden. In den Mysterien verkündete man den noch nicht inkarnierten Christus.

Dadurch, daß sich der Christus bei der Jordanstaufe mit dem Leib des Jesus von Nazareth vereinigte, dann durch drei Jahre hindurch ein rein menschliches und zugleich göttliches Leben führte, und schließlich durch das Mysterium von Golgatha ging, wurde ein Zweifaches bewirkt. Einerseits wurde die einzelne Seele aus ihrer gruppenhaften, naturgegebenen Bindung gelöst; das Blutsprinzip wurde gerade innerhalb jenes Volkszusammenhanges durchbrochen, bei welchem die Blutsströmung die allerwichtigsten Menschheitsimpulse durch die Generationenfolgen zu tragen hatte und deren Reinheit darum – bis zu Christus mit vollem Recht! – als das heiligste und unantastbarste Unterpfand der Menschheitszukunft gelten mußte. Jede Sünde wider das Blut war den Juden eine Sünde wider Jehova selbst, und umgekehrt, jede innere Verbindung mit anderen Göttern wird vom Alten Testament als „Hurerei" gebrandmarkt. Nun aber erschien innerhalb dieses Volkes die Wesenheit, welche die Worte aussprechen durfte: Ehe denn Abraham war, war „Ich-Bin"; d. h. ehe denn jener Blutszusammenhang war, in den du durch deinen physischen und ätherischen Leib eingegliedert bist, war schon jenes geistige Urprinzip, in dem du als individuelles Wesen deinen Urstand hast. Die Einzelpersönlichkeit sollte nach und nach die Kraft gewinnen, aus sich, ohne Hilfe der vererbten Seelenfähigkeiten, den Zusammenhang mit dem Geist wieder zu gewinnen. Und indem so die blutsmäßig bestimmten Rassen-, Völker- und Familienzusammenhänge im Prinzip aufgelöst wurden, konnte erst die Empfindung einer realen Schicksalsgemeinschaft zwischen allen Menschen der ganzen Erde entstehen. Es braucht wohl kaum bemerkt zu werden, daß wir es in dieser Hinsicht keineswegs besonders weit gebracht haben, aber eine alle umfassende Menschlichkeit würde ohne das Christentum nicht einmal als erstrebenswertes Ziel gelten. Wenn das „Humanitätsideal" heute nicht mit Unrecht zu einem Gespött vieler Kreise geworden ist, so liegt die Schuld daran an jenen, die dem realen Christuserleben sorgfältig aus dem Wege gehen und damit der „Idee der Menschheit" jeden positiven Inhalt rauben. Was bleibt, ist eine *Worthülse,* die von ganz anderen Mächten für ihre

Zwecke benutzt wird.

In dem Zeitpunkt, in welchem der Urgrund jeder Menschenseele der Erdentwicklung einverleibt wurde, begann jene tiefe Tragik, von der das nachchristliche Judentum überschattet ist. Durch die Menschheit fließt seit damals, manchmal sich offenbarend, öfter noch im Verborgenen ein Strom, der seine Quelle auf Golgatha hat und der alles menschliche Streben und Trachten, soweit es geistig berechtigt ist, in die Zeitenfernen der Welt hinübertragen wird. Dieser Urgrund jeder Menschenseele wurde von einem großen Teil des jüdischen Volkes nicht anerkannt und das Judentum dadurch im tiefsten Sinn entwurzelt, es büßte seinen spirituellen Zusammenhang mit dem Ganzen der Menschheitsentwicklung ein. Nochmals darf die Schicksalsfrage aufgeworfen werden: Auf dem Altare welcher Weltennotwendigkeit wurde das auserwählte Volk zum Opfer dargebracht? Wie konnte gerade jenes Volk, das durch die Jahrtausende hindurch in leiblicher, seelischer und geistiger Hinsicht auf den Christus vorbereitet worden war, dessen Geschichte nichts anderes ist als eine großartige Παιδαγωγια εις Χριστον (Erziehung auf den Christus) in diesem entscheidenden Augenblick so tragisch versagen? Auf diese Frage gibt es keine bessere Antwort als diejenige, welche der Apostel Paulus in seinem Römerbrief gegeben hat, nur daß wir den ernstlichen Versuch wagen müssen, die Worte dieser markantesten Persönlichkeit unter den Aposteln auch richtig zu verstehen. Paulus war wie kein zweiter dazu berufen, die Tragik des Judentums innerlich zu erleben. War er doch, um seine Worte zu gebrauchen, „auch ein Israeliter von dem Samen Abrahams aus dem Geschlechte Benjamins“; anderseits hatte er in gewissen griechischen Mysterien die Einweihung empfangen und war schließlich durch ein elementares Seelenerlebnis dahin gelangt, den auferstandenen Christus in den geistigen Welten zu schauen. Der Mißbrauch, der mit diesem Kapitel des Römerbriefes von kirchlicher Seite getrieben wird, darf uns nicht abhalten, die Apostelworte geistig zu erfassen: „So sage ich nun: Hat denn Gott sein Volk verstoßen? Das sei ferne! Denn ich bin auch ein Israeliter von dem Samen Abrahams aus dem Geschlechte Benjamin. Gott hat sein Volk nicht verstoßen, welches er zuvor ersehen hat. Oder wißt ihr nicht, was die Schrift sagt von Elia, wie er tritt vor Gott wider Israel und spricht: ‚Herr, sie haben deine Propheten getötet und haben deine Altäre zerbrochen; und ich bin allein übriggeblieben, und sie stehen mir nach meinem Leben?‘ Aber was sagt ihm die göttliche Antwort? ‚Ich habe mir lassen überbleiben siebentausend Mann, die nicht haben ihre Knie gebeugt vor dem Baal.‘ Also gehet's auch jetzt zu dieser Zeit mit diesen, die übriggeblieben sind nach der Wahl der Gnade (...) So sage ich nun: Sind sie darum angelaufen, daß sie fallen sollten? Das sei ferne! Sondern aus ihrem Fall ist den Heiden das Heil widerfahren, auf daß sie denen nacheifern sollten. Denn so ihr Fall der Welt Reichtum ist, und ihr Schade ist der Heiden Reichtum, wieviel mehr, wenn ihre Zahl voll würde? Mit euch Heiden rede ich, denn dieweil ich der Heiden Apostel bin, will ich mein Amt preisen, ob ich möchte die, so mein Fleisch sind, zu eifern reizen und ihrer etliche selig machen. Denn so ihre Verwerfung der Welt Versöhnung ist, was wird ihre Annahme anderes sein denn Leben von den Toten? Ist der Anbruch heilig, so ist auch der Teig heilig; und so die Wurzel heilig ist, so sind auch die Zweige heilig. Ob aber nun etliche von den Zweigen ausgebrochen sind und du, da du ein wilder Ölbaum warst, bist unter sie gepfropft und teilhaftig geworden der Wurzel und des Saftes im Ölbaum, so rühme dich nicht wider die Zweige. Rühmst du dich aber wider sie, so sollst du wissen, daß du die Wurzel nicht trägst, sondern die Wurzel trägt dich. So sprichst du: Die Zweige sind ausgebrochen, daß ich hineingepfropft würde. Ist wohl geredet! Sie sind ausgebrochen, um ihres Unglaubens willen; du stehest aber durch den Glauben. Sei nicht stolz, sondern fürchte ich. Hat Gott die natürlichen Zweige nicht verschont, daß er vielleicht dich auch nicht verschone ... Und jene, so sie nicht bleiben in dem Unglauben, werden sie eingepfropft werden; Gott kann sie wohl wieder einpfropfen. Denn so du aus dem Ölbaum, der von Natur wild war, bist abgehauen und wider die Natur in den guten Ölbaum gepfropft, wieviel mehr werden die natürlichen eingepfropft in ihren eigenen Ölbaum. Ich will euch nicht verhalten, liebe Brüder, dieses Geheimnis (auf daß ihr nicht stolz seid). Blindheit ist Israel zum Teil widerfahren, solange bis die Fülle der Heiden eingegangen sei.“ (Römerbrief, 2. Kapitel)

Wenn auch einzelne Sätze dieses Kapitels recht schwer zu verstehen sind, so leuchtet doch der allgemeine Grundgedanke klar hervor. Durch Jahrtausende hindurch war das jüdische Blut mit spirituellen Kräften um des kommenden Christus willen gesättigt worden. Der ganze Lebensgehalt der Antike hatte sich wie in einem Brennpunkt in Israel konzentriert und war hier sogleich in den heiligen Blutstrom aufgenommen worden, der jeden einzelnen Juden mit seinen Stammvätern Abraham, Isaak und Jakob verkettete. Sollte das Christentum eine Weltreligion werden, dann mußte es in einem frühen Stadium seiner Entwicklung aus seinem Mutterboden gerissen und in ein fremdes Erdreich verpflanzt werden. Hätte das Judentum als ganzes Volk den Christus anerkannt, so hätte dem noch jungen Menschheitsimpuls die eminente Gefahr gedroht, von den mächtigen spirituellen Blutskräften des Judentums einfach aufgesaugt zu werden; das Christentum wäre das geworden, wofür man es am Anfang tatsächlich hielt – eine jüdische Sekte, unannehmbar für die anderen blutsfremden Völker. Ein welthistorisches Opfer war es, als das Judentum zum größten Teil das Christentum ablehnte. „Blindheit ist Israel zum Teil widerfahren, bis die Fülle der Heiden eingegangen sei."

Das Opfer, welches von dem ganzen Volk (nicht vom einzelnen) gebracht wurde, als es den Christus von sich wies und seine Messianität verkannte, vermochte jedoch nicht zu verhindern, daß dieser früher blühende Menschheitszweig „aus dem Ölbaum ausgebrochen wurde". Der Intellekt, der so tief im Wesen des Judentums verankert ist, wurde nun vollends entwurzelt, seit er sich von dem Grundimpuls der Menschheitsentwicklung losgelöst hatte. Entwurzelter Intellektualismus ist in psychologischer Hinsicht fortan der Hauptwesenszug des nachchristlichen Judentums, Tragik und Verheißung sind die Leitmotive seines ferneren Schicksals.

6. ARABISMUS UND JUDENTUM

Auf allen Gebieten der modernen Geschichtsforschung wird der aufmerksame Betrachter das interessante Bestreben finden, bestimmten Kulturfaktoren von ihren wirklichen oder vermeintlichen Ursprüngen an in ihrer Wanderung von Volk zu Volk, von Land zu Land nachzugehen, die seltsamen Mischungen und Entmischungen aufzuzeigen, die oft zwischen scheinbar sehr heterogenen Geisteselementen stattgefunden haben; kurz, man kann eine neue Wissenschaft im Entstehen belauschen, für die nicht unpassend der Name „geschichtliche Chemie" gewählt werden könnte. In diesem Sinne hat man mit vollem Recht darauf aufmerksam gemacht, daß auch das hebräisch-jüdische Volk trotz seiner religiösen und nationalen Exklusivität die mannigfachsten und tiefgehendsten Einflüsse erfahren hat, und zwar nicht erst in der hellenistischen Spätzeit, als die Abgeschlossenheit des Judentums bereits durchbrochen war, sondern schon in den Urzeiten seiner Entwicklung. Babylonische, assyrische, ägyptische, persische Vorstellungen, Kulte und Sitten seien im Judentum zusammengeflossen, so daß man sich schließlich zu der Frage gedrängt fühlt: „Was ist denn an dem ganzen Wicht noch Original zu nennen?" Anthroposophische Geisteswissenschaft bestreitet zwar keineswegs solche Feststellungen, so unsicher sie auch im einzelnen sein mögen, muß aber im übrigen darauf hinweisen, daß sich die Geheimnisse der Menschheitsentwicklung erst dann entschleiern, wenn man nicht bloß die äußeren Wege der Mythen, Kulte und Sagen, der Sprachen, Gebräuche und so fort verfolgt, sondern wenn man zu dieser „historischen Chemie" eine „historische Alchemie" hinzufügt. Auf Bahnen, die fernab von der Heerstraße des sinnlich Erforschbaren liegen, wandern die großen Geistesimpulse durch die Menschheitsgeschichte, getragen von den sich wiederverkörpernden Menschenseelen. Die geschichtlichen-„Ideen", in denen z. B. Hegel die treibenden Faktoren der Entwicklung sehen wollte, schweben ja nicht im luftleeren Raum der Metaphysik, sondern gehen von den bewußten Absichten geistiger, seien es menschlicher, seien es göttlicher Wesen, aus. Im Sinn einer solchen geschichtlichen Alchemie läßt sich von einer Verbindung zwischen Abraham und Zarathustra innerhalb des Judentums sprechen. Mit dem Hinweis darauf, daß sich der große persische Eingeweihte in dem Jesusknaben aus der salomonischen Linie des Hauses David reinkarniert hatte, wäre aber der okkulte Tatbestand nur ungenügend dargestellt. In Wahrheit ist die geistige Individualität Zarathustras von Beginn an mit jener in der salomonischen Linie konzentrierten Strömung verbunden; sie schaut gleichsam inspirierend auf jene Generationenfolge herunter, an deren Ende ihre bedeutsamste Verkörperung als Jesus von Nazareth steht. Dieser verborgene Wesenszusammenhang zwischen Judentum und Persertum tritt nun von einer bestimmten Epoche an auch an das Tageslicht der äußeren Forschung, so daß er von da ab „quellenmäßig" nachgewiesen werden kann, wie dies etwa Hans Heinrich Frei in seinem schönen Aufsatz „Die hebräische Geschichte in ihren Haupteinschnitten als Vorbereitung der Christusoffenbarung"[32] getan hat. Diese Epoche ist die babylonische Gefangenschaft. In Babylon fand die bedeutsame Begegnung und Durchdringung von jüdischem Prophetentum und persischer Einweihungsweisheit statt, von der das Buch „Daniel" beredtes Zeugnis ablegt. Damals wirkte in den chaldäischen Mysterien eine große Persönlichkeit, von der uns dunkle Überlieferungen erzählen, daß es der wiederverkörperte Zarathustra gewesen sei. Moderne Geisteswissenschaft bestätigt die Wahrheit dieser Sage. In *Zaratas* oder *Nazaretas* war in der Tat dieselbe Individualität verkörpert, die vorher in Zarathustra gelebt hatte und die etwa sechshundert Jahre später als Jesus von Nazareth wieder erscheinen sollte, so daß wir sagen können, die jüdischen Führerpersönlichkeiten seien während der babylonischen Gefangenschaft unmittelbare Schüler Zarathustras gewesen. Derselbe Zarathustra-Nazaretas war übrigens auch der Lehrer des Pythagoras, den sein bewegtes Schicksal eben zur selben Zeit nach Babylon verschlagen hatte, als die Juden dort im Exil lebten. Die Erlaubnis, in ihre Heimat zurückzukehren, verdankten die Juden der Gunst des persischen Großkönigs Cyrus, und während dieser Wanderung war Serubabel, ein Nachkomme des Königs David aus der salomonischen Linie, ihr Führer. Als es sich später darum handelte, den Tempel wieder aufzubauen, ging einer begründeten Sage nach Serubabel nach Persien und fand dort durch seine Weisheit Gnade vor dem König Darius. Auch die beiden großen Reformatoren des Judentums der nachexilischen Zeit, der schriftkundige Esra, der die Reinheit der Lehre und die nationale Eigenart des Judentums rettete, und Nehemia, der im gleichen Sinn, aber mehr auf politisch-äußerem Felde wirkte, standen im innigsten Zusammenhang mit dem persischen Hofe. Für die äußere Geschichtsbetrachtung bietet alles, was uns über jene Epoche des Judentums überliefert ist, einen höchst paradoxen Anblick dar; wollte man dasjenige, was damals durch Esra und Nehemia in Jerusalem und Palästina geschah, vom modernen Standpunkt aus beurteilen, man müßte es als „extremen Nationalismus" bezeichnen. Und dieser „engstirnige, ja barbarische Nationalismus" eines so kleinen Volkes wurde von den persischen Großkönigen, von Cyrus, Darius und Artaxerxes in jeder Weise gestützt und gefördert! In Wahrheit hatten die Maßnahmen Esras und Nehemias keine nationale, sondern eine christologische Bedeutung, und dies wußte man am persischen Hofe; man wußte, daß der von dem großen Zarathustra geweissagte Heiland in Palästina unter den Juden erscheinen werde; man schaute, wie nachmals die drei weisen Priesterkönige aus dem Morgenlande, den Stern dessen, der in Bethlehem geboren werden würde.

Abraham und Zarathustra vereinigen sich im Judentum, und ihre „Kommunion" zu verstehen ist Aufgabe einer geschichtlichen Alchemie. – Aus der äußeren Chemie kennen wir die Tatsache, daß gleiche Elemente völlig andere Produkte ergeben, wenn sie sich in verschiedenen zahlenmäßigen Proportionen oder auch sonst unter abweichenden Bedingungen miteinander verbinden; Analogien zu dieser Erscheinung (Verschiedenheit des Produktes bei Identität der Faktoren) finden wir nun auch auf historischem Gebiet und eine der merkwürdigsten ist das Verhältnis von Arabismus und Judentum. Um das Arabertum und seine heute noch viel zu wenig beachtete kulturelle Bedeutung für das Abendland zu verstehen, müssen wir nämlich – wie beim Judentum – die beiden Namen Abraham und Zarathustra nennen. Abraham, der Stammvater des hebräischen Volkes, ist ja, abgesehen von vielen anderen Völkerschaften, die ihre Herkunft von ihm ableiten, auch der Stammvater des arabischen Volkes; Ismael, der Sohn der ägyptischen Magd Hagar, ist ein Halbbruder Isaaks. Und alles, was die Araber in kultureller Hinsicht Großes und Bedeutsames, aber auch, worüber noch gesprochen werden soll, Bedenkliches vollbracht und geleistet haben, ist auf ein geistiges Zentrum zurückzuführen, das sich in den ersten nachchristlichen Jahrhunderten auf persischem Boden gebildet hatte. Abraham und Zarathustra – beide Namen als Repräsentanten großer welthistorischer Strömungen aufgefaßt – sind aber in ihrer arabischen Synthese etwas durchaus anderes als in ihrer hebräisch-jüdischen Vereinigung. Der Arabismus ist eine abweichende Form des Judentums, und dies soll zunächst für das persische Element innerhalb des arabischen Wesens gezeigt werden.

Auf jenes wichtige Kulturzentrum auf persischem Boden hat zuerst Rudolf Steiner hingewiesen, und hierdurch angeregt hat der anthroposophische Schriftsteller Hans Heinrich Frei eine ausgezeichnete monographische Darstellung der von Neupersien ausgegangenen Kulturimpulse geschrieben, die in der anthroposophischen Zeitschrift „Die Drei" erschienen ist unter dem etwas schwerfälligen Titel „Geistesgeschichtliche Entwicklungslinien im Hinblick auf den Impuls von Gondi-Schapur"[36]. Gondi-Schapur, die Hauptstadt des neupersischen Reiches, ist nämlich jener wichtige und doch außerordentlich wenig beachtete Mittelpunkt für alle geistigen Bestrebungen des Orients in den ersten nachchristlichen Jahrhunderten. Welches ist nun die Bedeutung dessen, was man den „Impuls von Gondi-Schapur" nennen kann?

Solange die Menschen durch das alte dämmerhafte Hellsehen noch mit den geistigen Welten naturhaft verbunden waren, fehlte den Seelen die innere Geschlossenheit der auf sich selbst beruhenden Persönlichkeit. Erst das Erlöschen der alten Hellsichtigkeit führte nach und nach dahin, daß der menschliche Verstand, das menschliche Gemüt in sich selber leben und weben konnten. Mitten in die Zeit des verglimmenden Geisteslichts fällt das Mysterium von Golgatha. Zunächst konnte der Christusimpuls noch nicht vollbewußt verstanden und erkannt werden, sondern er wirkte durch lange Zeiten hindurch in den Tiefen des menschlichen Gemütes als eine Quelle, aus der man unmittelbar seelisches Leben, seelische Innerlichkeit und Wärme in sich einströmen fühlte. Diese Art, den Christus zu erleben, war dann besonders den nordischen und germanischen Völkern zu eigen, die dazu berufen waren, die christliche Entwicklung von den südöstlichen Völkern rings um das Mittelmeer zu übernehmen und im Sinn der objektiven Menschheitsentwicklung weiterzuführen. Erst nachdem das Christentum in den Seelentiefen der menschlichen Natur kräftig Wurzeln geschlagen hatte, sollte es zu jenem Licht werden, von dem auch das bewußte Erkenntnisleben weisheitsvoll durchstrahlt werden würde. In seinem Beginn aber sollte das Christentum als Lebens- und Seelenmacht wirken, damit in der Zwischenzeit Verstand und Gemüt der abendländischen Menschen in sich gefestigt würden; dann erst sollte das Streben nach einem *neuen* Geisteswissen einsetzen. Das Geheimwissen, die Esoterik sollten in jeder Einzelheit aus dem spirituellen Quell des Christentums neugeboren werden.

Zwischen dem Zeitpunkt der Begründung des Christentums und dem Beginn der germanisch-romanischen Verinnerlichung des religiösen Lebens liegen einige Jahrhunderte, die sich noch als unmittelbare Fortsetzung der hellenistischen Epoche darstellen. Eine eigenartige Stimmung durchzieht alle jene Wissenschaften, Künste und Philosophien, die in den letzten vorchristlichen und in den ersten nachchristlichen Jahrhunderten in umfassender Weise von den alexandrinischen Gelehrten gepflegt wurden, eine Weltanschauungsstimmung, die man am besten als gnostische charakterisiert, wenn man nur den Ausdruck „Gnosis" in einem etwas weiteren Sinn faßt, als dies gewöhnlich geschieht, und zwar so, daß z. B. auch der Neuplatonismus, der Neupythagoräismus und gewisse Richtungen der Stoa unter diesem Terminus mitverstanden werden. „Gnosis" heißt wörtlich „Erkenntnis", und gemeint war die Erkenntnis der geistigen Welten. In dieser Bedeutung war allerdings „Gnosis" seit jeher in den Mysterien und Philosophenschulen des Altertums zu Hause. Allein die Gnosis der alexandrinischen Epoche unterscheidet sich wesentlich von jener älteren, man könnte sagen, zeitlosen Mysteriengnosis. Diese war in ein strenges Geheimnis gehüllt, und nur in der verschleierten Form des Bildes und der Fabel wurde den Profanen ein weniges von den erschauten Wahrheiten mitgeteilt. Für das hellenistische Zeitalter hingegen ist eine weitgehende Exoterisierung der Mysterienerkenntnisse der verschiedensten Völker kennzeichnend, wobei naturgemäß die ursprüngliche Größe, ja Furchtbarkeit der Einweihung erheblich abgeschwächt werden mußte. Betrachtet man diese jüngere Gnosis, so erhält man trotz der spirituellen Höhe und Feinheit dieser heute völlig mißverstandenen Lehren den Eindruck, die in gewisser

Hinsicht leer gewordenen Hüllen eines Kernes vor sich zu haben, der in einen anderen Boden verpflanzt worden ist. Der *substantielle Lebensgehalt* der antiken Mysterien war eben in das jüdische Volk hinübergeflossen, um sich hier mit dem aus kosmischen Höhen herabsteigenden Christus zu verbinden; der *Weisheitsgehalt* der Mysterien aber, seines inneren Schwerpunktes beraubt, stieg an die Oberfläche und konnte darum in einem Maße der Öffentlichkeit preisgegeben werden wie nie zuvor. Über den ganzen damals zivilisierten Erdkreis verbreiteten sich die Weisheitslehren der Ägypter, Babylonier, Chaldäer, der Perser, Juden und Griechen und gingen untereinander eine Verbindung zu einer Art von universellen Religion oder Philosophie ein, lange ehe das Christentum in die irdische Geschichte eintrat. Dazu kam noch als ein der uralten Mysteriengnosis gegenüber neues Element die griechische Philosophie, besonders der Platonismus und Aristotelismus, zwischen welchen ebenfalls eine Synthese geschaffen worden war, so daß man für jene Zeit von einem aristotelisch gefärbten Platonismus oder von einem platonisierenden Aristotelismus sprechen kann. Platonisch-aristotelische Gedanken und Ideen durchdrangen das ganze Gebiet der Gnosis und verwandelten diese aus einer streng gehüteten Einweihungsweisheit in eine dem allgemeinen philosophischen Denken mehr oder weniger zugängliche Wissenschaft. Als nun das Christentum begründet worden war, was war natürlicher, als daß man gnostische Anschauungen auch auf das Mysterium des Christus anwandte, wodurch man zu einer außerordentlich bedeutenden Christologie kam. Allerdings, es war das Licht der alten Einweihungsweisheit, in das man die Erscheinung Christi rückte, es waren nicht die Mysterien des Kosmos, geschaut und erlebt in jenem Lichte, das von der Christuswesenheit selber ausgeht. Für den wirklich christlichen Esoteriker ist der auferstandene Christus das Licht, das in der menschlichen Seele die zum Geistschauen tauglichen Wahrnehmungsorgane weckt; das geistige Auge hat sein Dasein dem Christuslicht zu danken. Kein gerecht Denkender wird den verleumderischen Verzerrungen beistimmen, mit welchen die Kirche ihren jahrhundertelangen Kampf gegen die Gnosis geführt hat, und doch enthält der immer wieder erhobene Vorwurf, die Gnosis sei nur dem Namen nach Christentum, in Wahrheit aber Heidentum, ein Körnchen, allerdings eben nur ein Körnchen Wahrheit. Die Gefahr, die immer darin liegt, wenn man neuen Wein in alte Schläuche gießt, wurde allerdings gerade erst durch die Haltung der Kirche den gnostischen Strömungen gegenüber akut. Die Kirche hatte den alten Haß des Römertums gegen jedwedes Mysterienwesen geerbt, und als sich innerhalb des antiken Kulturkreises eine Synthese zwischen altem Einweihungswissen und Christentum anbahnte, da begannen die römisch-byzantinischen Kaiser einen unerhörten Ausrottungskrieg wider die griechisch-gnostische Philosophie, deren tragische Schicksale Hans Heinrich Frei in der erwähnten Monographie an der Hand eines reichen geschichtlichen Materials packend schildert. Das hellenistische Mysterienwesen und all das, was sich, befruchtet aus dieser Quelle, in den verschiedensten Wissensgebieten entwickelt hatte, wurde nun nach dem Osten verjagt und fand gerade im neupersischen Reich liebevolle Aufnahme, verwandelte dabei aber seine innere Wesensart. Kann man von einem bedenklichen Aspekt der hellenistischen Wissenschaftskultur sprechen, so muß jetzt der Impuls von Gondi-Schapur ein solcher genannt werden, der geradezu auf eine Unterbindung der gesunden Seelenentwicklung der Menschheit abzielte:

„Mit dem Heraufkommen der griechisch-römischen Epoche wandelte sich das alte instinktive Hellsehen der Menschheit in ein mehr begriffliches Erkennen. In differenzierter Weise vollzog sich diese Wandlung in den einzelnen Völkern. In den Griechen entwickelte sich ein phantasievoll-künstlerisches Denken; in den Hebräern ein rechnerisch-kombinierendes. Die semitische Völkerfamilie schritt rasch und einseitig voraus in der Ausbildung des intellektuellen Kopfdenkens. Aufgabe der Gesamtmenschheit ist es, die Verstandes- und Bewußtseinsseele in gehirngebundenem Denken zu entwickeln. Dieses beschränkt den Menschen zunächst auf das Irdische. Darin allein kann er sich zur Freiheit durchringen. Wenn der Mensch dann in Geistabgeschlossenheit sein innerstes Seelen-Ich ergriffen hat und dessen Kraft nach außen wendet, dann wird er im Ich das Geistige der Natur ergreifen; in der Entwicklung des Geistselbst kosmische Realitäten erleben.

Die übersinnlichen Mächte, die hinter dem Gegenimpuls des Christentums stehen, beabsichtigen, diese Entwicklung abzuschneiden. Der Verstandesseele, die im Mittelalter noch in der Entfaltung begriffen war, sollte durch erleuchtete Genies eine Überfülle spiritueller Weisheit eingeträufelt werden. In das erst sich ausbildende irdische Gehirndenken sollte dort, wo es am einseitigsten auftrat, seelenbetäubende Offenbarungsweisheit eingegossen werden. Irdisch verhaftet und in den Dienst der Egoität gestellt mußte dadurch das Übersinnliche werden. So wäre dem

Menschen im Laufe des Mittelalters eine materialistisch erdgebundene Wissenschaft vom ‚Übersinnlich'- Irdischen aufgepfropft worden. Statt frei in kosmische Geistigkeit aufzusteigen, sollte der Mensch abgespeist werden mit einer gespensterhaft stoffgebundenen ‚Übersinnlichkeit'. Zum gespenstigen Erdmagier, zum stoffverschriebenen genialen ‚Technik'-Zauberer mußte er werden. Und diese materialistische Wissensmagie hätte dem menschlichen Geistesstreben, das in Verstandesegoität sich verhärtet haben würde, vollauf genügt. An die Erdenmaterie geistig gebannt wäre der Mensch gewesen."[37].

Gondi-Schapur, die Hauptstadt des neupersischen Reiches, wurde zum Zentrum dieser menschheitsfeindlichen Strömung. Aber welch glanzvolle Außenseite blendet uns an dieser orientalischen Kultur des frühen Mittelalters! Eine weitverzweigte und doch in allen ihren Ästen wechselseitig zusammenhängende Wissenschaft auf okkulter Basis gab dem spirituellen Streben eine Weite und Tiefe des Blicks, wie wir sie in der neueren Menschheitsgeschichte kaum je wiederfinden. Sucht man nach einer Parallele für diese alle Einzelheiten der Wissenschaft zu einer großartigen Synthese zusammenfassenden Gnosis, für diese okkulte Physiologie, Medizin, Chemie, Astronomie und Astrologie, man wird unwillkürlich an die von Rudolf Steiner begründete anthroposophische Geisteswissenschaft erinnert. Aber es ist eben ein gewaltiger Unterschied, ob man okkulte Einsichten im Zeitalter des individuell erstarkten Innenlebens am Beginn des zwanzigsten Jahrhunderts verkündet, nachdem die abendländische Menschheit durch die Schulung der modernen Naturwissenschaft hindurchgegangen ist, oder ob man die noch unreifen Seelen des beginnenden

Mittelalters mit einer solchen Überfülle von geistigen Erkenntnissen überschüttet, den Christusimpuls dabei ausdrücklich oder doch durch den Duktus der Empfindungen stets verleugnend! Über die ganze orientalische Welt, von Kleinasien bis an die Grenzen Indiens, wurden in den Hochschulen, die zuweilen von Tausenden von Hörern besucht waren, in diesem Geiste die Wissenschaften mit besonderer Bevorzugung der okkulten Naturwissenschaften gepflegt und gelehrt.

Gondi-Schapur ist das räumliche Zentrum dieser antichristlichen Tendenzen; das Jahr 666 ihr zeitlicher Mittelpunkt. In das siebente nachchristliche Jahrhundert fällt aber auch die Begründung des Mohammedanismus, der bald nach seiner Entstehung in die folgenreichsten Beziehungen zu dem Impuls von Gondi-Schapur treten sollte. Die Stellung des Mohammedanismus zu den gnostisch-okkulten Wissenschaften, die er in den Gebieten seiner ersten Ausbreitung vorfand, zeigt uns ein Doppelantlitz. Die besonders in der ersten Zeit mächtige Orthodoxie hielt sich streng an die Worte des Koran und war darum jeder freien wissenschaftlichen Forschung abhold. Damals wurde ja auch die weltberühmte Bibliothek von Alexandrien, in der das gesamte gnostische Wissen der hellenistischen Epoche in Tausenden von Bücherrollen niedergelegt war, durch den Kalifen Omar zerstört, der nach einer übrigens nicht ganz sicheren Überlieferung seinen Vandalismus durch die Worte begründet haben soll: „Entweder enthalten diese Bücher dasselbe wie der Koran, dann sind sie überflüssig, oder aber sie enthalten etwas anderes, dann müssen sie erst recht vernichtet werden." Bald darauf aber änderte sich die Haltung des Mohammedanismus zur gnostischen Theologie, und nun strömte der orientalische Gnostizismus in vollen Strömen in das Arabertum ein und fand, nachdem Spanien schon im Jahre 711 n. Chr. erobert worden war, auf der pyrenäischen Halbinsel eine besondere Pflege. Wiederum entstand eine glanzvoll-blendende Wissenschaftskultur, eine zivilisatorische Hochblüte, die einen wirksamen Kontrast zu den primitiven Zuständen des übrigen Abendlandes bildete. Cordova, der Sitz des spanischen Kalifen, hatte zur Zeit der Sarazenenherrschaft an 20'000 Häuser mit mehr als einer Million Einwohner. Nach Sonnenuntergang konnte man in gerader Linie meilenweit beim Lichte der öffentlichen Lampen durch die Stadt wandern. (Noch siebenhundert Jahre später gab es in London dagegen noch keine einzige öffentliche Straßenlaterne!) Breite Wege und wohlgepflasterte Gassen durchzogen die Städte, deren wunderbar geschmückte Paläste in ihrer feenhaften Pracht die Märchen aus „Tausendundeiner Nacht“ zur Wirklichkeit machten. In Cordova, Granada und anderen größeren Städten gab es Universitäten, deren Professoren größten Zulauf hatten. Besonderer Pflege erfreuten sich die mathematischen und naturwissenschaftlichen Fächer. Den Arabern verdanken wir die Vermittlung jener geistvollen indischen Erfindung der Bezeichnung größerer Zahlen durch die von uns „arabisch“ genannten Ziffern; ja das Wort „Ziffer“ (von tsaphara = rechnen) selbst erinnert uns an seinen orientalisch-sarazenischen Ursprung. Mohammed ben Musa, einer der frühesten maurischen Autoren über Algebra (wieder ein arabisches Wort für eine arabische Sache) und Erfinder der modernen Trigonometrie, schrieb eine eigene Abhandlung über das „indische System“ der Zahlen. Dieses gelangte von Spanien nach Italien, wo man bald den unschätzbaren Wert der arabischen Ziffern für das kaufmännische Rechnen praktisch erproben lernte. Die arabischen Gelehrten kannten die Kugelgestalt der Erde, ja, sie hatten auch ihren Umfang durch trigonometrische Messung eines Meridiangrades richtig berechnet. Auch sonst zeichneten sich die Araber durch eine geradezu unheimliche Vorwegnahme der modernsten naturwissenschaftlichen Kenntnisse aus. Der große arabische Naturforscher Alhazén (um 1100 n. Chr.) erörterte in seiner Optik das Problem des einfachen Sehens, trotzdem wir beide Augen gebrauchen. Mehr als vierhundert Jahre vor Torricelli und Pascal kannte er die Tatsache, daß die Dichte der Atmosphäre mit zunehmender Höhe abnimmt; Licht- und Strahlenbrechung sind ihm vertraut, und er berücksichtigt sie bei seinen astronomischen Beobachtungen und Berechnungen. Alhazén war einer der ersten Vertreter jener Abstraktion, die Schwere als eine eigene Kraft anzusehen, die mit zunehmender Entfernung abnimmt; er ist aber nicht nur ein Vorläufer Newtons, sondern auch ein solcher Darwins, indem er die allmähliche Entstehung der menschlichen Organisation aus tierischen Formen annahm und verteidigte.

Zwei scheinbar entgegengesetzte und doch innerlich zusammenhängende Wesenszüge sind für das arabische Geistesleben der damaligen Zeit charakteristisch; einmal eine mystisch-okkulte Philosophie, die besonders in jener Weltregion zu Hause war, die man die sublunarische Sphäre nannte, die Welt unter dem Monde. Die arabischen Ärzte, Philosophen, Naturwissenschaftler und Mathematiker besaßen tiefe Einblicke in die Gesetzmäßigkeiten der Ätherwelt und in ihre imaginativen Geheimnisse. Daneben aber tritt ein zweites entgegengesetztes Element hervor, das ebenfalls dem Keime nach schon in der persisch-orientalischen Gnosis gepflegt worden war: eine auf schärfste Sinneswahrnehmung sich stützende Beobachtungs- und Experimentiermethode, ein naturwissenschaftlicher Experimentalismus und Mathematismus, der sich im übrigen Europa erst viele Jahrhunderte später das Heimatrecht erobern sollte. Die Gelehrten, die in der Hauptsache die griechische Wissenschaft übersetzend in den Arabismus trugen, die bedeutenden syrischen Ärzte des neunten Jahrhunderts, Jachja ben Masaweih aus Gondi-Schapur und Hunein ben Ishak, repräsentieren diese beiden Elemente. Hunein und der ihn auswertende Arzt Ali ben Isa schrieben medizinische Werke über das Auge, von welchen ein moderner Kenner gesteht: bis zum Beginn des achtzehnten Jahrhunderts sei kein besseres Werk über Augenheilkunde geschrieben worden. Jachja, der Kalifenarzt, trieb Vivisektion. Auf der anderen Seite spricht derselbe Hunein wie ein Theosoph und Okkultist. Seine Sammlung „Sinnsprüche der Philosophie", die eine Fülle tiefsinniger, zur Meditation geeigneter Sentenzen heidnischer Philosophen enthält, schrieb er, wie er sagte, „damit sie späteren Jüngern der Philosophie und der Geisteswissenschaften ein rechter Wegweiser sei, eine Anleitung für die, welche Wissenschaft treiben wollen, und damit sie dic Philosophie hochhalten und danach streben, in der geistigen Welt, in der Sphäre der Engel, zu leben und sich ihr anschließen. Denn die Verbindung mit ihr ist wahres Leben". Mit Recht weist Hans Heinrich Frei im Anschluß an diese von ihm gegebenen Mitteilungen darauf hin, daß im spirituellen Weltbild der Alten die Sphäre der Engel mit der sublunarischen Welt identisch sei. Der Mond, die Heimat ekstatischer Träume, ist ja nicht ohne Grund das Symbol des Arabismus.

Das richtige Urteil über diese doppelgesichtige Kultur wird man erst gewinnen, wenn man die Frage nach der seelischen Wirksamkeit einer solchen Geisteshaltung aufwirft. Welche Veränderungen und Metamorphosen vollziehen sich in der seelischen Natur des Menschen, wenn sich dieser einerseits ganz den äußeren Beobachtungen und den sich daran anschließenden Verstandeskombinationen überläßt, anderseits aber ein ekstatisch-zauberhaftes Erleben des Geistes anstrebt? Allzu starke, allzu innige Verbindung des Geistig-Seelischen mit den sinnenfälligen Erscheinungen und den sich auf das Materielle beziehenden abstrakten Gedanken verfinstern das menschliche Ich; die Flamme des individuellen Ich erlischt in der Dunkelheit der Materie. Auf der anderen Seite führt die theosophische Ekstase dazu, daß sich das menschliche Ich in einer Art geistiger Wollust im Übersinnlichen auflöst und in den Lebensströmungen der sublunarischen Sphäre zerfließt. Von zwei Seiten her drohte dem Ich der europäischen Menschen eine eminente Gefahr durch die blendende und mächtige Erscheinung der arabischen Kultur, und nur wenn man die unheilvolle Bedeutung des arabischen Einflusses auf das junge Europa einzusehen in der Lage ist, wird man den großen Geisteskampf zwischen der Scholastik und den arabischen Philosophen richtig einschätzen können. Nicht um theologische oder scholastische Spitzfindigkeiten drehte sich der gewaltige Streit zwischen einem Albertus Magnus, einem Thomas von Aquino mit Averroes, dem Haupt der sarazenischen Denker; ja, es war nicht einmal bloß eine Auseinandersetzung zwischen der römischen Kirche und dem Mohammedanismus, sondern diese streitbaren Dominikanermönche fühlten, wenn auch nicht klar bewußt, daß sich bei einem Sieg des Arabismus die europäischen Menschen nie zu dem auf sich gegründeten Ich-Bewußtsein entwickeln würden, zu jenem freien Ich, das erst die rechte Wohnstätte für den Christus sein kann. Für die Scholastiker war die Situation noch dadurch besonders erschwert, daß sie den größten Teil der Aristotelischen Schriften durch Vermittlung arabischer und jüdischer Übersetzer kennengelernt hatten; Aristoteles aber galt den christlichen wie den arabischen Philosophen als unbestreitbare Autorität in weltlichen Fragen. Die arabischen „Irrlehren" wurden deshalb als konsequente Folgerungen aus der Aristotelischen Philosophie vertreten, und die Scholastiker mußten darum bestrebt sein, der arabischen Mißdeutung des Aristoteles die richtige, die mit dem Christentum übereinstimmende Deutung entgegenzusetzen. Die Hauptdifferenz zwischen den christlichen und arabischen Aristotelikern lag charakteristischerweise in der Auffassung des menschlichen Denkens und der menschlichen Seelennatur.

In Anknüpfung an die schwer verständliche Lehre des Aristoteles vom νους entwickelte Averroes die These, daß der menschliche Intellekt eine von der Seele völlig geschiedene Substanz darstelle, die in der Welt unter dem Monde, in der imaginativen Sphäre, ihren Urstand habe. Über den Köpfen der Menschen schwebt gleichsam im Übersinnlichen ein allgemeiner, die ganze Menschheit umfassender Intellekt und wenn auf dem Schauplatz des menschlichen Bewußtseins Begriffe und Ideen auftreten, so sind diese nicht das Resultat der hervorbringenden, schöpferischen Aktivität der *einzelnen Seele,* sondern nur Spiegelungen der von der Panintelligenz gedachten Gedanken auf der Fläche der passiven Seelensubstanz. Es gibt überhaupt nur einen aktiven Intellekt, der nicht zum individuellen Wesen des Menschen, sondern zur universellen Gottheit gehört; der Mensch besitzt nur die Disposition, von dem aktiven Intellekt affiziert zu werden. Man sieht, wie in einer solchen Theorie, die den Menschen nur als passiven Empfangsapparat für die Eingebungen aus der Mondensphäre gelten läßt, einerseits eine längst überholte Entwicklungsstufe der menschlichen Seelenentwicklung festgehalten wird, wie aber anderseits gerade das „hylische", das stoffliche Wesen des Menschen, der individuellen Geistigkeit völlig beraubt und der Materie, dem Materialismus, preisgegeben wird. Mit erschütternder Deutlichkeit treten die beiden Grundzüge des Impulses von Gondi-Schapur in diesen großen arabischen Denkern an das volle Licht der Geschichte, und mit Recht spricht Hans Heinrich Frei von einem spezifisch antichristlichen Stachel des arabischen Aristotelismus. Nicht philosophische Subtilitäten, nicht katholische Dogmen verteidigen also die Scholastiker des dreizehnten Jahrhunderts, sondern das Seelenschicksal des gesamten Abendlandes. Wie sehr können wir im Besitz einer solchen geschichtlichen Erkenntnis die Verdammung einer Anzahl arabischer Lehrsätze mitempfinden, welche von der katholischen Kirche zu Paris in den Jahren 1240, 1270, 1276 ausgesprochen wurde: Quod intellectus hominum est unus et idem numero (daß der Intellekt der Menschen nur ein und derselbe ist der Zahl nach); quod anima, quae est forma hominis, secundum quod homo corrumpitur corrupto corpore (daß sich die Seele des Menschen als Form des Leibes mit diesem auflöst); quod liberum arbitrium est potentia passiva, non activa et quod necessitate movetur ab appetibili (daß der freie Wille eine passive Fähigkeit ist, keine aktive, und daß er mit Notwendigkeit durch das Triebleben bestimmt wird); quod voluntas hominis ex necessitate vult et eligit (daß der Wille des Menschen mit Notwendigkeit will und wählt). – Wahrlich Sätze, die unserem Denken nur allzu geläufig sind, die aber insgesamt auf den Arabismus und in weiterer Linie auf den Impuls von Gondi-Schapur zurückgehen. Thomas von Aquino konnte die arabistische Welle nur zurückdämmen, er konnte den arabisch-persischen Widergeist nicht wirklich besiegen. Und als das Mittelalter zu Ende ging, gerade als im Jahre der Entdeckung Amerikas die Araber ihren letzten Stützpunkt in Spanien durch die Einnahme von Granada verloren, begann der Arabismus in einer äußerlich zwar etwas veränderten, seiner Grundtendenz nach aber völlig identischen Form in Europa selbst Wurzel zu fassen.

Vorläufer dieses europäischen Arabismus finden wir schon lange vorher, z. B. in der überaus merkwürdigen Persönlichkeit des Franziskanermönches Roger Bacon, der an der Pariser Sorbonne mit höchstem Eifer die Naturwissenschaften nach den arabischen Autoren studiert hatte. Mit einer ekstatisch-magischen Philosophie verbindet er, ganz im Sinne des Impulses von Gondi-Schapur, die Anschauung, daß im Experiment und in der Mathematik die einzig wahren Quellen der wissenschaftlichen Erkenntnis zu suchen seien, und er wird im Sinne dieser seiner Erkenntnistheorie nicht müde, das reine Denken der Scholastiker zu bekämpfen, ja zu verhöhnen. Roger Bacon ist der Autor des Buches mit dem seltsamen Titel „De secretis operibus artis et naturae et de nullitate magiae" („Über die geheimen Wirkungen der Kunst und Natur und über die Nichtigkeit der Magie"). In dieser Schrift wird Bacon zum Propheten der Seelenverfassung des heutigen Menschen, der sich nicht genug an den Wundern der Technik berauschen kann. Wissenschaft und Technik könnten ja weit Wunderbareres vollbringen als schwarze Kunst, und zum Erweis dieser Behauptung zählt er eine Reihe solcher Wunder auf, die wohl auf technischem, nicht aber auf geistigem Wege hervorgebracht werden könnten. Er erwägt die Möglichkeit, durch bestimmte Anordnung geschliffener Linsen einerseits die kleinsten Dinge, anderseits die entferntesten Gegenstände wahrzunehmen – Mikroskop und Fernrohr! Er projektiert die Möglichkeit, das rasche mechanische Forttreiben von Schiffen und Wagen ohne Verwendung tierischer Kraft und sann über die Möglichkeit nach, eine fliegende Maschine zu bauen – Automobil und Aeroplan im dreizehnten Jahrhundert!

Nicht immer ist die geistige Genealogie solcher Persönlichkeiten so offenkundig wie bei Roger Bacon; wer sich aber intim in die Geistesart der modernen Naturwissenschaft vertieft, wird überall die arabische Wesensart, das arabische Denken wiederfinden, nur daß zunächst das theosophisch-okkulte, mehr an das arabische Blut gebundene Element in den Hintergrund trat. Von Roger Bacon im dreizehnten Jahrhundert über seinen Namensvetter Francis Bacon von Verulam im siebenzehnten Jahrhundert, über Locke, Hume, Newton, Darwin, Huxley – eine ununterbrochene Kette von Denkern, die den Wissenschaftsimpuls der Araber aufnehmen und ihn zu einer grandiosen Entfaltung bringen. Vielleicht ist es auffallend, daß in der Reihe dieser Wissenschaftler ausschließlich Männer des

Westens genannt sind, doch geschah dies mit Absicht, weil in der Tat der Mittelpunkt des modernen Arabismus im Westen liegt, in England, später auch in Amerika. Es würde den Rahmen dieses Kapitels weit überschreiten, die Fortwirkung des arabistischen Impulses im einzelnen zu zeigen, doch hieße es ja Eulen, wenn auch nicht gerade nach Athen, tragen, wollte man über die steigende Bedeutung der Naturwissenschaften und ihrer Denkungsart auf die Gestaltung unserer Epoche sprechen. Der Arabismus, die von Roger Bacon prophezeite, mehr und mehr ins Magische reichende Technik beherrschen unsere Wissenschaften, unser soziales, staatliches, ja selbst unser künstlerisches und religiöses Leben.

Zur selben Zeit, da der Arabismus in der Gestalt der modernen Naturwissenschaft seinen Siegeszug antrat, wurde der europäische Intellektualisierungsprozeß von einer zweiten Seite her, nur in einer etwas anders nuancierten Art, außerordentlich wirksam gefördert. Es würde ebenfalls zu weit führen, diesen südlichen Impuls, der unter dem Namen der Rezeption des römischen Rechtes bekannt ist, eingehender zu behandeln. Während vom Westen her das mathematisch-naturwissenschaftliche Denken in die Seelen einfloß, wurden nun alle staatlich-rechtlichen Gebiete von dem Romanismus ergriffen, der von den oberitalienischen Universitäten ausging: „Der Romanismus bringt die Kräfte der Abstraktion in das Rechtsleben, er führt zu den logisch-konstruktiven Gestalten des Staatlichen aus den Kräften des Kopfmenschen (...) Mit ihm kommt der abstrakte Staat der Neuzeit herauf mit seinem Atomismus, der nur die Summe der einzelnen Persönlichkeiten auf der einen Seite, sich selbst aber mit seiner zentralen Zwangsgewalt auf der anderen kennt; der die Zwischenbildungen (Stände u. dgl.) haßt und nach und nach als Faktoren des staatlichen Lebens ausschaltet, um nur noch eine allgemeine Untertanen- bzw. ‚Staatsbürgerschaft' gelten zu lassen." (Karl Heyer)

Der Arabismus führt, um nochmals die Worte von Hans Heinrich Frei zu gebrauchen, zum stoffverschriebenen genialen Technikzauberer, zu den amerikanischen Geldmagnaten ebensowohl wie zu den bolschewistischen Gewaltnaturen; der Romanismus zu dem verknöcherten, das wahre Recht in einem Netzwerk von Gesetzesparagraphen erstickenden Bürokraten. Um unsere Gegenwart zu verstehen, muß man wissen, daß unsere Zivilisation nur zum Teil aus den Tiefen des Christentums geboren wurde, während der andere und, nach außen hin, größere Teil auf zwei außerchristliche Strömungen zurückzuführen ist.

Wie verhält sich nun jenes Volk, das sich wie kein zweites durch seine Blutsveranlagung gegen das Christentum sträubt, zu diesen beiden mächtigen, außerchristlichen Strömungen? Welches sind die inneren Beziehungen zwischen Judentum einerseits, Arabismus und Romanismus anderseits? Um diese in den Kern des modernen Judenproblems führende Frage richtig zu beantworten, muß nochmals daran erinnert werden, daß der Arabismus insofern eine Variante des Judentums ist, als auch in ihm die beiden Grundelemente des Judentums – Persertum und Abrahamismus – synthetisch zu einer Einheit verbunden sind. Jenes Persertum aber, aus dem die arabische Kultur ihre Impulse schöpfte, war damals schon etwas ganz anderes als zu jenen Zeiten, da es mit dem Judentum zusammengeflossen war. Mehrfach wurde schon davon gesprochen, daß jener große, von Zarathustra ausgehende Impuls zunächst wie aus den verborgenen Untergründen des Daseins inspirierend hinter der hebräischen Geschichte wirkte, dann aber seit der babylonischen Gefangenschaft immer klarer und deutlicher auch an das Licht der äußeren Tatsachenwelt hervortrat, bis sich endlich Zarathustra selbst in dem salomonischen Jesusknaben verkörperte, um hier seine letzte und größte Tat zu vollbringen. Der große persische Eingeweihte krönte sein Werk, indem er nun durch ein unermeßlich großes Opfer jenem Geiste den Erdenleib darbot, dessen Kommen er in seiner Inkarnation als Zarathustra prophezeit hatte: „Die Sonnenaura, Ahura Mazdao Ormuzd (...) offenbarte sich für Zarathustra und seine Anhänger als der Geist, der dem Menschen sein Antlitz aus der geistigen Welt zuwendet und der innerhalb der Menschheit die Zukunft vorbereitet. Es ist der auf Christus vor seiner Erscheinung auf Erden auf diesen hinweisende Geist, den Zarathustra als den Lichtgeist verkündet.“[38] Die bedeutsamste in die Zukunft weisende Strömung des vorchristlichen Altertums verband sich mit dem prophetischen Volk κατ' εξοXηv, als Persertum und Judentum miteinander eine geistige Ehe eingingen.

Auch der Impuls von Gondi-Schapur ist Parsismus, aber ein solcher, der die alte Geistes- und Seelenverfassung *unverwandelt* in eine spätere Zeit hinübertragen wollte, nachdem sich sowohl die Mission des Judentums als auch die Prophezeiungen Zarathustras erfüllt hatten, und dadurch leugnet das neupersische Geisteselement, wenn auch nicht immer mit Worten, so doch stets durch seine Wesensart das Erscheinen des Christus auf Erden; der Sonnenimpuls Zarathustras ist ein Diener der ahrimanischen Widermächte geworden. Das ist in dieser Hinsicht der große, der gewaltige Unterschied zwischen dem Judentum, das von dem noch gesunden heilsamen und zukunftstragenden Element der persischen Geistesart inspiriert war, und dem Arabismus, in den der widerchristlich gewordene Impuls von Gondi-Schapur einströmte, die Seelen blendend durch seine hervorragenden Auswirkungen auf allen Gebieten der Wissenschaft und Zivilisation.

Besonders lichtvoll wird eine solche geschichtsphilosophische Betrachtung, wenn wir uns noch kurz jenem zweiten, beiden Völkern gemeinsamen Element zuwenden, das in dem Namen Abraham beschlossen liegt. Abraham hatte viele Söhne, doch nur einer von diesen kann die leiblich-geistigen Qualitäten, von welchen im dritten Kapitel dieser Schrift gesprochen wurde, erben; er allein ist der verheißene Stammsohn Isaak. Abraham liebte diesen Sohn vor allen anderen, doch kann mit dieser Liebe keine gewöhnliche Seelenregung im Alltagssinn gemeint sein. Der Vater des hebräischen Volkes liebte in seinem Sohn die ihm verheißene Menschheitszukunft. – Nicht allein die im engeren Sinn „prophetisch“ genannten Bücher beziehen sich auf das Künftige, vielmehr ist das Alte Testament in allen seinen Vorgängen und Geschichten eine Weissagung des neuen Bundes. Im besonderen gilt dies von jenem geheimnisvollen Kapitel, das die Opferung Isaaks durch Abraham erzählt. Mag es immerhin richtig sein, daß jene Szene, wie manche Forscher behaupten, darauf hindeutet, daß auch unter den Hebräern ursprünglich religiöse Menschenopfer dargebracht wurden und daß die Verhinderung des Opfers durch den Engel die Abschaffung dieses grausigen Ritus symbolisiere; eine solche Erklärung bleibt doch an der Oberfläche haften, solange man nicht in den Menschenopfern die furchtbare Entartung eines ursprünglich geistig zu verstehenden Ritus erkannt hat, eine Auffassung, wie sie etwa von Ernst von Lasaulx in seinem schönen Aufsatz „Die Sühnopfer der Griechen und Römer und ihr Verhältnis zu dem einen auf Golgatha“[39] vertreten wurde. Wichtiger als der Vergangenheitsaspekt dieser Szene erscheint uns ihre prophetische Bedeutung. In den esoterischen Lehren gilt die Dreiheit der Erzväter als die irdische Repräsentation der himmlischen Dreifaltigkeit, so daß Abraham den Vater-Gott, Isaak den Sohn und Jakob den Geist im irdischen Gleichnis darstellt. Die Opferung des Sohnes durch den Patriarchen wird so zum prophetischen Vorbild für jenes kosmische Opfer, durch das der Vater-Gott seinen eingeborenen Sohn auf dem Altar der ganzen Erde für die Menschheit dahingibt. Das ist keine „anthroposophische Spekulation“, sondern ergibt sich unmittelbar aus dem Text der Bibel; denn die nämlichen Worte, die im Alten Testament im Hinblick auf die Opferung Isaaks gebraucht werden, werden im Neuen Testament auf das Sohnesopfer durch den Vater-Gott bezogen. Zu Abraham, der schon bereit ist, seinen Sohn zu schlachten, spricht der Engel des Herrn: „Lege deine Hand nicht an den Knaben und tue ihm nichts; denn nun weiß ich, daß du Gott fürchtest und hast deines eigenen Sohnes nicht verschont um meinetwillen.“ Im Römerbrief, Kapitel 7, Vers 31 stehen die Worte: „Ist Gott für uns, wer mag wider uns sein? Welcher auch seines eigenen Sohnes nicht verschont hat, sondern hat ihn für uns dahingegeben, wie sollte er uns mit ihm nicht alles schenken?“ Im Alten Testament steht der Mensch vor uns, der sein Liebstes und Heiligstes dem Gotte opfert; im Neuen Testament wird unser Blick zu dem

Gott hingelenkt, der das edelste Kleinod der geistigen Welt der Menschheit zum Opfer darbringt. Und wunderbar wird im Alten Testament darauf hingewiesen, daß damals das Sohnesopfer durch den Vater noch nicht vollendet werden konnte, weil die „Zeiten" noch nicht erfüllt waren.

Das Verständnis für solche kompositionelle Feinheiten der Bibel ist unserer Zeit allerdings dadurch sehr erschwert, daß sich die allerwenigsten ein differenziertes Empfinden für die „drei Personen" der Trinität bewahrt haben. Selbst in jenen Kreisen, in denen das „Dogma" der göttlichen Dreieinigkeit gelehrt und geglaubt wird, besitzt man dem Göttlichen gegenüber doch nur ein vagues Allgemeinempfinden religiöser Natur, ohne Vater, Sohn und Geist gefühlsmäßig zu unterscheiden. Anthroposophische Geisteswissenschaft ist auch in dieser Hinsicht dazu berufen, einen verlorengegangenen Geistesschatz neu zu heben; sie verkündet weder ein theologisches Dogma, noch löst sie, wie dies etwa der deutsche Idealismus getan hat, die Idee der Dreieinigkeit in spekulative Begriffe auf, sondern sie leitet uns dazu an, unser lebendiges Empfinden, unser religiöses Gefühl an den verschiedenen Erscheinungen der Welt in differenzierter Art zu schulen. Man blicke zunächst im Geiste dorthin, wo sich die Natur in ihrer Größe, Herrlichkeit und Pracht offenbart, man denke etwa an den gestirnten Nachthimmel, an eine Hochgebirgsszenerie mit ihren Gletschern, Felsen und Schluchten, an den weiten, großen Blick, den wir von einem hohen Gipfel aus mit unserem Auge umspannen, an das im Sturme tobende Meer, und wir werden in solchen erhabenen Erscheinungen bewundernd und ehrfurchtsvoll den „Vater" empfinden. Dann denke man an die verschlungenen und doch sinnvoll geordneten Pfade der Menschheit, an das jahrtausendelange Ringen und Leiden der Geschlechter um den Sinn des Lebens, an die großen und gewaltigen Phänomene der Geschichte, und wir nähern uns voll inniger Liebe dem „Sohne“, der sich in der Menschheit offenbart. Und endlich wende man seinen Blick nach innen, man lausche den Stimmen, die aus den Tiefen des eigenen Wesens heraufklingen, man fühle, wie in der eigenen Brust ein Göttliches sich ankündigt, das zu einer neuen Schöpfung hindrängt, so daß in uns die Worte der Sehnsucht lebendig werden: veni creator spiritus (komm, Schöpfer-Geist, auf daß ich mich mit dir verbinde); dann nähern wir uns demjenigen, was in den christlichen Religionen der heilende, der Heilige Geist genannt wird. Der Vater-Gott waltet in der Natur, der Sohn strebt, ringt und leidet in der Menschheitsgeschichte, der Geist kündet sich im individuellen Innern der Seele an. Diese wenigen Andeutungen machen es vielleicht verständlich, wenn gesagt wird, daß im Judentum ein nicht vollendetes, nicht zu Ende geführtes Erleben des „Sohnes“ zugrundeliegt. Dieses nicht zu Ende geführte Sohneserleben hatte natürlich seine gute Berechtigung, solange im objektiven Gang der Geschichte der Christus selbst noch nicht in den Werdestrom der Geschichte eingetreten war; es wurde unberechtigt, als sich das Mysterium von Golgatha vollzogen hatte.

Ist die durch das unmittelbare Eingreifen der geistigen Welt *verhinderte* Opferung des Stammsohnes Isaak eine Hindeutung auf die Jahrtausende später *vollzogene* Opferung Christi, so fehlt dem Schicksal Ismaels dieser prophetische Zug vollständig. *Unvollendetes, nicht zu Ende geführtes Sohneserleben im Judentum, vollständiges Fehlen des Sohneserlebens im Arabismus – das ist, von dieser Seite her gesehen, der große, der gewaltige Unterschied zwischen Arabismus und Judentum.* Im Mohammedanismus entstand in der nachchristlichen Zeit eine Religion, welche in viel extremerer Weise als das Judentum das Vaterprinzip in den Vordergrund stellte, und zwar so, daß alle Lehren, Gebräuche und Riten mit bewußter Tendenz gegen das Christentum gestaltet sind, wobei es keinen Einwand bildet, daß Mohammed Jesus immerhin als jüdischen Propheten gelten ließ. Das polemische Betonen des monotheistischen Prinzips, die Ablehnung der als Vielgötterei verspotteten Trinitätsidee gab dem Mohammedanismus jenen abstrakten, starren, aber auch ungestümen Charakter, durch den er mit so verblüffender Schnelligkeit in wenigen Jahrzehnten eine ganze Welt erobern konnte. Dieser herbe, strenge und abstrakte Charakter des Arabismus begründet aber wiederum die innere Wesensverwandtschaft mit *einer* Seite der hebräischen Religion selbst, mit ihrer Gesetzesnatur. Wiederum ist dies keine anthroposophische Erfindung, sondern wird in der althebräischen Geheimlehre selbst dadurch angedeutet, daß der Berg Sinai auch den Namen Hagar führt. Man lese doch jene Stelle aus dem Galaterbrief des Apostels Paulus, in dem die berühmten Worte stehen, das Gesetz sei der Zuchtmeister auf Christus gewesen: „Denn es steht geschrieben, daß Abraham zwei Söhne hatte: einen von der Magd, den andern von der Freien. Aber der von der Magd war, ist nach dem Fleisch geboren; der aber von der Freien ist durch die Verheißung geboren. Die Worte bedeuten etwas. Denn das sind die zwei Testamente, eins vom Berge Sinai, das zur Knechtschaft gebiert, welches ist die Hagar; denn Hagar heißt in Arabien der Berg

Sinai und kommt überein mit Jerusalem, das zu dieser Zeit ist und dienstbar ist mit seinen Kindern. Aber das Jerusalem, das droben ist, das ist die Freie; die ist unser aller Mutter."

Wie schon mehrfach erwähnt, schuf dieser *hebräische Arabismus, das Gesetzeselement,* unberechtigterweise über den Zeitpunkt der Begründung des Christentums hinaus festgehalten, wichtige Wesensbeziehung zwischen dem Judentum und dem anderen Gesetzesvolk der Antike, dem Römertum. Zwischen dem Arabismus und Römertum einerseits und dem Judentum anderseits besteht eine jahrtausendealte Entwicklungsverwandtschaft, die doch nie zur völligen Identität werden kann.

Die weitausholenden Betrachtungen dieses Kapitels haben gewiß nicht das Ziel, antiquarische Studien anzuregen, sondern sie sollen unmittelbar dazu dienen, das moderne Judentum, sein Wesen und seine Stellung innerhalb der gegenwärtigen Kultur zu begreifen. Arabistisch und römisch ist unsere Zivilisation, und das Judentum weist wichtige Beziehungen, aber auch ebenso wichtige Unterschiede zu diesen beiden Faktoren auf. Darum gelangt das Judentum überall dort zu besonderem Einfluß, wo entweder der Arabismus oder der Romanismus die herrschende Rolle spielen. Durch die ganze Geschichte hindurch läßt sich verfolgen, wie die Juden schon im Mittelalter mit dem Arabertum in Spanien und im Orient geistig-kulturell verbunden waren, wie sie überall als Philosophen, als Ärzte, als Handelsleute den arabistischen Geist nach Europa trugen. Unter dem Halbmond erging es ja auch im allgemeinen den Juden so gut, wie kaum unter einer anderen Herrschaft der damaligen Zeit; sie nahmen als Dichter, als Denker, als Staatsmänner, als Finanzleute an dem kulturellen und zivilisatorischen Leben hervorragenden Anteil. Juden waren es ja auch, durch deren Vermittlung zuerst arabische Übersetzungen des Aristoteles und anderer aristotelischer Schriften ins Lateinische übertragen wurden, und auf diesem Wege erlangten die christlichen Scholastiker zuerst die Kenntnis der gesamten aristotelischen Philosophie. Erst später gelangten die christlichen Denker in den Besitz der griechischen Originalwerke. Als mit dem Beginn der Neuzeit der arabistische Geist tiefer in die irdische Wirklichkeit eindrang und das Wirtschaftsleben entscheidend zu gestalten begann, wodurch erst das kapitalistische Wirtschaftssystem entstand, da waren es wiederum die Juden, welche bei dieser durchgreifenden Umwandlung des sozialen, industriellen und kaufmännischen Lebens eine bedeutsame Rolle spielten. Der moderne Merkantilismus hat ja seinen Ursprung in Oberitalien, das besonders stark arabistisch beeinflußt war. Wichtigste Ausdrücke des kaufmännischen Lebens sind bis zur Gegenwart aus dem Italienischen genommen, wie Konto, Saldo, Giro, Lombardieren, Escompte usw. Werner Sombart hat in seinem groß angelegten, mehr geistreichen als tiefsinnigen Werk „Die Juden und das Wirtschaftsleben“[40] versucht, den modernen Kapitalismus überhaupt aus dem Judentum und seinen Wesenseigentümlichkeiten abzuleiten. Sombart hat in dieser Hinsicht *Symptom* und *Ursache* miteinander verwechselt. Richtig ist, daß das kapitalistische Wirtschaftssystem mit seinem Geld-, Bank- und Börsenwesen zugleich mit dem modernen Intellektualismus als dessen getreues Spiegelbild im sozialen Leben entstanden ist und entstehen mußte. – In dem letzten Kapitel dieses Buches wurde zur Charakterisierung einer der

Wesenszüge des modernen Judentums der Ausdruck „entwurzelter Intellektualismus“ gebraucht. Nun, auch die kapitalistische Wirtschaftsform beruht auf einem solchen Intellektualismus, der sich von den geistigen Wurzelkräften des Daseins losgelöst hat und in der Gegenwart immer gründlicher loslöst. Was Wunder, daß nun die Juden in dieser *stamm- und wesensverwandten* Atmosphäre zu einem überragenden, stellenweise sogar beherrschenden Einfluß gelangen konnten, wobei ihnen jedoch im tiefsten Grunde ihrer Seele nicht wohl zumute ist, weil sie eben weder „Araber“ sind, noch werden können. Gegen diese Anschauung, daß der arabistische Charakter unserer Zivilisation allein der Boden ist, auf dem das moderne Judentum zu seiner bedeutenden Führerrolle innerhalb der kapitalistischen Welt gelangen konnte, würde der Hinweis darauf keinen berechtigten Einwand darstellen, daß die Juden nicht allein auf der kapitalistischen Seite, sondern ebensosehr auf dem sozialistischen, ja kommunistischen Flügel die Führer sind; denn dem innern Wesen nach sind Kapitalismus und Kommunismus keine wirklichen Gegensätze, sondern Kinder *eines* Geistes. Auch der Bolschewismus ist ein Sprößling aus der unglückseligen Ehe zwischen Arabismus und Romanismus, ja vielleicht sogar jenes Kind, in dem sich das Wesen der Eltern am treuesten offenbart.

Es ist nun durchaus verständlich, daß man in nichtjüdischen Kreisen die große Rolle, welche die Juden im Bank- und Börsenwesen, im Handel, in der modernen Wissenschaft, als Ärzte, Advokaten und Journalisten spielen, recht unsympathisch empfindet und daß man in dieser Hinsicht von einem „zersetzenden Einfluß des jüdischen Geistes“ spricht. Aus dieser Stimmung werden dann die antisemitischen Vorschläge geboren, man möge die Juden durch mehr oder weniger brutale Methoden von jedem öffentlichen Einfluß, von jeder führenden Stellung ausschließen und sie zu Bürgern minderen Rechtes degradieren. Von der Unmenschlichkeit, die in dieser „Reghettoisierung" läge, sei hier nicht weiter gesprochen, aber darauf muß hingewiesen werden, daß allen solchen Parteiprogrammen und Parteischlagwörtern ein großer geisthistorischer Irrtum zugrundeliegt. Solange man nämlich den Arabismus und Romanismus nicht im eigenen Denken, Fühlen und Handeln überwindet, und solange es diesen außerchristlichen Strömungen überlassen bleibt, das gesamte soziale, wirtschaftliche und rechtliche Leben zu gestalten, wird nie davon die Rede sein können, daß man des zweifellos vielfach ungünstigen Einflusses des jüdischen Wesens Herr werde. Alle diese Gebiete sind eben heute so geartet, daß die Juden durch ihre jahrtausendealte Geschichte, durch ihr geistiges und leibliches Schicksal eine intime Wesensverwandtschaft mit jenem Geiste haben, der die Welt des modernen Intellektualismus regiert, und dagegen helfen weder antisemitische Gesetze noch Pogrome.

Dumpf fühlt man, daß der Arabismus und Romanismus, zu dessen Trägern sich die Juden durch ein naheliegendes und doch tiefes Mißverstehen ihres eigenen Wesens gemacht haben, den Untergang des Abendlandes herbeiführen. Der Antisemitismus mit seinen rüden Schlagworten, seinen Hand- und Faustgreiflichkeiten wird diese Gefahr aber sicherlich niemals bannen, weil er selber von einem echten Christentum weit entfernt ist; er führt nur zu wilden Ausbrüchen der Volksleidenschaft, ohne jedoch gerade den übelsten Elementen des Judentums den Weg zur

Macht, den Weg zu Reichtum und Einfluß zu versperren; nur den edleren Naturen macht man den Zugang zum wahren Christentum schwer, wobei wohl kaum hervorgehoben werden muß, daß der Übertritt zu einer der christlichen Konfessionen mit der „Christwerdung" in dem hier gemeinten Sinne nichts zu tun hat. Das ist die aus einer geistgemäßen Betrachtung der Geschichte zu schöpfende Lehre: das arabistisch-römische Element ist jener Boden, auf dem das nicht durchchristete Judentum wirken kann. Verwandelt dieses Element und ihr werdet euch selbst und, im tiefsten Sinne, auch den Juden helfen!

7. AHASVERS ERLÖSUNG

Um die Wende des sechzehnten zum siebenzehnten Jahrhundert erschien ein Büchlein, das im Stile der damaligen Zeit einen recht langatmigen Titel trägt: „Kurze Beschreibung und Erzählung von einem Juden mit Namen Ahasverus, welcher bei der Kreuzigung Christi selbst persönlich dabei gewesen ist, auch das ‚Lasse ihn kreuzigen' über Christus mitgeschrien und statt Seiner Freisprechung die des Mörders Barrabas gewünscht hat, aber nach Christi Kreuzigung nicht mehr nach Jerusalem hat kommen können, auch sein Weib und Kind nicht mehr gesehen und seitdem am Leben geblieben, vor etlichen Jahren nach Hamburg gekommen und anno 1599 im Dezember zu Danzig gewesen ist." Dieses Schriftchen erzählt der Hauptsache nach das folgende: Im Jahre 1542 wurde in Hamburg während der Predigt in der Kirche ein Mann gesehen, eine hagere Gestalt, mit langen über die Schulter herabfallenden Haaren. Barfuß und barhaupt stand er in tiefe Andacht versunken vor der Kanzel; sooft während des Gottesdienstes der Name Jesus Christus genannt wurde, neigte er schmerzlich sein Haupt, schlug an seine Brust und seufzte tief auf. Später um den Grund seines seltsamen Gebarens befragt, erzählte er, er habe einst den Erlöser auf seinem letzten Leidensgange mit rauhen Schelt- und Spottworten von seiner Schwelle gejagt, Jesus aber habe ihm lange in die Augen gesehen und gesagt: Ich will stehen und ruhen, du aber sollst wandern. Seither irre er ruhelos durch die ganze Welt und suche vergebens den Tod.

In den Kreisen der Philologen, in deren Händen heute

die Verwaltung des Legendenschatzes der Völker liegt, wird solchen „phantastischen Erzählungen“ gegenüber zunächst die Frage nach dem Ursprung aufgeworfen, man forscht nach dem „Sagenkreis“, aus dem das betreffende „Motiv“ stammt, verfolgt dann seine verschiedenen Varianten und Metamorphosen, um endlich bei seiner literarischen Verwertung durch modernere Dichter und Schriftsteller zu landen.

Anthroposophie anerkennt durchaus den relativen Wert solcher literaturhistorischer Forschungen; viel interessanter ist ihr aber das Problem, ob nicht der Gestalt des ewigen Juden wirkliche Tatsachen und Erlebnisse *geistiger* Art zugrunde liegen. Selbstverständlich kann der „ewige Jude“ kein sinnlich-physischer Mensch mehr sein; ist er also bloß eine Allegorie, ein Symbol für das tragische Schicksal der nachchristlichen Juden, die, von Land zu Land gehetzt, nirgends Ruhe finden, aber auch – als Volk – nicht sterben konnten? Wer echte Legenden aus alter Zeit richtig zu betrachten gelernt hat, der wird nicht von Allegorien und Symbolen in der gewöhnlichen Bedeutung dieser Worte sprechen, sondern von imaginativ erlebten Bildern geistiger Realitäten. Symbole Allegorien, Gleichnisse, ja sogar viele sprachliche Metaphern sind nur die letzten, verdünntesten Niederschläge von hellsichtigen Erlebnissen, die als solche allerdings insofern einen symbolischen Charakter tragen, als sie nicht unmittelbar ihrem bildhaften Inhalt nach genommen werden wollen, sondern als Hindeutungen, als Hinweise auf dahinterstehende geistige Wirklichkeiten. Es sind keine „poetisch“ erfundenen, sondern aus der Natur und Wesenheit des Geistes sich gesetzmäßig gestaltende Bilder und Gesichte; kein Produkt menschlicher, sondern übermenschlicher Phantasie, gleichsam die schaffenden Gedanken der traumhaft webenden Natur, an deren bildender Tätigkeit der Mensch in erhöhten Augenblicken seines Lebens teilnehmen darf. Solche sich für den Seherblick in imaginativen Gestalten darstellende Geistesmächte walten nicht bloß in der Natur, sondern auch in der Geschichte, und eine der düstersten und geheimnisvollsten ist wohl diejenige Ahasvers, über die Rudolf Steiner in einem am 21. März 1922 in Bern gehaltenen Vortrag[41] einige wichtige Mitteilungen gemacht hat. In diesem Vortrag wird unsere Aufmerksamkeit zunächst darauf hingelenkt, daß zur Zeit des Mysteriums von Golgatha das Christusereignis noch durch die alten Hellseherfähigkeiten einigermaßen verstanden werden konnte, Fähigkeiten, die aber im vierten Jahrhundert nach Christi gänzlich erloschen. Damit verschwand aber auch die tiefe christologische Einsicht, die noch in den alten gnostisch orientierten Theologien gelebt hatte.

„Heute müssen wir uns erst wieder zu dieser Einsicht durchringen. Christus hat bis zu dem Mysterium von Golgatha gelebt in der Welt, die wir betrachten im Traumschlaf. So daß der Christus vor dem Mysterium von Golgatha für jeden Menschen wahrnehmbar war im Traumschlafe. Aber kein Mensch durfte denken – das war etwas, was aus den Mysterienschulen heraus den Menschen klargemacht wurde –, daß dasjenige Wesen, das im Christus lebt, mit *irdischen* Gedanken erreichbar sein könnte, daß man es auch gefunden haben könnte im Wachzustande. Das wurde erst möglich durch das Mysterium von Golgatha, durch das der Christus durch den Tod gegangen ist. Seit jener Zeit darf über ihn gedacht werden als einer Wesenheit, die dem Erdenleben selber angehört. Das wurde eine reale Vorstellung für das Erdenleben: der aus dem Traumlande in das physische Land gegangene Gott.

Das ist ein realer Prozeß: der Gott, der kennen gelernt hat, was die Götter sonst nicht kennen, der gelernt hat zu sterben, der die Sterbetatsache in sich einbezogen hat, das ist der Christus. Der Gott tritt ein in diejenige Welt, wo es Geburt und Tod gibt. Das ist das Heruntergehen des Gottes in die Menschennatur. Gott wird Mensch. Es ist das die Formel, in der ausgesprochen werden kann, was der Christus geworden ist für die Erde: das Urbild der Menschheit, dasjenige, durch das die Menschheit Sinn bekommt.

Und wenn sich das andere vollzogen haben würde, daß in derselben Zeit, in der Gott Mensch geworden ist, auch ein Mensch den Drang gehabt hätte, Gott zu werden, das heißt nicht mehr zu sterben, nicht mehr den Gesetzen des irdischen Lebens unterworfen zu sein, dann würde ein solcher natürlich, während der Gott der vollkommenste Mensch wurde, indem er herunterstieg, der elendeste Mensch geworden sein. Diesen polarischen Gegensatz haben Sie! Nicht umsonst steht neben dem Christus, der auf Golgatha hinaufsteigt, Ahasver, der Mensch, der zum Gotte wird, aber zum stümperhaften Gotte, der die Möglichkeit des Sterbens verliert, der nun durch die Welt wandelt, nicht sterben kann; der Gott, der auf dem physischen Plane dieselben Eigentümlichkeiten entwickelt, die eigentlich nur im Traumlande entwickelt werden dürften. Es ist ein Ungeheures, Geistvolles, das da vor unsere Seele hingestellt wird, indem beigegeben ist dem Gotte der Mensch, der Gott geworden ist, aber allerdings, wie es selbstverständlich ist, in einer ihn elend machenden Weise. Der Mensch, der Gott geworden ist, erhält innerhalb der Erdenentwicklung auch das Prinzip, daß die Gottheit nicht herunterkommen soll auf den physischen Plan: das Judentum, die alttestamentarische Weltanschauung.

Hier liegt ein Mysterium vor. Wer diese Dinge kennt, weiß: Ahasver ist eine wirkliche Wesenheit, und die Ahasversagen von Wahrnehmungen des Ahasver beruhen schon auf realen Eindrücken, die da oder dort gewesen sind. Denn Ahasver ist vorhanden, und Ahasver ist der Pfleger des Judentums, nachdem das Mysterium von Golgatha da war. Es ist der Mensch, der Gott geworden ist. Wir müssen uns durchaus klar sein, daß wir zu einer vollständigen Geschichtserkenntnis auch nur dadurch kommen, daß wir das Geistige hereinbeziehen.

Wir schauen auf der einen Seite nach der Menschwerdung Gottes im Ereignis von Golgatha. Wir schauen auf der anderen Seite nach der Gottwerdung des Menschen in dem Ahasver. Und der Eingeweihte kann wissen, daß der Ahasver wirklich herumwandelt. Man kann ihn natürlich nicht als einen Menschen sehen. Er ist ja ein Gott geworden. Aber er wandelt herum; er ist im Erdendasein vorhanden. Und wirkliche Geschichtsdarstellungen, die die volle Realität erfassen, die machen es notwendig, daß man hinschaut auf das, was auch als geistige Realität durch das geschichtliche Werden der Menschheitsentwicklung geht."

Christus ist nach den Worten Lessings, dem gewiß niemand dogmatische Beschränktheit vorwerfen wird, „der erste praktische Lehrer der Unsterblichkeit". Dadurch, daß der Gott den Tod auf sich genommen und diese dunkle Macht in der Auferstehung überwunden hat, ist es von nun an der menschlichen Seele in immer höherem Grade möglich, als individuelles Wesen im Reiche des Geistes auferweckt zu werden und schon jetzt die inneren Vorbedingungen für jene Verwandlung der menschlichen Natur zu schaffen, die in der Sprache der Religion „die Auferstehung des Fleisches am Jüngsten Tag" genannt wird. Diese Lehre der katholichen Kirche von den letzten Dingen ist zunächst gewiß nur ein unverständlickes und unbegreifliches Dogma; allein für den geisteswissenschaftlich Geschulten verbirgt sich hinter dieser Glaubensformel eine der wichtigsten christologischen Entwicklungswahrheiten. Der Mensch ist nicht nur als seelisch-geistiges, sondern auch als leibliches Wesen zur Unsterblichkeit berufen und gerade diese leibliche (nicht körperliche!) Seite der Unsterblichkeit hängt aufs innigste mit dem Wesen und der Mission des hebräisch-jüdischen Volkes zusammen.

Besonders eindrucksvoll sind in dieser Hinsicht jene Szenen aus dem Buch Hiob, wo die Freunde des unschuldig Leidenden auftreten und ihrer Meinung Ausdruck geben, Hiob müsse diese oder jene Sünde begangen haben, weil Gott keinen Gerechten strafe. Die Frau des Hiob aber tritt zu ihm und spricht die bedeutungsvollen Worte: „Sage deinem Gott ab und stirb!", d. h. löse dich aus jenem göttlichen Lebensstrom, der dich mit deinen Vätern und Urvätern verbindet, höre auf, ein Glied in dem heiligen Blutorganismus deines Volkes zu sein, damit dich der Tod von deinen Leiden erlösen könne. Hiob aber ist sich, soweit seine persönliche Erinnerung reicht, keiner Ungerechtigkeit, keiner Sünde bewußt, und nun brechen aus seiner gequälten Seele jene Worte, die im Gegensatz zu dem Ratschlag seiner Frau nicht von der gruppenhaften Unsterblichkeit eines Menschen sprechen, der sein Leben verliert, wenn er sich aus seinem Volksorganismus löst und wie ein welkes Blatt vom Baume fällt, sondern die getragen sind von der inneren Gewißheit der individuellen Unsterblichkeit und der Auferstehung des Leibes: „Ich weiß, daß mein Erlöser lebt! Ich weiß daß ich einmal wieder umkleidet sein werde mit meinem Gebein, mit meiner Haut und den Gott schauen werde, mit dem ich zusammen bin."

Wie ein Gegenbild zu diesem christlichen Ideal der Unsterblichkeit tritt nun in eben demselben hebräischen Volke Ahasverus auf, der zwar selbstverständlich nicht mehr als sinnlich-sichtbares Wesen auf der Erde wandelt, aber doch in einer Art Zwischenreich in physischer Gestalt ein gespensterhaftes Dasein fortführt und von Zeit zu Zeit dem hellsichtigen Wahrnehmen sichtbar wird. Die Unsterblichkeit, und zwar die volle Unsterblichkeit in einem *verklärten Leib*, in einer *auferweckten Seele* und im *schöpferisch erhöhten Geiste* ist die tiefste Sehnsucht der ganzen Menschheit; dem ewigen Juden wird sie zum Fluch. In einem nicht verklärten Erdenleibe ewig leben müssen ist der größte Fluch, von dem nur der Auferstehungsimpuls des Christus erlösen kann – daran mahnen uns all die Legenden und Sagen von solchen Menschen, die sich die Gnade des Sterbenkönnens durch irgendeine Untat verscherzt haben. Man denke etwa an die Sage des fliegenden Holländers; jahrhundertelang durchrast er die Meere, die ein imaginatives Symbol für das wogende Fluten der Traumessphäre sind. Alle sieben Jahre darf er ans Land gehen, weil die Verbindung mit dem auferstandenen Christus nur auf der Erde, auf dem Lande, nicht in der „sublunarischen Welt" allein gefunden werden kann. Auf dem Lande, im irdischen Bewußtsein, findet er dann endlich die Seele eines durchchristeten Weibes, das ihn von seinem Fluch erlöst. Oder man denke an die Märchenerzählung von Hauff: „Das Gespensterschiff", an Kundry in Richard Wagners „Parsifal" und an ähnliche Gestalten der Sage oder Dichtung. Ahasver ist eine wirkliche Wesenheit und zugleich das tiefste und realste Symbolon der Geschicke des nachchristlichen Judentums. Kaum ist es möglich, den tiefen Unterschied zwischen dem vorchristlichen Hebräertum und dem nachchristlichen Judentum kürzer, prägnanter und inhaltsschwerer zu charakterisieren, als in diesen beiden Namen, in dem Namen des Gottmenschen und des „stümperhaften" Menschengottes. Das vorchristliche Hebräertum – mit den tiefsten und besten Kräften seines Wesens der Auferstehung und dem Auferstandenen entgegenlebend; das nachchristliche Judentum – sich einspinnend in eine Geistesart, die das Mysterium von Golgatha mit Blut und Seele leugnet und gerade dadurch dieses einzigartige Volkstum vor der Auflösung bewahrt. *Die Unsterblichkeit des Judentums ist eine unmittelbare Folge der Zurückweisung des Christusimpulses.* Immer wieder begegnet man der seichten Behauptung, die Wesenseigentümlichkeiten des Judentums seien eine Wirkung der Zerstreuung, der jahrhundertelangen Knechtung in fremden Ländern unter fremden Menschen. Gerade das Umgekehrte ist die Wahrheit. Die gewiß furchtbaren Geschicke des Judentums, welche für die christlichen Völker nichts weniger als ein Ruhmesblatt ihrer Geschichte bilden, sind doch nur der äußere Ausdruck für jenen Geist, der sich im Judentum seit der Christustat offenbart. *Die äußere Entwurzelung, die äußere Diaspora ist sekundär, die innere geistige Entwurzelung primär.* Ahasver, der die Welt durchschweifende, unsäglich elende Menschengott ist wahrhaftig der Pfleger des Judentums!

Doch lenken wir unsere Betrachtungen in Bahnen, die sich wieder mehr der „irdisch-begreiflichen“ Sphäre nähern. Das Ahasverschicksal des Judentums wurde seit je als historisches Wunder empfunden, und so sagt schon der Kirchenvater Augustinus, das jüdische Volk sei wie Kain, der auf der Stirne ein Zeichen bekomme, damit er nicht getötet werden könne und das unter die Völker verstreut worden, um als Zeuge für die Wahrheit der Schrift zu dienen. Die größten Völker und Nationen, deren Hand oft schwer auf dem Volk Israel lastete, sind zugrunde gegangen; die Weltreiche der Ägypter, Assyrer, Babylonier, Perser, der Griechen und Römer sind verschwunden, doch das Judentum hat sie alle überlebt. Coudenhove-Kalergi der Ältere spottet allerdings über diejenigen, die sich das echt philosophische Gefühl des Staunens auch gegenüber diesem Wunder der Weltgeschichte bewahrt haben. „Sancta simplicitas“, ruft er aus, „es gibt ein zweites Volk, das einst Jahrhunderte als Großmacht bestanden hat, das erobert wurde, seine Existenz als Staat verlor, in alle Welt zerstreut wurde, seinen Glauben, seine Nationalität und seine Sitten aber bis heute in der Zerstreuung bewahrt hat, und dieses Volk sind die (...) Parsis.“ Im Licht einer anthroposophischen Geschichtsbetrachtung werden nun alle Tatsachen, die Coudenhove bloß zu dem Zweck anführt, um das Rätsel des Judentums seiner banalen Denkungsart anzugleichen, zu ebenso vielen sprechenden Symptomen dafür, daß wirklich die Geschicke der Völker von geistigen Tatsachen und geistigen Entscheidungen abhängen. Nachdem Coudenhove ausführlich die Eroberung des neupersischen

Reiches durch die Araber im Jahre 641 n. Chr. und die infolgedessen stattgefundene Auswanderung der Parsis nach Indien geschildert hat, fährt er fort: „Dank ihrem Fleiße und ihrer Tüchtigkeit brachten es die Parsis in Indien mit der Zeit zu hoher Bildung und Kultur. Von 1872 bis 1881 hat die Parsisbevölkerung in Indien um zehn Prozent zugenommen. Sie haben sich eines bedeutenden Teiles des indischen *Handels* bemächtigt. Unter den 9'584 Bettlern Bombays, welche die Volkszählung vom Jahre 1881 notierte, waren nur sechs Parsis. Diese Arier zeigen eine große Abneigung gegen Ackerbau und besonders gegen den Militärdienst, obwohl die Perser bekanntlich in früheren Jahrhunderten dem Ackerbau ergeben und kriegerisch waren. Aus Bauern wurden sie mit der Zeit Städter und Kaufleute, sie halten sich mit Recht für das gebildetste und fortgeschrittenste Volk des ganzen indischen Kaiserreiches, sie sind jedenfalls von allen Indiern diejenigen, die dem Europäer am nächsten stehen, obwohl sie einen Teil der indischen Sitten angenommen haben. Auch unter ihnen gibt es, wie bei den Juden und auch anderswo, zwei große Sekten, die Orthodoxen und die Reformierten. Die Parsis sind mäßig, trinken wenig, verabscheuen die Trunkenheit, dagegen kennen sie keine Askese. Auch in Indien zeichnen sich die Frauen der Parsis durch ihre Keuschheit aus. Mädchen schlechten Lebenswandels kommen bei ihnen nie vor. Heiraten ist ihnen zur Pflicht gemacht. Monogamie ist bei ihnen Regel. Sie haben viele Schulen gegründet und stets der Erziehung und Bildung die größte Aufmerksamkeit gewidmet. Fast jeder Parsi spricht Englisch.

Noch am Anfange dieses Jahrhunderts war der Parsi im Handel von den Europäern in einer gewissen Abhängigkeit; heute ist er seinesgleichen. Sie zeichnen sich ferner durch große Wohltätigkeit und durch ihre Treue gegen England aus. Einige von ihnen sind bereits in den englischen Adelsstand erhoben – einer von ihnen, Sir Dinsha Manakji – wurde im Jahre 1890 englischer Baronet. Das Gebiet, auf welchem sie zerstreut sind, ist ein sehr ausgedehntes; man findet ihre Handelshäuser nicht nur im ganzen indischen Reich, sondern auch in Südarabien, namentlich in Aden, in Ceylon, Singapore, der Mozambiqueküste, in Sansibar, Madagaskar, seit 1853 auch in China, Kanton, Macao-Hongkong, sogar in Australien.

Daß auch sie von Handelseifersucht zu leiden hatten, erhellt aus einem Werke von Mandelslo, der sie am Ende des 17. Jahrhunderts kennenlernte und unter anderem folgendes über sie schreibt: ‚Es fehlt ihnen Offenherzigkeit und Ehrlichkeit, man muß daher sehr achtgeben, wenn man mit ihnen geschäftlich zu tun hat; es gibt kaum eine Ware, die sie nicht verschlechtern, und sie versuchen bei jedem Geschäft den Gegner zu überlisten. Dies wissen die Holländer und Engländer aus Erfahrung, daher bedienen sie sich solcher Leute, um durch dieselben die Kniffe ihrer Stammesgenossen zu entdecken. Es gibt kein Geschäft, in das sie sich nicht hineinmischen, und keine Ware, mit der sie nicht Handel treiben.‘ Sie waren die ersten, welche in Indien die Branntweinbrennerei eingeführt haben. Seit Mandelslos Reise sind mehr als zwei Jahrhunderte vergangen. Dank der englischen Freiheit, der Bildung, dem Studium und der Arbeit sind sie aus einem kleinen ungebildeten, im ganzen indischen Reich zerstreuten, verachteten Völkchen auf den hohen Stand von Kultur emporgestiegen, auf welchem sie sich heute befinden. Sie sind die ehrlichsten Kaufleute in Indien geworden, offenbar, weil sie infolge der Bildung eingesehen haben, daß auch im Handel Ehrlichkeit und Treue einen Geschäftsmann besser vorwärtsbringen als Unehrlichkeit, weil der Kaufmann häufig des Kredites bedarf, welcher dem ehrlichen viel leichter bewilligt wird als dem unehrlichen. Wie die Juden haben die Parsis ihre Heiligen Schriften, die Zendavesta und den Vendidad, die in der Zendsprache geschrieben sind und nur von sehr wenigen Parsis verstanden werden; ihre Sitten und Gebräuche bei Geburten, Hochzeiten, Todesfällen, Begräbnissen usw. haben sie treu bewahrt und sind nie in die anderen Völker Indiens aufgegangen.

Aus dieser Darstellung wolle der geehrte Leser entnehmen, wie außerordentlich groß die Ähnlichkeit zwischen diesen beiden Völkern, den Juden und den Parsis, ist. Sehr viele der von mir hier angeführten Details aus der Geschichte der Parsis haben ihr Gegenstück in der Geschichte der Juden. Ja, es ist sogar physisch zwischen ihnen eine auffallende Ähnlichkeit. Wie man in einigen Teilen Europas – Polen, Ungarn, Galizien, namentlich in kleinen Dörfern auf dem Land – fast in allem und jedem auf den Dorfjuden angewiesen ist, geradeso ist es in Indien und teilweise in Südarabien mit Bezug auf die Parsis der Fall. Der Parsi ist dort, was bei uns der Jude ist, er hat ein kleines Wirtshaus mit Zimmern und verkauft dem reisenden Europäer alles, was dieser benötigt, wie ich dies aus Erfahrung weiß und auf meinen Reisen in Indien wiederholt zu beobachten Gelegenheit hatte. Auch sie sind fast in der ganzen Welt zerstreut, ohne Land, das ihnen weggenommen wurde. Wie die Juden hatten auch die Parsis von ihren Eroberern namenlos zu leiden, wie die Juden hingen sie stets treu am angestammten Glauben, wie jene die Sprachen der Völker, unter denen sie wohnten, annahmen (Spanisch, Deutsch), so die Parsis Guzerati. Wie die Juden ihre Rabbiner, so hatten die Parsis ihren Panchayet. Wie jene, so zeichnen sie sich aus durch Wohltätigkeit und Bildungsdrang und erwarten alles vom Fortschritt und der Zivilisation, der sie, wie auch jene, ihre Gleichstellung verdanken. Wie bei jenen fällt der Begriff ihrer Nationalität mit dem ihrer Religion genau zusammen." [42]

Coudenhove hat wie überall in seinem Werk über den Antisemitismus auch hier ein hochinteressantes Material zusammengetragen, wofür wir ihm sicherlich den schuldigen Dank zu zollen bereit sind. Aber jede Ahnung esoterischer Zusammenhänge in der Geschichte ist ihm fremd, sonst hätte er vielleicht doch weniger flink aus der (berechtigten!) Analogie zwischen den Parsis und den Juden ein Argument gegen die christologische Deutung der Unsterblichkeit des jüdischen Volkes gezimmert. Der Schicksalszusammenhang zwischen Persertum und Judentum geht, wie im vierten Kapitel dieses Buches ausführlich dargestellt wurde, weit hinter jenen Zeitpunkt zurück, in dem Coudenhove seinen Bericht beginnen läßt. In vorgeschichtlichen Epochen der Menschheitsentwicklung und in kosmischen Höhen liegt der wahre Beziehungspunkt zwischen dem hebräisch-jüdischen Volk und der von Zarathustra ausgehenden Geistesströmung; auch die Perser waren in alten Zeiten die Träger eines großen prophetischen Impulses; Zarathustra hatte in seinen Schauungen den Sonnengeist als den kommenden Erlöser geweissagt, dann aber wurde jene prophetische Seelenhaltung über jenen Zeitpunkt hinaus festgehalten, in dem sich die Prophezeiungen schon lange erfüllt hatten. Der Parsismus der nachchristlichen Zeit wurde in allen jenen von Gondi-Schapur ausgehenden Strömungen zu einem widerchristlichen Faktor der Menschheitsentwicklung. Die wahre Analogie zwischen Persertum und Judentum liegt in diesem starren, unwandelbaren Festhalten an einer vorchristlichen Geistesart, in dieser Verkennung der welthistorischen Situation, die sich besonders tragisch bei jenen Völkern auswirken mußte, die durch lange Zeiten hindurch die Träger des „vorchristlichen Christentums" gewesen waren. Die Parsis schauen noch immer zur Sonne empor, die ihnen aber, wenn sie geistig hören könnten, die Worte zuriefe: „Den ihr suchet, er ist nicht mehr hier, er ist zur Erde herabgestiegen und bleibt dort bis an der Welt Ende!" Die Juden schauen noch immer unverwandt in die Zukunft, während sich gleichsam hinter ihrem Rücken das große Ereignis längst vollzogen hat. Man könnte von einem geistig-räumlichen Irrtum der Perser, von einer spirituell-zeitlichen Verblendung der Juden sprechen. Juden und Parsis sind der völkergeschichtliche Beweis dafür, daß nur derjenige mit dem Christus verbunden bleibt, der das Goethewort darlebt:

„Und solang du das nicht hast,
diese: stirb' und werde,
bist du nur ein trüber Gast
auf der dunklen Erde."

Die falsche Unsterblichkeit dieser Völker ist die Antwort des Kosmos auf die Verleugnung der Auferstehung.

Mit einer gewissen Berechtigung könnte einer solchen Betrachtung die Frage entgegengesetzt werden: Ob nicht die Unsterblichkeit des Judentums auch positiv dadurch zu erklären sei, daß eben die Juden noch heute eine Weltsendung zu erfüllen haben? „Alles, was ist, ist vernünftig", sagte Hegel, und im Sinne einer solchen Geschichtsphilosophie müßte aus der Tatsache der jüdischen Existenz schon auf eine Ratio, einen geschichtlichen Logos dieser Existenz geschlossen werden. Selbst diejenigen, welche das jüdische Bewußtsein zunächst auf rein nationale Ziele und Angelegenheiten konzentrieren wollen, müssen doch zugeben, daß der Jude sein Judentum nur durch eine Weltsendung rechtfertigen kann, schon aus dem Grunde, weil ja Palästina nie, auch bei dichtester Besiedelung, die fünfzehn Millionen in der Welt verstreut lebenden Juden wird aufnehmen können. In einem interessanten Referat über „Die Bedeutung Palästinas für die Juden", welches Dr. Arthur *Ruppin* aus Jerusalem auf dem 16. Zionistenkongreß in Zürich hielt, wird dem Zionismus ein Ziel gesteckt, das die bloße Begründung eines kleinen, bestenfalls eine Million Einwohner zählenden Gemeinwesens weit überragt. Nichts würde es für die Juden bedeuten, wenn irgendwo im Orient ein kleiner jüdischer Staat existierte, der dann etwa den Rang eines Balkanstaates einnehmen würde. Dr. Ruppin spricht daher vor allem von der *kulturellen* Bedeutung einer solchen zionistischen Gründung, von der Schaffung einer eigenen jüdischen Kultur in Palästina. „In dieser neuen jüdischen Kultur wird sich alles Erbgut des Orients mit den wissenschaftlichen Errungenschaften des Abendlandes zu einer Synthese vereinigen; sie kann vielleicht zur Brücke zwischen diesen beiden Welten werden und eine Aufgabe lösen, an der Jahrhunderte sich vergeblich abmühten. Der ganze Aufbau Palästinas hat (...) überhaupt nur Sinn, weil wir durch ihn die Diaspora-Judenheit in ihrem jüdischen Bewußtsein zu stärken hoffen. Darüber hinaus haben die Juden noch eine andere große Aufgabe vor sich. Das wichtigste Geschehnis in unseren Tagen, das einzige, das vielleicht dem grausigen Unsinn des Weltkrieges der historischen Betrachtung einmal Sinn geben kann, ist die Gründung des Völkerbundes (!?), der den Krieg abschaffen und eine friedliche Zusammenarbeit aller Völker herbeiführen will. Wir Juden sind das einzige Volk, das über die ganze Welt verstreut ist und das bei keinem Kriege gewinnen kann. Jeder Sieg in einem Land ist für uns gleichzeitig eine Niederlage in einem anderen Lande. Wir sind auf diese Weise geradezu prädestiniert, die Schildknappen des Völkerbundes zu werden und überall in der Welt für die Völkerversöhnung einzutreten. Aber wir können diese Aufgabe nur dann erfüllen, wenn wir nicht in den umgebenden Völkern aufgehen und somit in den allgemeinen Widerstreit der Völker eintreten, sondern wenn wir uns als Juden erhalten.“[43]

Zwei der wichtigsten Probleme der abendländischen Menschheit überhaupt sollen also nach Dr. Ruppin den Sinn des Judentums bilden: die Lösung des West-Ost-Problems und die Verständigung der Völker. Es ist hier nicht der Ort, eingehender diesen großen Fragenkomplex, über den allein Bücher über Bücher geschrieben werden könnten, zu behandeln, sondern es soll nur kurz auf einige wesentliche Momente hingewiesen werden. – Im Sinne einer geistigen Geschichtsforschung sind Raum und Zeit einer historischen Begebenheit nur die äußere Manifestation dessen, was sich letzten Endes in überräumlichen und außerzeitlichen Bereichen abspielt. Wie jeder Mission eine bestimmte Zeit innerhalb der Menschheitsentwicklung zugeteilt ist, so auch ihr geographisch bestimmter Ort. Alles hat *seine* Zeit, hat *seinen* Platz. Palästina liegt am westlichen Rande Asiens. Ost und West sind aber nicht bloß astronomische oder geographische Begriffe, die als solche nur eine räumliche Beziehung ausdrücken und daher auch nur relativistisch gewertet werden können; sie haben auch eine qualitative und darum absolute Bedeutung. Der „Osten", im absoluten Sinne genommen, ist die Urheimat jener Geistesart, die noch aus den Himmelshöhen inspiriert war. Der Mensch war noch nicht vollständig zum Erdenbürger geworden, sondern ragte mit einem um so größeren Teil seiner Wesenheit in die übersinnlichen Welten hinauf, je weiter wir nach dem Osten und – in die Vergangenheit zurückgehen. Asia war darum in der Sprache der alten Mysterien in erster Linie nicht ein bestimmter Erdteil, sondern die unterste Sphäre der geistigen Welt. Die Schwelle zwischen Asien und Europa ist zugleich jene Schwelle zwischen der geistigen und irdischen Welt, welche die Menschheit im Laufe ihrer Entwicklung nach unten hin zu überschreiten hatte. Der Gang der Kulturentwicklung nach dem Westen ist seiner inneren Natur nach das Verlassen der geistigen Welt und das Betreten des Erdenschauplatzes. Der Mensch wird in seinen Seelenerlebnissen, in seinem Denken, Fühlen und Wollen in immer höherem Grade Erdenbürger; er vergißt allmählich seine geistige Heimat; er wird Europäer und endlich gar noch Amerikaner. Dafür aber schenkt ihm die Erde das freie intellektuelle Denken; die Sonne des Selbstbewußtseins geht im Westen auf.

In das Licht einer solchen geistig-qualitativen Geographie müssen wir nun auch die Tatsache rücken, daß Palästina die Wiege des Judentums und des Christentums war. Die Juden stammen zwar aus dem Osten, blicken aber nach dem Westen. Dieser Blick nach dem Westen war damals ein Blick in die Menschheitszukunft. Das hebräische Volk war ja dazu bestimmt, der Menschheit den Auszug aus Ägypten, dem Lande der uralten Priesterweisheit, die Wanderung durch die Wüste des Intellektualismus und die Wiedereroberung des „gelobten Landes“ vorzuleben. Als das Christentum in die Geschichte eintrat, war das alte Geisteslicht gerade im Erlöschen, und darum konnte sich das Mysterium von Golgatha nirgends anders vollziehen als in dem alten Schwellenland Palästina. Die im geographischen und geschichtlichen Sinne weiter östlich wohnenden Völker hätten das Mysterium des Erlösertodes noch nicht verstanden, weil sie zu wenig mit der Erde und ihren Gesetzen vertraut waren. Der Tod eines Gottes wäre ihnen eine unverständliche Torheit gewesen. Die westlichen Völker hätten das Christusereignis nicht mehr verstanden, weil ihnen schon die hierzu notwendige Spiritualität fehlte. Das Christusereignis kam zur rechten Zeit und am rechten Ort. Auch das Christentum stammt aus dem „Osten“, blickt aber nach dem „Westen“, dem Lande des aufgehenden Selbstbewußtseins. Zuerst wurden die Völker rings um das Mittelmeer christianisiert. Trotz der allmählich erstarkenden katholischen Kirche lebten damals in den gnostisch-orientalischen Theologien und Philosophien noch starke Reste der alten hellsichtigen Spiritualität. Im vierten Jahrhundert nach Christi erloschen auch diese, gleichzeitig aber machte die christliche Entwicklung eine deutliche Schwenkung nach dem Norden. Zur Zeit der Völkerwanderung begann das

Christentum die Gemüter der germanisch-romanischen Völker zu ergreifen; das Christentum wurde aus einer Angelegenheit der Gnosis, der Erkenntnis, zu einer solchen des Herzens, und hier in *Mitteleuropa* liegt seither das Zentrum der abendländischen Entwicklung. Dr. Ruppin begeht also einen schweren geistesgeschichtlichen Irrtum, wenn er aus der natürlich noch immer unveränderten äußeren Lage Palästinas den Schluß zieht, von dort aus könne das gegenwärtige West-Ost-Problem gelöst werden. Das Herz der abendländischen Entwicklung pocht in Mitteleuropa, und es geht nicht an, den Juden Aufgaben zuzuschreiben, die zu lösen die spezielle Mission der mitteleuropäischen Völker ist. Würde sich das Programm der Zionisten verwirklichen, die in der Welt zerstreute Judenheit würde in der Erfüllung ihrer Menschheitsaufgaben nicht gefördert, nicht gestärkt, sondern ihren Aufgaben entzogen werden. Wohl ist es sonst in bezug auf andere Völker denkbar, daß sich ein nicht zum Chauvinismus entartetes Nationalbewußtsein gar wohl mit kontinentalen, ja sogar menschheitlichen Zielsetzungen vereinigen läßt. Nur eben beim Judentum gilt heute im striktesten Gegensatz zur vorchristlichen Zeit die Alternative: *entweder* Menschheitsmission und Diaspora ohne staatliches Zentrum *oder* staatliches Zentrum und Fallenlassen der Idee einer universellen Sendung, ohne die sich aber, was von den Zionisten selbst eingesehen wird, die Fortexistenz des Judentums überhaupt nicht rechtfertigen läßt. Zionismus und Missionsidee sind spirituell unvereinbar.

Mit der Feststellung einer solchen „Unvereinbarkeit" zwischen Zionismus und Missionsidee ist natürlich diese selbst weder in bezug auf ihre Berechtigung noch auch in bezug auf ihren Inhalt abgelehnt. Nochmals sei daher gefragt: Hat das Judentum, nachdem es seine erste Weltmission, das Erscheinen des Christus in einem Erdenleib vorzubereiten, erfüllt hat, noch eine zweite Mission, und worin mag sie wohl bestehen? Ist die Fortexistenz des Judentums ein ahasverischer Fluch oder eine Aufgabe oder vielleicht beides zugleich?

Wenn die bisherige Darstellung so gehalten war, daß mehr die großen Linien der Menschheitsentwicklung, die großen durch die Jahrtausende hindurch wirkenden Geschichtsimpulse hervortraten, so führt uns gerade die Frage nach einer besonderen Mission des nachchristlichen Judentums mehr in das Innere der einzelnen Persönlichkeit, weil ja heute das Judentum als geschlossene Gruppe nicht mehr existiert. Wir gelangen zu den jeden einzelnen Juden nahe berührenden charakterologischen Problemen. An dieser Stelle muß nochmals mit allem Nachdruck betont werden, daß anthroposophische Geisteswissenschaft das Wertvollste, das Menschlichste im Menschen in seiner Individualität sieht, die schon vor der Geburt in geistigen Welten gelebt hat, dann durch die Pforte der Geburt ins irdische Dasein trat, um dieses durch das Tor des Todes wieder zu verlassen. Die lebendige Anschauung eines ungeborenen und unsterblichen Wesenskernes, der sich durch die wiederholten Erdenleben hindurchringt, und zwar so, daß die Wiederverkörperungen eines Menschen durchaus nicht immer der gleichen Nationalität, Rasse oder Religion angehören, schließt natürlich jeden extremen Nationalismus, jede konfessionelle Einseitigkeit aus. So fremd der Anthroposophie die Verhimmelung irgendeiner Nationalität oder religiösen Gruppe ist, so fremd ist ihr deren Herabwürdigung. Wer als Jude geboren ist, hat ebensowenig Grund dazu, auf dieses Faktum stolz zu sein, wie er sich etwa seiner Abstammung zu schämen hat, denn sein ewiger Wesenskern ist schon durch viele ganz fremde Blutszusammenhänge hindurchgegangen und wird noch viele Erfahrungen in andersgearteten Leiblichkeiten zu machen haben. Die Individualität, nicht die Zugehörigkeit zu einer Gruppe, bestimmt letzten Endes den Wert des Menschen. Dieser streng individualistische Charakter der anthroposophischen Lebensanschauung schließt natürlich die charakterologische Schilderung einzelner Menschengruppen trotzdem nicht aus, wobei jedoch immer darauf Bedacht zu nehmen ist, daß der einzelne nur insofern unter eine solche Beurteilung fällt, als er sich noch nicht zur individuellen Entfaltung seiner eigensten Natur entwickelt hat – worin aber gerade das wirkliche Ziel des menschlichen Strebens liegt.

Lenkt man nun seine Aufmerksamkeit auf die zahlreichen Charakterisierungsversuche des Judentums und der Juden, so wird man zu seinem Erstaunen, trotz aller Differenzen, im großen und ganzen doch eine überraschende Einhelligkeit finden. Man mißverstehe uns nicht. Die Wertungen sind natürlich bei den Philosemiten und Antisemiten radikal verschieden, aber es zeigt sich bei einer näheren Betrachtung, daß es sich im Grunde genommen um dieselben Eigenschaften und Wesenszüge handelt, die bald von der guten, bald von der schlimmen Seite her gesehen werden. Über das „Was“ sind die Gelehrten und Ungelehrten ziemlich einig; umso lebhafter wird über das „Woher“, über den Ursprung der jüdischen Eigenart gestritten, und in der Tat weist uns diese Frage in unermeßliche Tiefen der Menschheitsgeschichte.

Die Loslösung des Judentums von dem Zentralimpuls der Erdentwicklung, das Ahasverschicksal und die Ahasvertragik – aus diesen geistigen Tatsachen fließen all die merkwürdigen, oft gehaßten, öfter verspotteten, manchmal vergötterten Eigenschaften des Judentums und der Juden. Werner Sombart hat einmal den Unterschied zwischen der Wesensart der mitteleuropäischen Völker und der Juden in hübscher Weise in zwei Symbole gefaßt, wobei man freilich von der flachen Milieutheorie, mit der diese Charakterisierung verquickt ist, ganz abzusehen hat: „Die nordischen Völker haben die Eigenart ihres Wesens nur in der ganz eigenen Umgebung erwerben können, die ihnen die nordischen Länder boten. Welches diese Eigenart war, können wir ja heute noch an uns erfahren, nur müssen wir immer bedenken, daß das spezifisch Nordische in jenen vergangenen Zeiten noch viel ausgeprägter war als heute. Will man diese Eigenart in ein Wort fassen, um es der Eigenart der Wüste entgegenzusetzen, so heißt dieses eine Wort: Wald. Wüste und Wald sind die großen Kontraste, um die alle Wesenheit der Länder wie der Menschen, die sie bewohnen, herumgelagert ist. Der Wald gibt dem Norden sein Gepräge; genauer: der nordische Wald, in dem die Bäche murmeln, in dem der Nebel um die Stämme quirlt, in dem die Kröte ‚im feuchten Moos und triefenden Gestein' haust, in dem im Winter die matten Sonnenstrahlen im Rauhreif glitzern, und in dem im Sommer die Vögel singen. Wälder rauschten ja auch auf dem Libanon und rauschen heute noch im Süden von Italien, wo längst der Wüstencharakter eingesetzt hat; aber wer jemals in einen südlichen Wald getreten ist, weiß, daß er nicht mehr als den Namen mit unsern nordischen Wäldern gemein hat; ‚der wird gestehen müssen, daß dieser Wald (schon in Italien) für Anblick und Gefühl ein anderer ist als der auf den Alpen oder an dem Gestade der Ostsee. Der süditalienische Wald ist klangvoll, von reinem Licht und Blau durchschimmert, in seinem Aufstreben, Beugen und Schaudern elastisch und nervig; oft gleicht er einem Tempelhain‘ (Hehn), während unser nordischer Wald lieblich und gespenstisch, traulich und schreckhaft in einem ist. Wüste und Wald, Sand und Sumpf: das sind die großen Gegensätze, die letzten Endes ja auf dem verschiedenen Feuchtigkeitsgehalt der Luft beruhen und alle anderen für das Menschendasein (wie wir noch sehen werden) so entscheidenden Bedingungen ‚schaffen; hier ist gleichsam das Symbol der Natur die Fata morgana, dort der Nebelstreif (...) Aber auch jene besondere Geistigkeit, die wir bei den Juden fanden, führt schließlich in die Wüste – Sand- oder Steinwüste – zurück. ‚Abstrakt‘, ‚rational‘ sehen wir sie veranlagt: mit ausgeprägtem Sinn für begrifflich-diskursive Erfassung der Dinge; mit einem Mangel an sinnlicher Anschaulichkeit und empfindungsgemäßer Beziehung zur Welt. Wüste und Wald, Norden und Süden! Die scharfen Konturen heißer, trockener Länder, die grellen Sonnenflecke neben den tiefen Schlagschatten, die hellen Sternennächte, die erstarrte Natur: alles dieses läßt sich wohl bildlich in das eine Wort des ‚Abstrakten‘ zusammenfassen, dem das ‚konkrete‘ Wesen alles Nordens, wo das Wasser reichlich fließt, gegenübertritt: die Verschiedenheit aller Umgebung, die Lebendigkeit der Natur in Wald und Feld, die dampfende Scholle. Lassen sich hier nicht Zusammenhänge denken zwischen dem abstrakt-verstandeshaften Wesen der Juden und dem anschauend verträumten Sinn des nordischen Menschen? Ist es ein Zufall, daß Astronomie und Zählkunst in den heißen Ländern mit den ewig klaren Nächten entstanden sind und – wie wir hinzufügen wollen – von Völkern ausgebildet wurden, die als Hirtenvölker das Zählen gelernt hatten? Könnten wir uns jene Sumerer, denen man die Erfindung der Keilschrift zuschreibt und die jenes kunstvolle System der sogenannten Sexagesimalrechnung in virtuosester Weise handhabten, als ein nordisches Volk denken, wie jetzt die germanomanen Rassentheoretiker uns weismachen wollen? Wie sollte so leicht in einer nebligen, nordischen Landschaft dem Bauern hinter dem Pflug oder dem Jäger im Walde die abstrakte Vorstellung der Zahl in seinem Geiste aufsteigen?"[44]

Man wird die Sätze Werner Sombarts gerade dann als vollberechtigt anerkennen können, wenn man nicht, wie er es tut, die „Wüste" als die *Ursache* für die jüdische Eigenart ansieht, sondern als ihr historisch-reales *Symbol*. Der menschliche Charakter ist kein Produkt des Milieus, vielmehr führt der Genius einen jeden in die seinem Schicksal und Wesen entsprechende Umgebung, sowohl den einzelnen als auch ganze Völker. Die „Wüste" ist das natürliche Gleichnis für jenen Geist, der von Anfang an zur Entwicklung der Intellektualität veranlagt war, und heimatlos, „international" wie der Intellekt selber, blieben jene Menschen, die den großen Schritt der Entwicklung von Moses zu Christus mitzumachen sich weigerten. Geistvoller und tiefer als dies vielleicht Werner Sombart selbst geahnt hat, ist darum sein Ausspruch: „Die Großstadt ist die unmittelbare Fortsetzung der Wüste. Sie steht der dampfenden Scholle ebenso fern, wie diese und zwingt ihren Bewohnern ein nomadisierendes Leben auf, wie diese." Wüste und Verwüstung bis in die spirituellen Lebensgrundlagen ist der Charakter der ganzen modernen Zivilisation, die ja ihr Gepräge immer mehr von der Großstadt mit ihrer Technik, ihrem kapitalistischen Wirtschaftsbetrieb und ihrer Naturfremdheit erhält. Das Schicksal Ahasvers droht zum Schicksal der abendländischen Menschheit zu werden.

Viel tiefer als Werner Sombart dringt *Otto Weininger* in seinem, der „Platonischen Idee" des Judentums gewidmeten Kapitel seines berühmten Buches „Geschlecht und Charakter". Weininger war eine Persönlichkeit, die das „Normalmaß" eines modernen Philosophen weit überragte, weil er nicht bloß metaphysische Theorien aufstellte, sondern „metaphysische Erfahrungen" aussprach. Doch war sein irdisches Bewußtsein nicht reif, nicht abgeklärt genug, um den übersinnlichen Erlebnissen als ruhiger und reiner Spiegel zu dienen, und darum hat sein Werk oft den Charakter einer mißgestalteten, verzerrten Frühgeburt des Geistes; aber alles, was er schrieb, ist im Unterschied zu so manchem wesenlosen Erzeugnis des abstrakten Philosophierens immer bis zum Rande mit spirituellem Leben erfüllt. Auch in bezug auf das Problem des Judentums kommt Weininger der Wahrheit so nahe wie kaum ein zweiter, doch fehlt ihm zur vollen Lösung die klare Einsicht in das historische und geistige Wesen des Christentums. „Im Judentum", schreibt er, „waren zwei Möglichkeiten. Vor Christi Geburt lagen sie noch beisammen, und es war noch nicht gewählt worden. Es war eine Diaspora da und zugleich wenigstens eine Art Staat; Negation und Position, beide waren nebeneinander vorhanden. Christus ist der Mensch, der die stärkste Negation, das Judentum, in sich überwindet, und so die stärkste Position, das Christentum, als das dem Judentum Entgegengesetzteste, schafft. Aus dem Zustand *vor* dem Sein trennen sich Sein und Nichtsein. *Jetzt* sind die Lose gefallen: das alte Israel scheidet sich in Juden und in Christen, der Jude, wie wir ihn kennen, wie ich ihn beschrieben habe, entsteht zugleich mit dem Christen. Die Diaspora wird nun vollständig, und aus dem Judentum verschwindet die Möglichkeit zur Größe: Menschen wie Jesaias, jenen gewaltigsten Mann im alten Israel, hat das Judentum seither nicht wieder hervorbringen können. Christentum und Judentum bedingen sich welthistorisch wie Position und Negation. In Israel waren die höchsten Möglichkeiten, die je einem Volk beschieden waren: die Möglichkeit Christi. Die andere Möglichkeit ist der Jude.“ [45]

Auch Weininger ist noch nicht zu geistig richtigen Vorstellungen über die Beziehung des vorchristlichen Judentums zu dem Christus gelangt; er deutet *psychologisch*, was nur *kosmologisch* verstanden werden kann. Wohl ist es wahr, daß sich die Abkehr Israels von Christus schon lange vor der *physischen* Begründung des Christentums in manchen Strömungen innerhalb des jüdischen Volkes vorbereitet hatte, aber durchaus schief gedacht ist es, Christum den Menschen zu nennen, der das Judentum in sich überwunden hat, schon deshalb, weil der Christus überhaupt kein menschliches, sondern ein göttliches Wesen ist, in das man nicht per analogiam Seelenkämpfe hineindeuten kann, deren Kenntnis man ausschließlich der eigenen psychischen Erfahrung verdankt. Jesus aber ist nicht die Überwindung des Judentums – welchen Sinn hätte dann die sorgfältige Aufzählung der Vorfahrenreihen bei Lukas und Matthäus –, sondern seine höchste Krönung; in reinster Form ist in ihm jenes „echte Israel“ verkörpert, das, wie Nikodemus, den Weg zu Christus findet, während das Pharisäertum jene zweite erstarrte Richtung repräsentiert, die den Schritt vom alten zum neuen Bund nicht mehr vollziehen kann.

Ein eigenartiges, schwer in Worte zu fassendes inneres Verhalten zu dem in der Erdentwicklung fortlebenden Christus ist die Wurzel aller jüdischen Eigenschaften. Durch das Mysterium von Golgatha ist dem Menschen die Möglichkeit gegeben, den Christusimpuls in sein freies individuelles Ich aufzunehmen, und jeder, der in diesem Sinne strebt, wächst allmählich über sein Blut, über seine nationalen und vererbten Zusammenhänge hinaus. Aber dabei ist doch ein bedeutsamer Unterschied zwischen dem Arier und dem wirklichen Juden. Wie in einem organischen Wachstumsprozeß führen die im arischen Blute waltenden Kräfte die Seele bis dorthin, wo der Mensch seine weitere Entwicklung selbst in die Hand nehmen muß. Bei der Christwerdung des Juden dagegen entspinnt sich meist eine Art Kampf gegen die Stimmen des Blutes, die sich wider den Christus sträuben. Der Christus flößt dem echten Juden eine ganz singuläre Mischung von intensiver Abneigung und – Furcht ein, ja man kann darum sogar sagen, daß der Jude in seinem Unterbewußtsein den Christus viel realistischer empfindet als der Arier, sofern sich dieser nicht als Einzelpersönlichkeit zu einer christlich-religiösen Weltanschauung bekennt. Selbst der „aufgeklärte“ Arier fühlt zu der Christusgestalt als solcher sympathische Zuneigung auch dann, wenn er aus irgendwelchen materialistischen Vorurteilen diese Gestalt für das mythische Erzeugnis religiöser Dichtung hält, oder wenn er die Göttlichkeit

Jesu leugnet; der Jude aber ist, wenn wir von der Oberflächenerscheinung seiner theoretischen Meinungen absehen, in intensiverer Weise mit dem Christus verknüpft: er empfindet Abneigung, ja Furcht vor ihm, aber zugleich kann er sich von dieser Wesenheit, deren Realität er dumpf fühlt, nicht losreißen. *Der Arier kann sich individuell mit dem Christusimpuls verbinden oder aber eine solche Verbindung verschmähen; der Jude aber ist durch sein Judentum schicksalsmäßig an den Christus gekettet. Diese ahasverische Kette muß er erst zerbrechen, um den allgemeinmenschlichen Weg zu dem Mittelpunktswesen unserer Welt beschreiten zu können.*

In seinem Mysteriendrama „Die Prüfung der Seele" hat Rudolf Steiner die edle Gestalt des Juden Simon gezeichnet. Die dramatische Handlung, in die dieser Jude schicksalsmäßig verwoben ist, spielt im ersten Drittel des vierzehnten Jahrhunderts. Im Mittelpunkt des Geschehens steht ein spiritueller Ritterorden, dem sich der Jude als Arzt und Naturkundiger freundschaftlich angeschlossen hat. Zwischen dem Großmeister dieses Ordens und dem jüdischen Arzt entspinnt sich nun das folgende Gespräch:

„Großmeister:

Wer durch die Gnade hoher Geistesmächte
die Blicke werfen darf in Menschenseelen,
der schaut die Feinde, die in ihnen selbst
sich ihrem eigenen Wesen widersetzen.
Der Kampf, den unsere Gegner uns bereiten,
ist nur ein Bild des großen Krieges,
den eine Macht im Herzen unaufhörlich
aus Feindschaft gegen andre führen muß.

Der Jude:

Mein hoher Herr, ihr sprechet jetzt ein Wort,
das mich in tiefster Seele treffen muß.
Ich bin zum Träumer wahrlich nicht geboren,
doch wenn ich einsam Feld und Wald durchwandle,
da tritt vor meine Seele oft ein Bild,
das ich so wenig mit dem Willen meistre,
wie jene Dinge, welche Augen schauen.
Es stellt sich vor mich hin ein Menschenwesen,
das seine Hand mir liebend reichen will.
In seinen Zügen drückt ein Schmerz sich aus,
den ich in keinem Antlitz noch gesehen.
Die Größe und die Schönheit dieses Menschen
ergreifen alle meine Seelenkräfte;
ich möchte niedersinken und in Demut
ergeben mich dem Boten andrer Welten. –
Da flammt im nächsten Augenblicke schon
ein wilder Zorn in meinem Herzen auf.
Ich kann dem Trieb in mir nicht widerstehen,
der meiner Seele Widerstand entfacht, –
und von mir stoßen muß ich jene Hand,
die sich so liebend mir entgegenhält.
Sobald Besonnenheit mir wiederkehrt,
ist schon die Lichtgestalt von mir gewichen.
Wenn ich mir dann im Denken wiederhole,
was sich mir oft im Geiste vorgestellt,
dann tritt mir der Gedanke vor die Seele,
der mich im tiefsten Herzen kann erschüttern.
Zu euren Lehren fühl' ich mich gezogen,
die von dem Geisteswesen offenbaren,
das aus dem Sonnenreiche niederstieg,

und durch des Menschen Sinnenform erscheinend,
Begreiflich wollte Menschenherzen werden.
Verschließen kann ich mich der Schönheit nicht,
die eurer edlen Lehre eigen ist;
und kann ihr doch die Seele nicht ergeben.
Ich muß des Menschenwesens Urgestalt
in eurem Geisteswesen wohl erkennen;
doch hält mich trotzig ab mein Eigenwesen,
wenn ich mich gläubig an sie wenden will.
So muß ich in mir selbst den Krieg erleben,
der aller äußeren Kämpfe Urbild ist.
Mich ängstigt oft die schwere Rätselfrage,
die meines ganzen Lebens Schicksal trifft:
Wie soll ich fassen, daß ich euch verstehn,
doch nicht im Glauben mich ergeben kann
dem Inhalt eurer edlen Offenbarung?
Ich folge treu dem Vorbild, das ihr gebt,
und bin im Widerspruch mit allem doch,
was Ziel und Ursprung meines Vorbilds ist.
Und wenn ich so mich selbst erkennen muß,
so übertönt der Zweifel jeden Glauben,
in diesem Erdensein mich selbst zu finden.
Und oft sogar erfüllt mich Furcht und Sorge,
es könnte dieses Zweifels wirrer Rest
durch meine künft'gen Erdenleben ziehen.

Großmeister:

Das Bild, das du geschaut, mein lieber Simon,
es stand vor meinem Geist in vollem Licht,
als du es mir in Worten lebhaft maltest.
Und während du dann weiter zu mir sprachst,

Erweitert' sich das Bild vor meinem Blick;
und ich vermochte Dinge zu erschauen,
die Weltenziel und Menschenschicksal binden." –

Es ist das ahasverische Element in der Seele des edlen Simon, das ihn dazu antreibt, die Hand des Christus von sich zu weisen; er wird aber dazu gelangen, in einem nächsten Erdenleben diese Hand zu ergreifen und damit für sich das Rätsel des Judentums zu lösen. Das Problem des Judentums ist dasjenige einer *Gruppe*, mag man nun diese als Rasse, als Nationalität oder als Kaste ansehen; das Judentum ist ein Gruppenphänomen. Die reale Lösung liegt aber durchaus auf dem Wege der seelischen Einzelentwicklung, und mit Recht sagt Weininger: „Erst die feste und unerschütterliche Entschlossenheit, die höchste Selbstachtung sich zu ermöglichen, könnte den Juden vom Judentum befreien. Dieser Entschluß ist aber nur vom Individuum, nicht von einer Gruppe, und sei sie noch so stark, noch so ehrenhaft, zu fassen und auszuführen. Darum kann die Judenfrage nur *individuell* gelöst werden, jeder einzelne Jude muß sie für seine Person zu beantworten suchen."[46]

„Blindheit ist Israel zum Teil widerfahren, solange bis die Fülle der Heiden eingegangen sei." Dieses Apostelwort enthüllt uns nun eine neue Tiefe. Der Arier hat schon in seinem angestammten Blute gewisse, freilich insbesondere in der Gegenwart bei weitem nicht ausreichende christliche Elemente, und darum ist ihm gar oft das Streben nach dem Christus weniger brennend persönliche Notwendigkeit als dem sich selbst verstehenden Juden. Der Jude ist „unruhiger nach dem Christus" als der geborene Arier, und seine oft hervorgehobene Unrast ist nur die psychologische Erscheinungsform dieser tiefen, freilich nur wenigen bewußten Sehnsucht nach dem Christus. Durch seine Zwiespältigkeit, die ihn unausgesetzt vorwärts treibt, ist er ein recht unbequemer Geselle, der den Arier immer wieder daran verhindert, sich auf einer zu frühen Entwicklungsstufe häuslich niederzulassen. Das moderne Judentum ist ein Gärungsstoff, eine Ferment, ja man könnte, das Gleichnis ein wenig auf die Spitze treibend, daraus sogar die „Ungenießbarkeit" des reinen Judentums ableiten. *Zu der allgemein menschlichen Aufgabe, sich mit dem Christus zu vereinigen, gesellt sich für den Juden noch die spezielle, an der Erlösung Ahasvers mitzuarbeiten.*

Nach einem Ausspruch des Aristoteles ist die Wahrheit ein Scheunentor, nach dem spielende Knaben ihre Pfeile schießen, d. h. die Wahrheit ist so groß und umfassend, daß es kaum möglich ist, sie ganz zu verfehlen. Die zentrale Wahrheit aber wird sich von den Teilwahrheiten dadurch unterscheiden, daß diese erst in ihr den rechten Standort erhalten, ja daß sie erst aus dem Ganzen der Erkenntnis ihre Begründung und Rechtfertigung erfahren, während sie als losgerissene Teile, als disjecta membra veritatis, verdorren und verwesen müßten. So verhält es sich auch mit jenen partikulären Lösungsversuchen der Judenfrage, die bisher unternommen worden sind. – Indem sich der Mensch in seinem Denken, Fühlen und Wollen mit dem Christusimpuls durchdringt, überwindet er den „alten Adam". Bis in die intime Konstitution seiner Leiblichkeit zieht er einen neuen Menschen an, der nicht von seinen leiblichen Vorfahren her stammt, sondern aus dem spirituellen Samen des auferstandenen Christus. Wer in diesem sehr realen Sinn Christ geworden ist, tritt einen Weg an, der ihn nach und nach über seine Volks- und Stammeszugehörigkeit hinausführt, wobei er doch das Beste, das Ewige seiner nationalen Eigenart mit zum Geiste hinauftragen kann. Er wird allmählich ein Mensch, wie ihn Goethe in seinem Rosenkreuzergedicht „Die Geheimnisse“ als den Dreizehnten unter den zwölf Brüdern schildert, jenen Dreizehnten, der bezeichnenderweise den Namen „Humanus“ trägt. Das ist der große Unterschied zwischen einem auf geistigen Tatsachen und Gesetzen beruhenden „Humanitätsideal“ und jener flachen Philanthropie, die im achtzehnten und neunzehnten Jahrhundert aus den westlichen Ländern nach Mitteleuropa eingeschleppt worden ist. Die Humanitätsideale verquickten sich in der liberalen Richtung mit dem Strom von utilitaristischen und materialistischen Aufklärungstendenzen und wurden dadurch zu jenem nebelhaften, unbestimmten Gebilde, über das sich nun die kommunistischen und hakenkreuzlerischen Kreise gleicherart lustig machen.

Ohne den realen Christusimpuls gibt es keine wahre Humanität.

In den ersten Jahrzehnten des neunzehnten Jahrhunderts wurde nun nach dem Beispiel der großen französischen Revolution das abstrakte Ideal der „égalité“ in fast allen mitteleuropäischen Ländern durch die sogenannte Emanzipation der Juden verwirklicht; das Ghetto wurde aufgehoben, den Juden die volle rechtliche und politische Gleichstellung (nicht die bloße Toleranz!) von Gesetzes wegen zuerkannt, die staatsbürgerlichen Rechte und Pflichten wurden von der nationalen und religiösen Zugehörigkeit unabhängig gemacht. Unter den Juden selbst entstand aus der Denkungsart eben dieses Liberalismus die Assimilationsbewegung, die Tendenz, sich in Kleidung, Sitte, Sprache, Denkungsweise und Lebenshaltung in jeder Hinsicht den europäischen „Wirtsvölkern" anzugleichen. Bald aber mußte es sich zeigen, daß der spirituelle Angelpunkt, von dem aus eine wahre Assimilation, eine wirkliche Aufhebung der Trennungsmauer zwischen den Juden und den christlichen Ariern in Angriff genommen werden könnte, viel, viel tiefer liegt, als sich dies die Aufklärungsphilosophen des neunzehnten Jahrhunderts hatten jemals träumen lassen. Zunächst entfachte gerade die fortschreitende äußere Assimilation unerwarteterweise von neuem den Antisemitismus; die Juden, von den beengenden Schranken des Ghettos befreit und den christlichen Mitbürgern in rechtlicher, freilich noch lange nicht in gesellschaftlicher Hinsicht gleichgestellt, begannen auf allen Gebieten des modernen Lebens eine im Verhältnis zu ihrer Zahl übergroße Rolle zu spielen, konnten aber die tieferliegenden Wesenszüge doch nicht abstreifen. Der Antisemitismus wurde wieder wach und forderte energisch die Rückgängigmachung der Judenemanzipation, die Ausschließung der Juden von allen öffentlichen Ämtern und Würden, kurzum die „Reghettoisierung" der Judenschaft. Wo die gesetzgebenden Gewalten diesen Forderungen nicht nachkamen, mobilisierte der Antisemitismus den Pöbel, der nicht eben immer ein Straßenpöbel sein muß. Eine solche Folge hätte die Assimilation nicht haben können, wenn man hierbei von einer wirklichen Einsicht in die Natur des Judentums geleitet gewesen wäre, wenn man erkannt hätte, daß es nicht auf eine abstrakte Proklamierung der Menschenrechte ankommt, sondern auf eine innere seelische Entwicklung der Juden und der Christen zu einer solchen spirituellen Höhe, in der nun wirklich das Prinzip des alten Bundes überwunden werden kann. Gegen die Assimilationstendenzen wurde von nationalistischer Seite der Satz geprägt: „Aus der Rasse kann man nicht austreten". Gewiß ist es wahr, daß man weder durch eine formelle Erklärung noch durch nationale Mimikry seine Rasse ablegen kann; aber in letzter Konsequenz widerspricht dieser Satz der wichtigsten esoterischen Grundwahrheit des Christentums; Christwerden bedeutet nicht sein Glaubensbekenntnis wechseln, sondern die Aufnahme einer kosmischen Kraft in sein innerstes Wesenszentrum: „Nicht ich, sondern der Christus in mir."

Diese Kraft vollbringt jenes „Wunder", das die Nationalisten – in dieser Hinsicht ihrer Gesinnung nach durchwegs „alttestamentarische Juden" – für unmöglich halten, die Wiedergeburt des Menschen aus dem Geiste. Bis in die Tiefen seiner ätherischen, ja seiner physischen Leiblichkeit zieht der Christ „einen neuen Menschen" an, womit selbstverständlich kein plötzlicher Vorgang, sondern eine langsame innere Wandlung gemeint ist. Der wahre Christ tritt nicht nur symbolisch, nicht nur rechtlich-politisch, sondern der Realität nach aus seiner Rasse aus, und daher ist die Angleichung der Juden an die Arier, wie übrigens die Überwindung aller nationalen und rassenmäßigen Differenzen, nur auf diesem Wege möglich. Ohne den Christusimpuls bleibt die Assimilation ein bloßer Schein, der gar oft zu einer Tragödie führt, wie dies *Max Nordau* in seiner kleinen Schrift „Die Tragödie der Assimilation" an einem konkreten Beispiel packend geschildert hat.

Die von der liberalen Richtung vernachläßigte Wahrheit, daß das Judentum zutiefst mit dem Christentum zusammenhängt, liegt jenem Lösungsversuch zugrunde, der von konfessioneller Seite, insbesondere auch von der katholischen Kirche, vorgeschlagen wird – alle Juden mögen sich taufen lassen. Ganz abzusehen ist hier von jenen Fällen, in welchen Nützlichkeitsgründe irgendwelcher Art das Motiv zur Taufe bilden, da ja selbstverständlich derartige Opportunismen mit der Lösung der Judenfrage nichts zu tun haben; anderseits sind die gehässigen Urteile orthodox oder national gesinnter Juden gegen die Getauften, auch gegen die aus Opportunitätsgründen Getauften, ungerecht zu nennen, weil man bei national oder konfessionell gleichgültig gewordenen Menschen nicht von einem „Verrat am Glauben und am Volk" sprechen kann. Allein auch die gar nicht seltene Überzeugungstaufe ist kein taugliches Mittel zur allgemeinen Lösung der Judenfrage, und zwar aus dem einfachen Grunde, weil auch in den Kirchen der Gegenwart der Christusimpuls nur in einer sehr unvollkommenen, unserer Zeit nicht mehr entsprechenden Form lebt. Beide für Mitteleuropa in erster Linie maßgebenden Formen des Christentums, der Protestantismus und der Katholizismus, sind als einseitige Repräsentanten zweier geistiger Prinzipien anzusehen, deren Synthese erst dem wahren Wesen des Christentums entspricht. Der Katholizismus hat sich in seinen Lehren, mehr noch in seinen kultischen Handlungen eine reiche Fülle von esoterischen Wirkungsmöglichkeiten bewahrt; er wirkt tief in das unterbewußte Wesen der Menschen hinein und lebt darum eigentlich in einer Sphäre, bis zu der die Angriffe und Argumente der aufgeklärten Freidenker gar nicht reichen; unberücksichtigt aber bleibt von ihm die gewaltige Entwicklung der abendländischen Kultur zur individuellen Freiheit. Der Katholizismus ist in seinen wichtigsten Dogmen und Sakramenten mit voller Absicht so aufgebaut, daß das persönliche Bewußtsein des einzelnen von der Teilnahme an dem esoterischen Geschehen ausgeschlossen wird; er hat ein vorchristliches Element in erstarrter, freiheitsfeindlicher Form bis in die Gegenwart bewahrt. Der Protestantismus dagegen ist ursprünglich aus dem starken Freiheitsstreben des modernen Menschen entstanden, hat aber den kultischen Zusammenhang mit den geistigen Welten größtenteils verloren; er gewährt zwar der einzelnen Individualität den freiesten Spielraum, gibt ihr aber keine substantielle Geistnahrung mehr und atomisiert dadurch das christliche Gemeinschaftsleben. Der Rationalismus, der alle reformierten Kirchen durchzieht, die Feindschaft gegen alle tieferen, esoterischen Elemente der Religion, begründet wiederum eine merkwürdige Verwandtschaft mit dem Judentum, eine Verwandtschaft, die besonders stark in England hervortritt und schon oft bemerkt worden ist. Der Übertritt zum Katholizismus mutet dem modernen Menschen zu, sein wissenschaftliches Denken, seine geistige Freiheit einer altehrwürdigen, aber dem tiefsten Sehnen unserer Zeit doch nicht mehr entsprechenden Institution zu opfern; der Protestantismus ist seinem Wesen nach Altes Testament, und seine Annahme würde daher für den Juden keinen wahren Fortschritt bedeuten. Selbstverständlich wird hier von der Taufe nur insofern gesprochen, als dieses kirchliche Sakrament als Mittel zur allgemeinen Lösung der Judenfrage empfohlen wird; generelle Urteile über persönliche Seelenerlebnisse einzelner Menschen zu fällen, entspräche nicht jener Gesinnung, aus der dieses Buch geschrieben sein möchte.

Der dritte große Lösungsversuch ist der Zionismus, dem wir nun schon mehrfach begegnet sind. Wiederum sei der Blick aufs Prinzipielle gerichtet, so daß wir uns versagen müssen, Einzelprobleme eingehender zu behandeln. Allerdings sind schon die Umstände, die den Zionisten die teilweise Verwirklichung ihres Programms ermöglichten, recht bedenklicher Natur. Als im Jahre 1917 die berühmte Balfourdeklaration erlassen wurde, war es der englischen Regierung selbstverständlich nicht darum zu tun, den Juden eine Freundlichkeit zu erweisen. Von Londoner Zeitungen wurde damals unverhohlen das imperialistische Machtinteresse Englands an der Gründung einer „Heimstätte" für das jüdische Volk in Palästina zugegeben. Palästina bildet den strategischen Schlüssel für Ägypten und den Suezkanal! Eine fatale Verquickung der zionistischen Bestrebungen mit der englischen Orientpolitik, mit der Politik der modernen Römer, wie die Engländer mit vollem Recht oft genannt wurden. Auch darin kann eine merkwürdige Schicksalsverkettung gesehen werden, daß die Juden bei ihrem Versuch, als Kolonisten festen Fuß in Palästina zu fassen, sogleich mit dem Brudervolk der Araber in schwere Konflikte kamen.

Trotz dieser und manch anderer Einwendungen ist zuzugeben, daß im Zionismus ein deutlicheres Empfinden für die Tiefe des jüdischen Problems zu finden ist als in anderen Kreisen und Richtungen. In den echten Zionisten lebt das Bewußtsein, daß der Jude als Jude im Kern seines Wesens an einer Entwurzelung leidet, daß ihm jener geistige Schwerpunkt fehlt, der dem Menschen erst den vollen Wert einer in sich ruhenden Persönlichkeit gibt. In zwei kleine Wörtchen läßt sich nun alles zusammenfassen, was die Zionisten als Mittel zur inneren Regeneration des Judentums empfehlen: Blut und Boden. Außerordentlich symptomatisch sind in dieser Hinsicht die Worte jener Persönlichkeit, welche in einem gewissen Gegensatz zu der von Theodor Herzl inaugurierten politischen Richtung des Zionismus eine geistige, ja mystische Vertiefung der jüdisch-nationalen Bewegung anstrebt, jene Worte, die *Martin Buber* im Kreise junger Menschen gesprochen hat: „Der junge Mensch fühlt in dieser Unsterblichkeit der Generationen die Gemeinschaft des Blutes, und er fühlt sie als das Vorleben seines Ich, als die Dauer seines Ich in der unendlichen Vergangenheit. Und dazu gesellt sich, von diesem Gefühle gefordert, die Entdeckung des Blutes als wurzelhafte, nährende Macht im einzelnen; die Entdeckung, daß die tiefsten Machtschichten unseres Wesens vom Blute bestimmt, daß unser Gedanke und unser Wille zu innerst von ihm gefärbt sind. Jetzt findet und empfindet er: Die Umwelt ist die Welt der Eindrücke und Einflüsse, das Blut ist die Welt der beeindruckbaren, beeinflußbaren Substanz, die sie alle in ihren Gehalt aufnimmt, in ihre Form verarbeitet. Und nun fühlt er sich zugehörig nicht mehr der Gemeinschaft derer, die mit ihm gleiche konstante Elemente des Erlebens haben, sondern der tieferen Gemeinschaft derer, die mit ihm gleiche Substanz haben." – „Das Blut ist die tiefste Machtschichte der Seele."

So hätte man vor etwa dreitausend Jahren sprechen dürfen, weil damals wirklich das durch die Generationen rollende Blut der Träger reiner Geistesimpulse war. Wer heute noch immer ein derartiges Blutsbekenntnis ablegt, gleichgültig, ob er die Macht des arischen oder jüdischen

Blutes preist, leugnet die Wirksamkeit des Christusimpulses in der Menschheitsentwicklung, leugnet, daß einst ein Wesen auf Erden gelebt hat, das durch sein Leben und seinen Tod das Prinzip der geistigen Blutsvererbung ein für allemal durchbrochen hat. Gewiß ist es wahr, Geist ohne Blut ist nur ein nebelhaftes Phantom, gut genug, um darüber parlamentarische oder akademische Diskussionen aufzuführen, aber ohnmächtig, Spiritualität ins wirkliche Leben zu tragen. Und weil wir des strohernen, *blutleeren* Intellektualismus überdrüssig geworden sind, darum macht sich allerorten das Bestreben fühlbar, in die dunklen, brodelnden Tiefen der menschlichen Blutorganisation zurückzutauchen. Aber das wahre Blut, das unseren Intellekt wieder mit spiritueller Wärme und imaginativer Leuchtkraft erfüllen kann, ist jenes Blut, das aus den Wunden Christi auf Golgatha geflossen ist. Nicht das von den Vätern und Urvätern auf leiblichem Weg vererbte Blut, sondern die geistige Kraft des Christusblutes soll „die tiefste Machtschichte unserer Seele“ werden. Der Weg der Menschheit geht vorwärts zum Geiste, nicht zurück zu einer, wenn auch noch so mystisch glorifizierten Leiblichkeit. Wie weit Buber davon entfernt ist, das Blutsgeheimnis des Christentums auch nur zu ahnen, zeigen die folgenden Sätze: „Was am Christentum schöpferisch ist, ist nicht Christentum, sondern Judentum, und damit brauchen wir nicht Fühlung zu nehmen, brauchen es nur in uns zu erkennen und in Besitz zu nehmen; denn wir tragen es unverlierbar in uns. Was aber am Christentum nicht Judentum ist, das ist unschöpferisch, aus tausend Riten und Dogmen gemischt; und damit wollen wir nicht Fühlung nehmen. Freilich dürfen wir dies nur antworten, wenn wir den abergläubischen Schrecken, den wir vor der nazarenischen Bewegung hegen, überwinden, und sie dahin einstellen, wohin sie gehört: in die Geistesgeschichte des Judentums." So spricht einer der besten Vertreter des Zionismus ! Aber wahrhaftig, der „Schrecken vor der nazarenischen Bewegung" ist etwas ganz anderes als der Ausfluß eines seltsamen „Aberglaubens", er ist die Furcht Ahasvers vor dem mahnenden Blick des Christus.

Etwas ganz Ähnliches gilt in bezug auf die zionistische Idee, das Judentum durch eine enge physische Verbindung mit dem alten Heimatsboden Palästinas zu erlösen. Aus Krämern und Agenten, aus Journalisten, Advokaten und Ärzten sollen wieder Bauern werden, in deren Seele die frische Kraft der heimatlichen Scholle einströmt, Zwiespältigkeit (nach Weininger der Grundzug jüdischen Wesens) in kindliche Einfalt, Arroganz in naives Selbstbewußtsein, müde Gedrücktheit in herzliche Fröhlichkeit, Feigheit in Mut verwandelnd. Verlockend wäre es, hier zu zeigen, wie ähnliche Ideenrichtungen auch sonst in der Gegenwart auftauchen, wie man z. B. dem Großstädter zur Heilung seiner ahasverischen Unrast empfiehlt, aufs Land hinauszuziehen, um sich dort durch ackerbauende Tätigkeit wieder mit den mütterlichen Kräften der Erde zu verbinden. In dieser „Siedlungsbewegung" lebt ebenso wie im Zionismus der alte Rousseausche Irrtum wieder auf, der Mensch könne, ja müsse zur „Natur" zurückkehren. Die wahre „Bodenständigkeit" liegt aber heute nicht in der bloß physischen Verbindung mit Natur und Erde. Seit dem Mysterium von Golgatha ist der Christus, der früher aus den kosmischen Höhen herunter wirkte, zum Mittelpunktsgeist unserer Erde geworden, und nur durch ihn kann sich heute die Seele wieder mit der „Erde" verbinden. Der Zionismus ist nicht nur, wie im ersten Kapitel dieses Buches ausgeführt wurde, eine ins Irdisch-Sinnliche herabgeglittene Erlösungsbewegung, ein säkularisierter Messianismus, er materialisiert auch die tief berechtigte Sehnsucht unserer Zeit, den Menschen wieder auf die Beine zu stellen, nachdem er lange genug auf seinem Kopf stand.

Jeder der drei Lösungsversuche enthält einen Teil, keiner das Ganze der Wahrheit. In der *Assimilationsbewegung* der liberalen Kreise finden wir einen Anklang an die Wahrheit, daß einst alle nationalen und konfessionellen Schranken überwunden werden müssen; in einer freilich sehr verwässerten Form vertritt der Liberalismus die Idee einer allgemeinen Bruderschaft aller Menschen; solange dieses „Humanitätsideal" aber verquickt ist mit einer philiströsen, das Geistige vernebelnden Weltanschauung, wird der Liberalismus nolens volens gerade den antihumansten Tendenzen Vorschub leisten. Die *Kirche* predigt den Christus – und bekämpft ihn überall dort, wo seine Kraft und Weisheit als inneres, persönliches Seelenerlebnis angestrebt wird. Der Zionismus endlich, im Besitz einer richtigen, wenn auch nicht erschöpfenden Diagnose, will eine geistig-seelische Erkrankung durch physische Mittel heilen. Er ist einem guten Diagnostiker und schlechtem Therapeuten zu vergleichen.

„Ein altes Lied in neuer Instrumentierung" – wird vielleicht so mancher sagen, wenn er gewahr wird, daß wir das geschichtliche und psychologische Geheimnis des Judentums einzig und allein aus seinem innern Verhalten zum Christentum und zu dem Christus abzuleiten versucht haben. In der Tat ist es unsere Überzeugung, daß in seiner Beziehung zu dem Christus ein jegliches Wesen, eine jegliche Erscheinung seine innerste Natur entschleiert; wie sollte dies nicht für das Judentum gelten, das in so schicksalshaft tragischer Weise an das Christentum gebunden ist! Naheliegend ist es, uns dieser Anschauungen wegen konfessionelle Voreingenommenheit vorzuwerfen, darauf hinweisend, daß „Sektierer" oft weitaus fanatischer sind als Angehörige großer und saturierter Religionsgemeinschaften. Wer so spräche, würde den Sinn dieser Darstellungen völlig mißverstehen. Das Christentum ist weder eine „Lehre" noch ein Bekenntnis. Christwerden in der eigentlichen Bedeutung dieses Wortes heißt nicht, sich zu einer Summe metaphysischer oder moralischer Glaubenssätze bekennen, sondern einen Weg antreten, auf dem in seelischer Wirklichkeit dasjenige *erfahren* wird, was sich am Beginne unserer Zeitrechnung auf dem physischen Erdenplan historisch und „mystisch" zugleich abgespielt hat. Das Christentum ist eine historische und geistige Realität, deren Substanz und Wirkungen zunächst von dem „Bekenntnis" der Menschen ebenso unabhängig sind, wie irgendein physikalischer oder chemischer Vorgang. Tatsachen werden nicht geglaubt, sondern erfahren und erkannt, und im besonderen ist es Aufgabe unserer Zeit, das Christentum aus einer Angelegenheit des Bekennens in eine solche des Erkennens zu verwandeln. Erkenntnis in diesem Zusammenhang darf freilich kein bloßes Ausspinnen abstrakter Begriffe sein, sondern ein lebendiges Anschauen übersinnlicher Welten. Erst eine echte, zeitgemäße Geisteswissenschaft befreit das Christentum aus allen konfessionellen Schranken, durch die es bisher doch noch immer als Angelegenheit kleinerer oder größerer Gruppen erscheinen mochte, und erhebt es zu dem, wozu es von Anfang an bestimmt war: zu einer Angelegenheit der ganzen Menschheit. In diesem Sinne, als Hinweis auf die geistige Beziehung zu einer Tatsache, nicht zu einem Bekenntnis, waren die Worte gemeint, mit denen das erste Kapitel dieses Buches schloß und die nun hier wiederholt und durch einen Zusatz ergänzt werden sollen, zu dem wir uns erst jetzt berechtigt glauben: *Das erschütternde Rätsel des Judentums ist in der Tatsache begründet, daß aus dem Vorglanz des Christentums dessen Schatten wurde. Dieser Schatten wurde in Ahasverus, dem Pfleger des nachchristlichen Judentums, wesenhaft; ihn aus seiner düsteren, gebeugten Gestalt in eine Lichtwesenheit zu verwandeln, die dem Christus freudig dient, ist die Mission des gegenwärtigen und zukünftigen Judentums.*

NACHWORT

Wenn ich nun, am Ende dieser dem Rätsel des Judentums gewidmeten Arbeit angelangt, das Ganze überblicke, werde ich mir schmerzhaft des Abstandes zwischen innerem Bild und äußerer Darstellung bewußt; auch für den Schriftsteller gelten ja die Worte, die Lessing seinen Maler Conti sagen läßt: „Auf dem langen Weg aus dem Auge durch den Arm in den Pinsel, wieviel geht da verloren!" Allerdings war meine Absicht in erster Linie nicht die, ein historisches Gemälde des Judentums zu entwerfen, vielmehr wollte ich vor allem auf jenes ideelle Licht hinweisen, in dem dieses Bild einige seiner wesentlichsten Züge enthüllt. Doch bilden Licht und beleuchteter Gegenstand eine Einheit, weil sich der innere Reichtum des an sich einfachen Lichtes erst an den Farben und Formen der belichteten Objekte offenbart, und darum stand, während ich dieses Buch schrieb, unausgesetzt auch die Geschichte des Judentums und der Judenheit wenigstens in großen Zügen vor meinem inneren Auge. Dieses dramatisch bewegte, an Schicksalen und Leiden so reiche Tableau auch noch selber darzustellen, hätte aber nicht nur den Rahmen dieses Buches, sondern auch die Grenzen meiner historischen Kenntnisse und vor allem auch, wie ich offen gestehen will, die Grenzen meiner künstlerischen Darstellungsfähigkeit weit überschritten. Und wahrlich, eines dramatisch hochbegabten Epikers würdig wäre die Aufgabe, einmal ein bewegtes Bild dieser Passionsgeschichte eines Volkes zu entrollen, wenn auch vielleicht gesagt werden kann, daß hier der Künstler die Eindrucksgewalt der „nackten

Tatsachen“ kaum überbieten könnte. Ich würde nur wünschen, daß sich meine Leser, damit die hier niedergelegten Ideen auch für sie Kraft und Wirklichkeitsfülle erlangen, mit den Grundzügen dieser Volksgeschichte vertraut machen, eine Mühe, die ihren Lohn in sich selbst trüge. Welcher Reichtum an phantastisch abenteuerlichen Gestalten, welche romanhaft unwirklichen Geschehnisse! Der reine, unschuldig-starke Glanz der Patriarchenzeit; Joseph von seinen Brüdern, nach Ägypten verkauft; seine prophetischen Träume, sein Martyrium und seine endliche Rechtfertigung; die Hebräer werden im Lande Mizrajim von den Ägyptern geknechtet, von Moses befreit und in das Land ihrer Väter zurückgeführt; das hebräische Heldenzeitalter unter den Richtern; die Zeit der Könige mit ihren allmählich immer stärker hervortretenden Verfallserscheinungen; die Israeliten werden in die assyrische, die Juden in die babylonische Gefangenschaft geschleppt; die Juden stehen vor Pilatus und fordern die Kreuzigung Christi; der Prachtbau des herodianischen Tempels zerstört; die Juden in der Diaspora, von nun an trotz ihrer Sonderstellung verflochten mit den Schicksalen blutsfremder Völker; die Kreuzfahrer metzeln in den rheinischen Städten Tausende von Juden nieder; die Vertreibung der Juden aus Spanien; die dumpfe, unfruchtbare Periode des sechzehnten und siebenzehnten Jahrhunderts; die Aufklärung und Emanzipation und endlich der Zionismus; – wahrhaft, ein phantastisches Volksschicksal, phantastische Einzelschicksale! Und wie deutlich spricht sich der innere Sinn des nachchristlichen Judentums in der Tatsache aus, daß unter den Juden der nachchristlichen Zeit immer wieder Persönlichkeiten auftraten, die sich für den Messias ausgaben und die oft stürmische Weltbewegungen hervorriefen; von Bar Kochba im zweiten Jahrhundert nach Christi über David Rëubeni und Sabbatai Zewi – um nur aufs Geratewohl einige Namen aus der schier ununterbrochenen Kette von falschen Heilanden herauszugreifen – bis zur Gegenwart, für die, nach dem lateinischen Sprichwort, Namen zu nennen gehässig wäre; unvertilgbar lebt im Judentum die Sehnsucht nach messianischer Erlösung. Allein „Blindheit ist Israel zum Teil widerfahren, solange bis die Fülle der Heiden eingegangen ist".

Seltsam, wie die Geschicke der Juden, sind ihre geistigen Werke, soweit diese wirklich als „jüdisch" anzusprechen sind. Eine solche Einschränkung ist darum notwendig, weil sowohl von den Judenfreunden als auch von den Antisemiten Leistungen als „jüdisch" gepriesen oder geschmäht werden, die ihrem Geiste nach nichts mit dem Judentum zu tun haben. Maimonides ist ein arabischer Philosph, Spinoza ein Denker der beginnenden Aufklärungsepoche, Heine ein deutscher Dichter der ausklingenden Romantik, Einstein ein Naturwissenschafter des zwanzigsten Jahrhunderts, wenn auch bei allen diesen Persönlichkeiten wohl mit Recht auf einen gewissen jüdischen Einschlag hingewiesen werden kann, der aber nur eine mehr oder minder starke Nuancierung bewirkt, keineswegs den Grundduktus bestimmt. Originär jüdisch dagegen ist etwa der Talmud, dieses merkwürdige Sammelwerk aus den ersten nachchristlichen Jahrhunderten, für das kaum eine genau zutreffende Parallelerscheinung in der Geistesgeschichte eines anderen Volkes aufgezeigt werden kann. Auch Talmud und Kabbala, die beiden Grundsäulen des geistigen Lebens der mittelalterlichen Judenheit (und das

Mittelalter dauerte für die Juden bis zum letzten Drittel des achtzehnten Jahrhunderts) konnten nicht zur Darstellung kommen, doch ist es nicht allzu schwer, sich die zur Orientierung notwendigen Werke zu verschaffen.

*

Zwei gegensätzliche Wesenszüge der inneren und äußeren Geschichte des Judentums rechtfertigen es, in den verborgenen Untergründen des Daseins nach der Lösung des Rätsels, das uns das Judentum aufgibt, zu suchen. Einerseits verläuft die Geschichte des nachchristlichen Judentums derart, daß eine gewisse Sonderstellung dieser Geschichte in den allgemeinen Völkerschicksalen der abendländischen Menschheit unverkennbar ist; die Geschichte der Juden bildet einen deutlich wahrnehmbaren Sonderstrom. Anderseits ist seit jeher das Bewußtsein lebendig, daß die Probleme und Angelegenheiten der Juden nicht bloß Probleme und Angelegenheiten einer kleinen, in sich geschlossenen Gruppe sind; immer wieder ist man bei Durchsicht von statistischen Tabellen erstaunt, wie überaus groß im Verhältnis zur geringen Zahl der Juden der Raum ist, den das Problem des Judentums im Bewußtsein der europäischen Völker einnimmt. Die leidenschaftliche Heftigkeit, mit der über die Judenfrage gestritten wird, ist nur ein Symptom dafür, daß es hier nicht um Sonderprobleme geht, sondern um weitaus größeres; das Rätsel des Judentums ist ein Menschheitsproblem, und darum durfte ich hier den Versuch wagen, diese Frage in das Licht der anthroposophischen Geisteswissenschaft zu rücken. Anthroposophie stellt auch in dieser Hinsicht kein Programm auf; sie gibt uns die Lösung nicht fertig in die Hand, sondern weist uns hin auf jenes Gebiet, in dem alle großen Menschheitsfragen ihren Urstand haben, woher sie kommen, wohin sie durch die menschliche Erkenntnis wieder geführt werden müssen – auf das Gebiet des realen Geistes.

Ich schreibe diese Zeilen – und wenn ich von meiner Arbeit aufschaue, fällt mein Blick auf jenen großen, in seinen Formen eine gewaltige Sprache sprechenden Bau des Goetheanum, den Rudolf Steiner als Heimstätte für das in berechtigter Art zum Geiste strebende Seelenringen des modernen Menschen gebaut hat. Von der Thora haben jüdische Weise gesagt, sie spreche die Sprache des Menschen. Wer Anthroposophie wirklich kennt, darf diese Worte mit voller innerer Verantwortlichkeit auf die von Rudolf Steiner geschaffene Geisteswissenschaft und auf ihren Bau in Dornach beziehen: sie sprechen die Sprache des Menschen.

Dornach, August 1930

Ludwig Thieben

ANMERKUNGEN UND HINWEISE

Nach *kursiv* gesetzten Ziffern folgen Anmerkungen von Ludwig Thieben. Die übrigen Anmerkungen und Hinweise stammen vom Herausgeber. Beim Nachweis von Werken Rudolf Steiners wurde stets die Bibliographie-Nummer der Dornacher Gesamtausgabe angegeben (abgekürzt GA).

1 Der britische Außenminister Lord Arthur Balfour erklärte in einem an den Zionistenführer Lord Rothschild gerichteten Schreiben vom 2. November 1917, daß die britische Regierung die geplante Errichtung einer „nationalen Heimstätte" für Juden in Palästina unterstützen werde. Siehe *Meyers kleines Lexikon der Geschichte*, Mannheim 1987, wo der Wortlaut dieser Erklärung abgedruckt ist.

2 Heinrich Graf Coudenhove-Kalergi, *Das Wesen des Antisemitismus*, herausgegeben von Richard Graf Coudenhove-Kalergi, Leipzig 1923, S. 203.

3 Der erste Zionistenkongreß fand 1897 in Basel statt.

4 Ernst Müller, *Der Sohar und seine Lehre*, Wien/Berlin 1920.

5 Siehe auch Anm. 1.

6 Siehe Anm. 2, Kap. 1.

7 Adolf von Harnack, *Das Wesen des Christentums*, Leipzig 1901, S. 203.

8 Wilhelm Bölsche, *Das Liebesleben in der Natur*, Jena 1919, 1. Teil, S. 462.

9 *Die Lehrlinge zu Sais*, Kap 2 „Die Natur".

10 GA 10.

11 Siehe R. Steiner, *Aus der Akasha-Chronik*, GA 11.

12 Carl Snell, *Vorlesungen über die Abstammung des Menschen*, Leipzig 1887.

13 Schamanen sind die Zauberpriester und Ärzte der Nordmongolen.

14 Vortrag vom 2. September 1910, GA 123. Bei Thieben findet sich hier wie auch in den folgenden Steiner-Zitaten gelegentlich ein leicht anderer Wortlaut als in der heutigen Gesamtausgabe.

15 1. Buch Moses, 14, 18.

16 GA 123, Vortrag vom 4. September 1910.

17 Enthalten in: R. Steiner, *Antworten der Geisteswissenschaft auf die großen Fragen des Daseins*, GA 60.

18 Siehe Anm. 17.

19 Vortrag vom 9. März 1911, siehe Anm. 17.

20 Rudolf Steiner, *Das Christentum als mystische Tatsache*, Kap. „Mysterien und Mysterienweisheit", GA 8.

21 Novalis, *Die Lehrlinge zu Sais*, Kap. „Die Natur".

22 2. Buch Moses, 2. Kap., 15–22.

23 Vgl. dazu das Kapitel „Martianus Capella und die sieben freien Künste" in: Karl Heyer, *Vom Genius des Mittelalters*, Basel 1990, S. 32 ff.

24 Vgl. hierzu den Aufsatz „Moses zwischen Aaron und Joshua" von Emil Bock in „Die Drei", Jg. 6, H. 1; ferner sein Buch *Moses und sein Zeitalter*, Stuttgart, 3. Aufl. 1978.

25 Goethe, „Über den Granit", Hamburger Ausgabe in 14 Bänden, Bd. 13, S. 253 ff.

26 Diese These Schillers enthält übrigens einen biblischen Anachronismus, da das Gebot der Beschneidung schon an Abraham ergeht.

27 Vgl. dazu den wenig beachteten Aufsatz Goethes „Israel in

der Wüste" aus dem Jahre 1897; enthalten in den „Noten und Abhandlungen zum besseren Verständnis des West-Östlichen Divans", Goethes Werke, Hamburger Ausgabe Bd. 2, S. 207 ff. – Goethe vertritt darin die von ihm wohlbegründete These, daß die Wüstenwanderung „keine vierzig, sondern höchstens zwei Jahre gedauert" haben kann und entwirft ein scharf gezeichnetes, bedeutsames Moses-Porträt.

28 GA 34.

29 Von „Juden" im eigentlichen Sinn kann man überhaupt erst für die Zeit nach dem babylonischen Exil sprechen, weil der Terminus „Jehudäer" früher nur einen der zwölf Stämme bezeichnete und weil die zehn Stämme Israel bekanntlich nie aus der assyrischen Gefangenschaft zurückgekehrt sind.

30 Stuttgart 1921.

31 Die Geschlechtsreife tritt im Orient früher ein.

32 H. H. Frei = Pseudonym für Sigismund von Gleich, „Die hebräische Geschichte in ihren Hauptabschnitten als Vorbereitung der Christusoffenbarung", in „Die Drei", 1926, H. 3.

33 Schelling, *Vom Ich als Prinzip der Philosophie,* § 3, in: F. W. J. Schelling, *Schriften von 1794–1798,* Darmstadt 1967, S. 67 f.

34 Werner Sombart, *Die Juden und das Wirtschaftsleben,* Leipzig 1911, S. 262 ff. Zwischen einfachen Anführungsstrichen stehen Zitate Sombarts aus dem Werk *Issroels Pflichten* von S. R. Hirsch.

35 Op. cit. , Kap. „Plato als Mystiker".

36 Unter dem Titel *Geisteswissenschaftliche Entwicklungslinien im Hinblick auf den Impuls von Gondhi-Schapur* in Buchform erschienen, Stuttgart 1966.

37 A. a. O., S. 11 f.

38 *Die Geheimwissenschaft im Umriß*, GA 13, 28. Aufl. , S. 81.

39 Ernst von Lasaulx, *Die Sühnopfer der Griechen und Römer und ihr Verhältnis zu dem einen auf Golgotha,* München 1841.

40 Siehe Anm. 34.

41 Vortrag vom 31. 3. 1922, in GA 211.

42 Op. cit., S. 95 ff.

43 Siehe A. Ruppin, *Dreißig Jahre Aufbau in Palästina*, Berlin 1937, S. 229 ff.

44 Op. cit., S. 416 ff.

45 Otto Weininger, *Geschlecht und Charakter*, (Reprint) München 1980, S. 439.

46 Op. cit., S. 418 f. – Zu Weininger und seinem Verhältnis zum Judentum siehe: Jacques Le Rider, *Das Ende der Illusion,* Wien 1990; darin insbesondere das wichtige Kapitel „Krisen der jüdischen Identität".

LUDWIG THIEBEN

Ein Nachruf von Hans-Erhard Lauer*

In den letzten Tagen traf in Dornach die Nachricht ein, daß am 21. April [1947] Dr. Ludwig Thieben in Zeist in Holland gestorben ist. Das Lebensschicksal eines geistig bedeutenden Menschen hat mit diesem Tode seinen Abschluß gefunden. Aufgewachsen in Wien, erlebte Ludwig Thieben als Jüngling noch die letzte Glanzzeit des Kaiserreiches an der Donau mit ihrem reichbewegten geistigen und künstlerischen Leben vor dem ersten Weltkrieg. Schon als Gymnasiast und dann als Student der Rechte beschäftigte er sich intensiv mit philosophischen Problemen. An den so gegensätzlichen Gedankenwelten Hegels und Schopenhauers suchte er zuerst eine Orientierung über die großen Erkenntnis- und Lebensfragen zu gewinnen; aber auch Nietzsche und Weininger, deren erregende Ideen in jener Zeit die Geister bewegten, bedeuteten für ihn tiefwirkende geistige Begegnungen.

Als junger Offizier geriet er während des ersten Weltkrieges in russische Gefangenschaft. In einem Gefangenenlager Sibiriens lernte er die Anthroposophie kennen und erarbeitete sich in einem Kreise gleichgesinnter Kameraden während der vier Jahre, die er in der Weltabgeschiedenheit Innerasiens verbrachte, in systematischem Studium, was damals an anthroposophischem Schrifttum vorlag und

* Dieser Nachruf ist erstmals erschienen in „Was in der Anthroposophischen Gesellschaft vorgehht", Jahrgang 24, Nr. 21, Mai 1947.

durch Büchersendungen aus Europa erhältlich war. Im Jahre 1921 endlich konnte er auf einem abenteuerlichen Transport zu Lande bis Wladiwostok und von dort zur See um ganz Asien herum in seine Heimat zurückkehren. Während er nun sein juristisches Studium wieder aufnahm und nach dessen Abschluß in das Advokaturbüro seines Vaters als dessen Compagnon eintrat, stellte er sich zugleich sofort als Vortragender in die erste Reihe der Mitarbeiter im Wiener Zweig und der aktiven Vertreter der Anthroposophie in der Wiener Öffentlichkeit. Durch anderthalb Jahrzehnte hat er mit mir zusammen den Hauptteil der öffentlichen anthroposophischen Vortragstätigkeit in Wien und Österreich bestritten.

Seine Wirksamkeit als Vortragender und Schriftsteller zeichnete sich aus durch ein tiefgfründiges, streng geschultes und scharfsinniges Denken, eine gediegene philosophische und wissenschaftliche Bildung und eine lebendige Anteilnahme an allen Erscheinungen und Problemen des kulturellen Lebens. In einer Reihe von Schriften (die zum Teil leider nur als vervielfältigte Manuskripte erschienen) hat er gehaltvolle Darstellungen der philosophischen und der religiösen Entwicklungsgeschichte des Abendlandes gegeben. Für sein engeres Berufsgebiet, die Jurisprudenz, versuchte er in einer (bei Geering in Basel erschienen) Schrift „Strafrecht, Mensch und Schicksal“ aus der Geisteswissenschaft heraus neue erkenntnismäßige und praktische Orientierungen zu gewinnen.

In seinem Buche „Das Rätsel des Judentums“ hat er einen ersten grundlegenden Beitrag dazu geleistet, aus den Erkenntnissen der Anthroposophie heraus dieses einzigartige Volksschicksal, das eines der tiefsten Mysterien der

Weltgeschichte darstellt, bis in seine neuesten Entwicklungsphasen herein geistig zu durchhellen. Die Aufhellung dieses Rätsels bedeutete für ihn zugleich das Ringen um die Lösung persönlichster Schicksalsfragen und -aufgaben. Denn mit seinem durchdringenden, philosophisch geschulten Verstand vereinigte er zugleich eine tiefe Frömmigkeit, ein ernstes Sehnen und Streben nach Durchchristung seines Wesens und Lebens.

Einer jüdischen Familie entstammend, war er schon vor seinem Bekanntwerden mit Anthroposophie einer christlichen Konfession beigetreten. Als die Christengemeinschaft begründet wurde, gedachte er bisweilen, sein Leben in deren Dienst zu stellen, blieb aber dann, einem Rate Rudolf Steiners folgend, seiner wissenschaftlichen Berufung treu. Von großer persönlicher Bescheidenheit, zeigte er sich als echter Österreicher gleicherweise dem oberflächlichen Plätschern in Schlagworten wie einem verbohrten Fanatismus abhold – ein Mensch des Maßes und der Mitte, von gemüthaft-gemütlichem Gehabe, der dem Gespräch oder Vortrag gerne auch die Würze eines gutmütigen Humors verlieh. In voller Klarheit erkannte und in seiner ganzen unheilvollen Tragik empfand er zutiefst, was es für die nächste Zukunft Mitteleuropas bedeutete, als in Deutschland die nationalsozialistische Bewegung zur Herrschaft kam. Immer tiefere Schatten verdüsterten seine Seele, als diese Bewegung nach Österreich mehr und mehr übergriff und auch da zuletzt ihren Einzug hielt.

Seelisch unter diesen Verhältnissen schwer leidend, hatte er sich schon vorher von der öffentlichen Wirksamkeit ganz zurückgezogen. Noch zwei Jahre hatte er dann am eigenen Leibe zu erdulden, was Menschen seiner Abstammung nach dem Anschluß Österreichs auch dort zu erleiden hatten. Den Bemühungen seiner Freunde gelang es endlich, eine Auswanderungsmöglichkeit nach Amerika für ihn zu erreichen. Einen Tag vor dem deutschen Einmarsch in Holland langte er dort an, um sich nach Amerika einzuschiffen. Doch gelang ihm dies nicht mehr. Er wurde in den Wirbel des Krieges hineingerissen. Nur der aufopfernden Sorge seiner Gattin und der Hilfe holländischer Freunde glückte es, den seelisch schon schwer Erkrankten durch den Sturm der Kriegsereignisse und die Zeit der deutschen Besetzung hindurch am Leben zu erhalten. Mit seiner Seele schon teilweise vom Leibe gelöst, gegenüber der äußeren Welt nurmehr hindämmernd, von seiner Gattin unter schwierigsten Lebensumständen hingebungsvoll gepflegt, hat er die letzten Jahre seines Lebens verbracht, um nun endlich in der Welt des Geistes, der all sein Sehnen und Ringen gegolten, die irdische Hülle völlig abstreifend, zu einem neuen, rein geistigen Leben erwachen zu dürfen.

„Deutschland ist nichts, aber jeder einzelne Deutsche ist viel. Und doch bilden sich letztere gerade das Umgekehrte ein. Verpflanzt, zerstreut wie die Juden in alle Welt müßten die Deutschen werden, um die Masse des Guten ganz und zum Heil aller Nationen zu entwickeln, die in ihnen liegt."

Goethe zu Kanzler von Müller am 14. Dezember 1808

DEUTSCHE UND JUDEN: ZWEI MENSCHHEITSVÖLKER

von Thomas Meyer

1. Im Zeichen des Menschheitsgeistes

Gleichzeitig mit diesem Buch erscheint im selben Verlag und zur selben Zeit Karl Heyers längst vergriffenes Werk *Wesen und Wollen des Nationalsozialismus und das Schicksal des deutschen Volkes* ebenfalls in neuer, nunmehr dritter Auflage. Dies ist kein Zufall: Durch die Paralleledition von Heyers und Thiebens Untersuchungen soll der Tatsache Rechnung getragen werden, daß es keine zwei anderen Volkheiten geben wird, die – im Guten wie im Bösen – so viele Wesenszüge gemeinsam haben und sich als so schicksalsverwandt erweisen wie die jüdische und die deutsche. Das bedarf einer Erklärung.

Der Nationalsozialismus war nicht, wie oft gemeint wird, ein Ausdrucksphänomen des eigentlichen, wahren Deutschtums, sondern vielmehr, wie Heyer es eindringlich darstellt, eine Folge des inneren Abfalls der Deutschen von ihrem Volksgeiste, ein Prozeß, der bald nach Goethes Tod einsetzte und im Dritten Reich seinen bisher grausigsten Höhepunkt erreicht hat. Und wie als Echo auf diesen wachsenden deutschen Nationalismus wurde am Ende des letzten Jahrhunderts die modernste und folgenschwerste Erscheinung eines jüdischen Nationalismus – der Zionismus – hervorgerufen.

*

Doch werfen wir zunächst einen Blick auf das gute Gemeinsame der beiden Volkheiten. Schon im Titel unserer Betrachtung klingt es an: Wir haben es mit Völkern zu tun, zu deren innerster Mission die *Überwindung* des exklusiven Volksbewußtseins und -wirkens gehört, zugunsten der Herausbildung eines Bewußtseins auf Menschheitsebene. Daß die Juden als auserwähltes Volk die Aufgabe hatten, dem „Herrn" die Wege zu bereiten und darin als Volkheit bereits eine Menschheitsmission erfüllten, ist allgemein bekannt; auch wenn sie denjenigen, dessen Kommen sie vorbereitet hatten, in ihren maßgeblichen Repräsentanten nicht erkannten und bis auf den heutigen Tag nicht zu erkennen vermögen. Von ähnlicher Größe und Tragik kann heute, wiewohl das viel jüngere Deutschtum vergleichsweise erst am Anfange seines Wirkens steht, auch bei den Deutschen gesprochen werden.

Wenn im Evangelium zu lesen ist: „Und sie werden den Menschensohn auf den Wolken des Himmels kommen sehen mit großer Macht und Herrlichkeit" (Math. 24, 30), so umschließt dieses Wort das Geheimnis einer innersten Volksmission des Deutschtums: der Menschheit begreiflich zu machen, daß damit keineswegs ein poetisches Gleichnis ausgesprochen ist, sondern auf ein *zweites* Erscheinen Christi hingewiesen wird, und zwar nicht auf ein wiederholtes physisch-sinnliches, sondern auf ein Erscheinen und Wirken innerhalb des ätherisch-übersinnlichen Geistbereiches der Erde. Diese geistige Wiederkunft Christi spielt sich nach der Geistesforschung Rudolf Steiners über verschiedene Stufen seit dem Beginn der dreißiger Jahre dieses unseres 20. Jahrhunderts ab.[1] Und daß dieses erneute Erscheinen Christi in seinem Wirken nicht verschlafen werde, und, wo es Beachtung findet, auch wirklich in seinem Charakter verstanden werden könne – dazu waren und sind in erster Linie und unmittelbar die Deutschen berufen, mittelbar aber auch alle übrigen deutschsprachigen Völkerschaften Mitteleuropas, insofern sie mit dem Deutschtum eine geistig-kulturelle Einheit bilden.

Das vorzüglichste Instrument, dem ätherischen Christus einen nicht physischen Leib, sondern gleichsam einen *Verständnis-Leib* zu bereiten, ist gerade diesen Völkerschaften durch die anthroposophisch orientierte Geisteswissenschaft in die Hand gegeben worden, welche zu diesem Christus-Verständnis die zentralen Bausteine geliefert hat. Die Menschheit über das Wirken des *ätherischen* Christus aufzuklären, das wäre eine Zentralmission des Deutschtums im 20. Jahrhundert. In diesem Sinne könnten die Deutschen als die Juden der Moderne bezeichnet werden. Statt Menschheitsvölker könnte also auch Christusvölker gesagt werden, denn der Volksgeist beider dieser Völker steht zu dem Geist der gesamten Menschheit in einer ganz besonderen Beziehung.

In bezug auf diesen Volksgeist sagt uns die Geisteswissenschaft etwas für das Verhältnis von Juden und Deutschen tief Bedeutsames: es war ein und dieselbe geistige Wesenheit, die zu verschiedenen Zeiten sowohl als Volksgeist der Juden wie später als solcher der Deutschen gewirkt hat. Es ist der bereits im Alten Testament genannte Erzengel Michael.

Diese Wesenheit ist nun aber nach geisteswissenschaftlicher Forschung im Herbst des Jahres 1879 von ihrer Wirksamkeit als Volksgeist zu einer solchen als *Zeitgeist* aufgestiegen.[2] Würde diese Tatsache von Juden und Deutschen tief genug begriffen, so würde sich bereits aus ihr allein der Impuls gewinnen lassen, gerade innerhalb dieser beiden Volkheiten, gewissermaßen dem führenden Geiste nachstrebend, über das Niveau des bloß National-Volkhaften hinauszuwollen und zu -können. Und in der Hinwendung zum wahren Zeitgeist würde sich dem Verständnis dieser Volkheiten in besonderem Maße auch das Wirken des Menschheitsgeistes im 20. Jahrhundert erschließen lassen. *Denn Michael, einst „Antlitz Jehovas" geheißen, ist seit seinem Wirken als Volksgeist der Juden, zum „Antlitz Christi" geworden.*[3]

2. Kosmopolitismus oder Hypernationalismus

Wollen oder sollen die verschiedenen übrigen Völker der Welt und ihre einzelnen Angehörigen über das Volksniveau mit dem auf demselben nur berechtigten und innerhalb gewisser Grenzen nur natürlichen ‚Nationalismus' hinauskommen – dann könnten sie das nirgendwo besser lernen als bei Juden und Deutschen – sofern diese ihre universelle Mission zu begreifen imstande sind. Immerhin war ein übernationaler Kosmopolitismus stets das historische Kennzeichen der besten jüdischen Kultur – man denke nur an das, was die Juden etwa „zerstreut" unter die Spanier als Gelehrte „zum Heil aller Nationen" geleistet hatten; und dasselbe kann von der deutschen Kultur in ihrer bisherigen Blüte des Goetheanismus gesagt werden, obwohl die Samen dieser Blüte noch nicht überallhin „verpflanzt" worden sind.

Völker, die so tief dazu veranlagt sind, ja zu deren innerster Mission es gehört, sich selbst und die anderen Völker zum Niveau des *alle* Menschen, gleichgültig welchen besonderen Volkes, verbindenden Menschheitsgeistes zu erheben, müssen, das liegt in der Natur des Sache, auch ganz besonderen Verirrungsmöglichkeiten ausgesetzt sein, sofern sie das eigentlich Menschheitlich-Kosmopolitische ihrer Mission nicht zu erfassen vermögen oder ihm untreu werden: der Gefahr nämlich, daß sie – aus welchen Günden auch immer – *in einen Nationalismus verfallen, der ebenso tief unter dem gewöhnlichen und bei den übrigen Völkern in gewissen Grenzen normalen Nationalismus liegt, wie sie berufen wären, über denselben hinauszuführen.* Beides hat sich im Judentum wie im Deutschtum tatsächlich gezeigt. Im Judentum des Altertums schon insofern, als es in welthistorischer Tragik den Erschienenen übersieht und weiterhin einem noch Kommenden entgegengeht, aber, gleichsam in der alten Richtung seiner früheren Mission fortblickend, diesen immer noch auf dem physischen Plane als Gott des eigenen, auserwählten Volkes erwartet; im Deutschtum dadurch, daß es sich nach der kosmopolitisch orientierten Goethezeit immer mehr zum Träger einer national-politischen Staatsidee nach westlicher Schablone machte. Auch in diesem *unter* das Niveau des sonstigen Nationalismus Sinkens weisen Juden und Deutsche bemerkenswerte Parallelen auf.

Bekannt ist, wie Nietzsche, als einer der besten Geister wahren Deutschtums, mit großer Skepsis auf den Siegestaumel zu vieler Deutscher nach dem Kriege mit den Franzosen im Jahre 1871 blickte:

„Von allen schlimmen Folgen (...), die der letzte mit Frankreich geführte Krieg hinter sich dreinzieht“, schrieb er im ersten Stück seiner *Unzeitgemäßen Betrachtungen*, „ist vielleicht die schlimmste ein weitverbreiteter, ja allgemeiner Irrtum: der Irrtum der öffentlichen Meinung und aller öffentlich Meinenden, daß auch die deutsche Kultur in jenem Kampfe gesiegt habe und deshalb jetzt mit den Kränzen geschmückt werden müsse, die so außerordentlichen Begebnissen und Erfolgen gemäß seien. Dieser Wahn", so fährt er im Hinblick auf die durch Bismarck am 18. Januar 1871 vollzogene Gründung des Deutschen Reiches fort, „ist höchst verderblich: nicht etwa, weil er ein Wahn ist (...), sondern weil er imstande ist, unseren Sieg in eine völlige Niederlage zu verwandeln: *in die Niederlage, ja Exstirpation des deutschen Geistes zugunsten des deutschen Reiches.*" Was Nietzsche in einzig klarsichtiger Weise befürchtet hatte, ist, wenn man große historische Zeitspannen überblickt, kurze Zeit darauf in erschreckendem Maße eingetreten.

*

Insofern die Deutschen meinten, wie die Engländer oder die Franzosen ein eigenes geschlossenes nationalsstaatliches Gebilde aufbauen zu müssen und sich einbildeten, innerhalb der politischen Sphäre mit jenen Völkern konkurrieren zu sollen, war das Deutschtum in realem Niedergange begriffen. Im Sinne dieses Niederganges kann es dem historischen Blick nicht ganz gleichgültig erscheinen, daß der erste deutsche Einheitsstaat, genannt „Reich", in *Versailles*, dem Zentrum französischer Nationalstaatsherrlichkeit par excellence, proklamiert wurde. Es ist, wie wenn der Geist des wahren Deutschtums zu einer solchen nationalstaatlichen Gründungsaktion auf seinem eigenen Schutzgebiet nicht Hand bieten wollte und die Deutschen diese in der Anlage so fragwürdige Reichsgründung nur in der Fremde ihres wahren Volkstums vollziehen konnten ...

3. Der Herzlsche Zionismus als Reaktion auf den deutschen Hypernationalismus

Aber auch das jüdische Pendant zum deutschen Nationalstaatentum wurde merkwürdigerweise auf französischem Boden geboren, diesmal in Paris. Hier wirkte zwischen den Jahren 1891 und 1895 der aus der österreichisch-ungarischen Doppelmonarchie stammende Theodor Herzl als Korrespondent des damals maßgeblichsten Wiener Blattes, der „Neuen Freien Presse“. Und hier in dieser Stadt hatte der damals 35jährige zur Pfingstzeit 1895 die entscheidende Inspiration, die zur Ausgestaltung seiner Idee eines „Judenstaates“ führte. Herzl wies in dem 1896 erscheinenden Werk gleichen Namens den in der Diaspora lebenden Juden gleichsam als neuer Moses den Weg in die alte Heimat Palästina. 1897 fand dann in Basel jener historische Kongreß statt, der den sogenannten Zionismus in die Welt lancierte, das heißt die Auffassung, daß das geheiligte Zion der Juden – genannt nach dem Tempelberg in Jerusalem, Bild des *himmlischen* Jerusalem – auf die Erde herabzuholen und von den Juden der Welt als ihre durchaus irdische Heimstätte zu betrachten und zu betreten sei. Damit wurde die Entwicklungsrichtung des modernen Judentums, das sich im 19. Jahrhundert in zunehmendem Maße auf der Bahn rechtlicher Gleichstellung und der Assimilation innerhalb der übrigen Völkerschaften bewegte, „um die Masse des Guten ganz und zum Heil aller Nationen zu entwickeln", in jäher Weise auf das verführerische Ziel eines jüdischen Nationalismus abgebogen. Herzl hatte sich damals im Tagebuch notiert, „in fünfzig Jahren werde jeder einsehen, daß er auf dem ersten Zionistenkongreß (...) die Grundlage für den Judenstaat gelegt habe".[4]

Fünfzig Jahre danach (im November 1947) beschlossen die „Vereinten Nationen" die Gründung eines jüdischen Staates in Palästina, die bekanntlich 1948 vollzogen wurde.

Der Herzlsche Zionismus war eine nationalistische Reaktion innerhalb des Judentums auf den wachsenden Nationalismus und Antisemitismus in Europa und besonders im Deutschtum; denn gerade innerhalb des deutschen Volkes, das doch zu ganz anderem berufen ist, gestaltete sich aus diesem Nationalismus in den Jahren nach der Reichsgründung der Antisemitismus in einer ideologischen Schärfe heraus, wie das nirgends sonst der Fall war. Ist es ein historischer Zufall, daß ausgerechnet im Michaelsjahr 1879 der Begriff „Antisemitismus" erstmals geprägt und in Umlauf gebracht wurde – durch den Deutschen Wilhelm Marr? Marr veröffentlichte 1879 eine Broschüre mit dem Titel *Der Sieg des Judentums über das Christentum*, die noch vor Ablauf des Jahres 12 Auflagen erlebte.

Herzl hatte den raschen Aufschwung der antisemitischen Bewegung zuerst als Student der Rechte in Wien und dann als Korrespondent der „Neuen Freien Presse" in Paris mit steigender Besorgnis verfolgt. Die Lektüre der antisemitischen Schrift des Berliner Philosophen Eugen Dühring *Die Judenfrage als Racen-, Sitten- und Culturfrage*, die im Jahre 1881 erschien, wirkte auf ihn, „als habe er einen Schlag auf den Kopf erhalten"[5]. Auch dem weitverbreiteten

Werk *La Françe Juive* von Edouard Drumont verdankt Herzl weckende Anstöße für das Gewahrwerden der Judenfrage. So sehr begann ihn der wachsende Antisemitismus zu beunruhigen, daß er einmal erwog, die Judenfrage in Österreich mit Hilfe der katholischen Kirche zu lösen: er faßte den Plan, die Judenschaft der Doppelmonarchie zu einem Massenübertritt zum Katholizismus zu bewegen, der etappenweise in der Wiener Stefanskirche abgewickelt werden sollte ...

Doch das entscheidende Ereignis für die Wandlung vom Dramatiker, Rechtsgelehrten und glänzende Feuilletons schreibenden Schöngeist zum Zionisten Herzl war die Pariser Dreyfus-Affäre, die im Dezember 1894 in die Öffentlichkeit platzte und die er als Korrespondent seines Wiener Blattes aus allernächster Nähe mitverfolgte. Alfred Dreyfus, elsässischer Offizier jüdischer Abstammung, wurde – wie sich zehn Jahre später herausstellte, fälschlicherweise – bezichtigt, militärische Geheimnisse an das Ausland verraten zu haben. Er wurde öffentlich degradiert und zu lebenslänglicher Verbannung verurteilt. Mit einem Schlage war im Frankreich der Menschenrechte fanatischster Massen-Antisemitismus entbrannt.

4. Ein näherer Blick auf Herzls Inspirationserlebnis von 1895

Der Dreyfus-Prozeß drängte Herzl zur Tat. Er nimmt mit dem jüdischen Bankier Hirsch, der sich bereits finanzkräftig für die Übersiedelung tausender von Juden nach Argentienien eingesetzt hatte, Verbindung auf und führt am

Pfingstsonntag 1895 eine stundenlange Unterredung mit ihm. Doch Hirsch läßt sich vom Plan eines Massenauszugs in das Gelobte Land nicht überzeugen. „Glauben Sie mir", fährt Herzl, die Unterredung am Pfingstmontag brieflich fortsetzend, in beschwörendem Tone fort, „die Politik eines ganzen Volkes – besonders, wenn es so in aller Welt zerstreut ist – macht man nur mit Imponderabilien, die hoch in der Luft schweben. Wissen Sie, woraus das deutsche Reich entstanden ist? Aus Träumereien, Liedern, Phantasien und schwarzrotgoldenen Bändern. Und in kurzer Zeit. Bismarck hat nur den Baum geschüttelt, den die Phantasten pflanzten."[6]

Der Vergleich des entstehenden Judenstaates mit dem kurz zuvor gebildeten Deutschen Reich ist mehr als nur äußerlich: Er offenbart, wie stark Herzl ins Fahrwasser des rein nationalstaatlichen Denkens geraten war. Als Bismarck der Juden, wie er von einem seiner Biographen bezeichnet wurde[7], gedenkt er den Judenstaat zu konzipieren!

Nach der Unterredung mit Hirsch bricht der Sturm los. Es folgen „Wochen einer beispiellosen Produktion, in denen ich die Einfälle nicht mehr ruhig ins reine schreiben konnte", notiert Herzl ins Tagebuch, das er seit dem Frühjahr 1895 in der „Judensache" zu führen beginnt. „Ich schrieb gehend, stehend, liegend, auf der Gasse, bei Tisch, bei Nacht, wenn es mich aus dem Schlaf aufjagte. Ich weiß jetzt und wußte auch während dieser ganzen stürmischen Produktionszeit, daß vieles, was ich aufschrieb, kraus und phantastisch war."[8]

Und in seiner Selbstbiographie aus dem Jahre 1898 sagt er: „Ich erinnere mich nicht, je etwas in so erhabener Gemütsstimmung geschrieben zu haben. Heine sagt, daß er die Schwingen eines Adlers über seinem Haupte rauschen hörte, als er gewisse Verse niederschrieb. Ich glaubte auch an so etwas wie ein Rauschen über meinem Haupte, als ich dieses Buch" – es ist vom *Judenstaat* die Rede – „schrieb. Ich arbeitete an ihm täglich, bis ich ganz erschöpft war; meine einzige Erholung am Abend bestand darin, daß ich Wagnerscher Musik zuhörte, besonders dem *Tannhäuser*, eine Oper, welche ich so oft hörte, als sie gegeben wurde. Nur an den Abenden, wo keine Oper aufgeführt wurde, fühlte ich Zweifel an der Richtigkeit meiner Gedanken."[9]

Eine höchst bemerkenswerte Gemütsstimmung sehen wir also in dieser Zeit bei Herzl zutage treten. Es ist schwer zu begreifen, daß ihr bis heute so wenig Beachtung geschenkt worden ist. Denn sie stellt in der Tat einen Schlüssel dar zum Verständnis der Wurzeln der zionistischen Bewegung. Man ist eben heute bei Ideen und Geisteströmungen – und auch politische Bewegungen fangen als Geisteströmungen an – sehr einseitig am „Was" interessiert und wenig geneigt, darauf hinzusehen, *wie* eine Idee in die Welt tritt. Gerade dieses Wie aber kann oftmals in unmißverständlicher Art zeigen, ob sie in Freiheit vom Menschen ergriffen oder dieser vielmehr selbst der von ihr Ergriffene – im Extremfall: Besessene – wurde. Fassen wir ins Auge, wie sich Herzl über das Wie seiner Ideen äußert: „Ich habe", notiert er am 16. Juni 1895, „in diesen Tagen öfters befürchtet, wahnsinnig zu werden. So jagten die Gedankenzüge erschütternd durch meine Seele. Ein ganzes Leben wird nicht ausreichen, alles auszuführen. Aber ich hinterlasse ein geistiges Vermächtnis. Wem? Allen Menschen. Ich glaube, ich werde unter den großen Wohltätern der

Menschheit genannt werden. Oder ist diese Meinung schon Größenwahn?" [10]

„Ich arbeite es aus", notiert er ein paar Tage früher. „Nein, es arbeitet mich. Es wäre eine Zwangsvorstellung, wenn es nicht von Anfang bis Ende so vernünftig wäre. Solche Zustände nannte man in einer früheren Ausdrucksweise Inspiration." [10] Letzteres ist zweifellos richtig, doch ist zu bedenken, daß sich das Wesen der Inspiration im Laufe der Zeiten im Einklang mit der fortschreitenden Entwicklung des Menschen zu einem *freien* Wesen verändert hat. Was Herzl erlebt, entspricht dem Typus der vorchristlichen Inspiration, in welcher der Mensch seinen Sinnen und seinem Alltagsbewußtsein durch eine fremde, übersinnliche Macht entrückt wurde; war er ein Dichter, so nannte er diese Macht seine Muse.

Eine glänzende Charakteristik dieser alten Inspirationsart finden wir bei Nietzsche. „Hat jemand, Ende des neunzehnten Jahrhunderts einen deutlichen Begriff davon, was Dichter starker Zeitalter Inspiration nannten?" fragt er in seinem *Ecce Homo* [11]. Und seine Antwort: „Man hört, man sucht nicht; man nimmt, man fragt nicht, wer da gibt; wie ein Blitz leuchtet ein Gedanke auf, mit Notwendigkeit in der Form, ohne Zögern – ich habe nie eine Wahl gehabt (...) Alles geschieht in höchstem Grade unfreiwillig, aber wie in einem Sturme von Freiheits-Gefühl, von Unbedingtsein, von Macht, von Göttlichkeit."

Hatte auch Herzl keinen „deutlichen Begriff" von solcher Inspiration; es steht fest, und er selbst weist darauf hin, daß er von ihrer realen Macht ergriffen worden ist. Doch ob dieser Typus der Inspiration heute noch mit dem immer stärker gewordenen menschlichen Freiheitselement verträglich ist, das ist die Frage. Kann es dem Geist der Wahrheit, der an jenem welthistorischen jüdisch-christlichen Urpfingsten sich über die versammelte Gemeinde ergossen hatte, entsprechen, *von ihm ergriffen zu werden*?

Ein kosequentes Durchdenken der Freiheits- wie der Wahrheitsfrage muß in diesem Punkte zu einer verneinenden Antwort kommen. Die Wahrheit kann – heute! – niemanden, ihn überwältigend, ergreifen; sie kann, bildlich gesprochen, dem, der ihr suchend die Hand seines Erkenntnisbemühens entgegenstreckt, gleichsam von der anderen Seite entgegenkommen. Wenn dem so ist, dann stellt sich sofort die Frage: von was wird dann derjenige ergriffen, der im Sinne alter Inspiration von einer höheren, oder jedenfalls von einer nicht-sinnlichen Macht überwältigt wird? Von der einen oder anderen Macht der im größeren oder geringeren Grade *verunreinigten, das heisst mehr oder weniger getrübten* Wahrheit – müßte die Antwort lauten; mit anderen Worten: von einem Geist der Täuschung, und deren gibt es wahrscheinlich sehr viele – und die am schwersten zu durchschauenden werden jene sein, die auch viel Wahres mit sich führen ...

*

„Die Begründung des jüdischen Reiches könnte zur Exstirpation des jüdischen Geistes führen“, hätte Nietzsche vielleicht warnend gerufen, wenn er im Jahre 1897, zur Zeit des ersten Zionistenkongresses in Basel, nicht bereits in die Fluten tiefer Umnachtung getaucht gewesen wäre ...

*

5. Zukunft des Judentums

Judentum und Deutschtum ziehen sich – trotz des gewundenen Laufes ihrer äußeren Schicksale – geistig gesehen und halb bildlich gesprochen wie zwei parallele Geraden durch die gesamte Menschheitsentwicklung. Sie treffen sich in jenem unendlichen Wesen, welches den Geist der Wahrheit ausgesandt hat, nach dem heute jeder Mensch, gleichgültig welcher Rasse und welchen Volkstums, selbständig forschen kann. Weicht aber eines dieser Menschheitsvölker von seiner „Ewigkeitslinie" ab, dann fällt der gemeinsame Schnittpunkt, den es mit seinem Brudervolk bildet, sofort ins Endliche. Ein solches Abweichen vollzog sich im Laufe des 19. Jahrhunderts innerhalb des Deutschtums, das sich immer stärker einem ihm wesensmäßig vollkommen unangemessenen Nationalismus zuwandte. Dieser Nationalismus strömte gleichsam in den Schnittpunkt mit der Entwicklungslinie des modernen Judentums über und sproß daher in erneuter Gestalt auch bald aus diesem empor.

*

Auf dem Umschlagbild ist ein jüdischer Tempelleuchter zu sehen, der von römischen Soldaten nach der Eroberung Jerusalems fortgetragen wird. So wurde der jüdische Geist vom Ungeist des römischen und im 19. Jahrhundert des deutschen nationalistischen Machtgedankens ergriffen. Was von dem Licht dieses Leuchters aber auch in der finstersten Sphäre von Nationalismus und Staatsmacht bis heute nicht gänzlich verlöscht werden konnte – das dürfte seine Leuchtekraft auch noch in ferne Zukunft hinein bewahren.

Das Deutschtum hätte der Welt vom zweiten Erscheinen Christi künden sollen. Statt dessen hat es den Verkündern des ersten Erscheinens des Menschheitsgeistes zur Zeitenwende jenes Schicksal bereitet, über das noch Jahrtausende nicht weniger zu sinnen sein wird als über den Abgrund des Bösen, der sich dadurch mit apokalyptischer Gewalt im 20. Jahrhundert vor der ganzen Menschheit aufgetan hat.

In Freiheit durch die Höhen des Deutschtums der Erkenntnis des Real-Geistigen entgegen – so schwebte als Möglichkeit über der Menschheit des beginnenden 20. Jahrhunderts. Und aus dem Deutschtum heraus schöpfte Rudolf Steiner dieser Möglichkeit entsprechend die Geisteswissenschaft, jene moderne Jakobsleiter, auf der der Mensch seinen eigenen Geist in spiritueller individueller Aktivität zwischen Himmel und Erde verkehren lassen kann. Das Deutschtum hat es in seinen äußerlich maßgeblichen Repräsentanten aber vorgezogen, in äußerer Machtentfaltung und borniertem Nationalismus seinen Glanz zu suchen und verfiel, von seinem eigenen guten Volksgeist verlassen, alsbald dem Wahn, im Judentum den Hauptfeind seiner eigenen Entwicklung zu haben. Die letzte Konsequenz des inneren Abfalls von seiner „Ewigkeitslinie" ‚mußte' in der Tat zum schauerlichen Kainsmord am Judentum führen. Denn auf der sich beschleunigenden Niedergangsbewegung des Deutschtums gab es in gewissem Sinne auf der ganzen Erde tatsächlich nichts, was *diesen Niedergang* mehr hätte aufhalten können als die Juden: erinnerten sie doch aus ihrer eigenen Menschheitsmission heraus in den Seelentiefen die Deutschen fortwährend an dasjenige, was ihre eigene wahre Aufgabe gewesen wäre und noch ist: der Menschheit den Weg zum Geistigen in Mensch und Weltall und damit zur Erkenntnis des Mittelpunktgeistes der gesamten Erdentwicklung zu weisen ...

„Die Juden erhalten in bezug auf Christus wieder einmal eine Mission“, hatte Rudolf Steiner einmal in einem persönlichen Gespräch bemerkt.[12]

Hat sie vielleicht inmitten der Schicksale begonnen, die dem Judentum in den 30er und 40er Jahren dieses Jahrhunderts durch das in diesem Zeitraum von seinem guten Volksgeist verlassene Deutschtum bereitet worden ist? Ein Jahr vor seinem Tode erzählte Theodor Herzl einmal den folgenden Traum, den er mit etwa zwölf Jahren gehabt haben mochte: „Der königliche Messias kam (...) und entschwebte mit mir auf Windesflügeln. Auf einer glanzerfüllten Wolke begegneten wir der Mosesgestalt. Seine Züge waren die des Moses des Michelangelo, den ich in meiner Kindheit oft und gern betrachtete. Der Messias rief Moses zu: ‚Um dieses Kind habe ich gebetet.‘ Zu mir aber sagte er: ‚Geh, verkünde den Juden, ich werde bald kommen und Wunder und Großtaten vollführen für mein Volk und die ganze Welt.‘“[13]

Wenn – durch die Leiden des Holocaust – innerhalb des Judentums immer mehr Menschen die Augen aufgehen werden für die Tatsache, daß die erneuten „Großtaten“ Christi, von denen Herzl geträumt hat, in Wirklichkeit im ätherisch-übersinnlichen Geistbereich der Erde zu suchen sind, wo sie sich seit den 30er Jahren dieses Jahrhunderts fortwährend abspielen, so könnte es gerade der beste, sich fortentwickelnde Teil des Judentums sein, der dem Deutschtum in Zukunft bei der Verwirklichung seiner wahren Aufgabe beisteht.

Und ein wesentlicher Kern dieser Aufgabe wird darin bestehen, den Völkern der Erde durch das Mittel konkreter Geist-Erkenntnis den Ausweg aus der Sackgasse der bornierten, anachronistischen und destruktiven Nationalismen jeglicher Spielart zu zeigen.

Anmerkungen

1 R. Steiner, *Das Ereignis der Christus-Erscheinung in der ätherischen Welt,* Rudolf Steiner Gesamtausgabe (im folgenden abgekürzt GA), Bibliographie Nr. 118, Dornach 1984.

2 Siehe u.a. R. Steiner, *Die spirituellen Hintergründe der äußeren Welt – Der Sturz der Geister der Finsternis,* GA 177, Dornach 1986.

3 Vgl. R. Steiner, *Weltsilvester und Neujahrsgedanken,* Vortrag vom 25. Dezember 1919, enthalten in GA 195; ferner der Vortrag vom 2. Mai 1913 in GA 152.

4 Zitiert nach Alex Bein, *Theodor Herzl,* Frankfurt am Main 1983, S. 7.

5 A. a. O., S. 32.

6 A. a. O., S. 103.

7 Nike Wagner, ‚Theodor Herzl oder das befreite Wien', in *Theodor Herzl – Der Judenstaat, Versuch einer Lösung der Judenfrage.* Augsburg 1986, S. 28. – Herzl hat sich nach den erfolglosen Unterredungen mit Hirsch tatsächlich brieflich auch an Bismarck gewandt – allerdings ohne eine Antwort zu erhalten.

8 Theodor Herzl, *Zionistische Schriften,* Berlin 1920, S. 359 f.

9 A. a. O., S. 9.

10 Biens, op. cit., S. 106.

11 Im Kapitel ‚Also sprach Zarathustra', 3.

12 Brief von Robert Lissau an Hugo Bergmann vom 22. Juli 1961. – Nach Aussage des Briefschreibers wurde die Äußerung im Januar 1911 in Frankfurt im Verlaufe einer persönlichen Unterredung gemacht.

13 Biens, op. cit., S. 17.

Geisteswissenschaftliche Literatur zur Judenfrage

R. Steiner, ‚Die Instinkte der Franzosen', in *Gesammelte Aufsätze zur Kulturgeschichte 1887–1901*, GA 31, Dornach 3. Aufl. 1989, S. 221 ff.; ‚Zolas Schwur und die Wahrheit über den Dreyfus-Prozeß', a. a. O., S. 230 f. – Beide Aufsätze behandeln den Dreyfus-Prozeß.
‚Die Sehnsucht der Juden nach Palästina', a. a. O., S. 197 ff. – Dieser Aufsatz, der aus Anlaß des 1. Zionistenkongresses im Jahre 1897 verfaßt wurde, schließt mit den Worten: „Die Zionistische Bewegung ist ein Feind des Judentums. Die Juden täten am besten, wenn sie die Leute, die ihnen Gespenster vormalen" – gemeint sind Theodor Herzl und Max Nordau – „sich genau ansähen."

Zwei Vorträge vom 12. Juni 1912, enthalten in *Die Mission einzelner Volksseelen*, GA 121, 5. Aufl. Dornach 1982.

‚Vom Wesen des Judentums', Vortrag vor Arbeitern vom 8. Mai 1924, in *Die Geschichte der Menschheit und die Weltanschauungen der Kulturvölker*, GA 353, 2. Aufl. Dornach 1988.

Andere Autoren

K. König, *Geschichte und Schicksal des jüdischen Volkes.* Manuskriptdruck von drei Vorträgen aus dem Jahre 1965.

N. Glas, *The Jewish Question*, Sheffield 1984.

Weitere Werke von Karl Heyer im Perseus Verlag

Aus meinem Leben

1. Aufl. 1990, unveränderte Originalausgabe
145 S., Leinen, geb., DM 37,50 / sFr. 34,–

Wer ist der deutsche Volksgeist? und andere Beiträge zur Geschichte

2. Aufl. (photomechan. Nachdruck) 1990, 248 Seiten
Leinen 36,– sFr. / 39,50 DM

Vom Genius des Mittelalters

2. Aufl. (photomechanischer Nachdruck) 1990, 252 Seiten
Leinen, 36,– sFr. / 39,50 DM

Geschichtsimpulse des Rosenkreuzertums

Aus dem Jahrhundert der Französischen Revolution

3. Aufl. (unveränderter Nachdruck der beiden früher separat erschienenen Schriften in einem Band) 1990, 239 Seiten
Leinen, 38,50 sFr. / 42,– DM